明史

清 張廷玉等撰

第二二册

卷二五五至卷二六七（傳）

中華書局

明史卷二百五十五

列傳第一百四十三

劉宗周 祝淵 王毓蓍 黃道周 葉廷秀

劉宗周，字起東，山陰人。父坡，爲諸生。母章氏妊五月而坡亡。旣生宗周，家酷貧，攜之育外家。後以宗周大父老疾，歸事之，析薪汲水，持藥糜。然體孱甚，母嘗憂念之不置，遂成疾。又以貧故，忍而不治。萬曆二十九年，宗周成進士，母卒於家。宗周奔喪，爲堊室中門外，日哭泣其中。服闋，選行人，請養大父母。遭喪，居七年始赴補。母以節聞於朝。

時有崑黨、宣黨與東林爲難。宗周上言：「東林，顧憲成講學處。高攀龍、劉永澄、姜士昌、劉元珍，皆賢人。于玉立、丁元薦，較然不欺其志，有國士風。諸臣摘流品可也，爭意見不可；攻東林可也，黨崑、宣不可。」黨人大譁，宗周乃請告歸。

天啓元年起儀制主事。疏言：「魏進忠導皇上馳射戲劇，奉聖夫人出入自由。一舉逐諫臣三人，罰一人，皆出中旨，勢將指鹿爲馬，生殺予奪，制國家大命。今東西方用兵，奈何以天下委閹豎乎。」進忠者，魏忠賢也，大怒，停宗周俸半年。尋以國法未伸，請戮崔文昇以正弑君之罪，戮盧受以正交私之罪，戮楊鎬、李如楨、李維翰、鄭之范以正喪師失地之罪，戮高出、胡嘉棟、康應乾、牛維曜、劉國縉、傅國以正棄城逃潰之罪；急起李三才爲兵部尚書，錄用清議名賢丁元薦、李朴等，諍臣楊漣、劉重慶等，以作仗節徇義之氣。帝切責之。累遷光祿丞、尚寶、太僕少卿，移疾歸。四年起右通政，至則忠賢逐東林且盡，宗周復固辭。忠賢責以矯情厭世，削其籍。

崇禎元年冬，召爲順天府尹。辭，不許。明年九月入都，上疏曰：

陛下勵精求治，宵旰靡寧。然程效太急，不免見小利而速近功，何以致唐、虞之治。

夫今日所汲汲於近功者，非兵事乎？誠以屯守爲上策，簡卒節餉，修刑政而威信布之，需以歲月，未有不望風束甲者。而陛下方銳意中興，刻期出塞。當此三空四盡之秋，竭天下之力以奉饑軍而軍愈驕，聚天下之軍以博一戰而戰無日，此計之左也。

今日所規規於小利者，非國計乎？陛下留心民瘼，惻然痌瘝。而以司農告匱，一時所講求者皆掊克聚斂之政。正供不足，繼以雜派。科罰不足，加以火耗。水旱災傷，一切不問。敲扑日峻，道路呑聲。小民至賣妻鬻子以應。有司以掊克爲循良，而撫字之政絕；上官以催徵爲考課，而黜陟之法亡。欲求國家有府庫之財，不可得已。

功利之見動，而廟堂之上日見其煩苛。事事糾之不勝糾，人人摘之不勝摘，於是名實紊而法令滋。頃者，特嚴贓吏之誅，自宰執以下，坐重典者十餘人，而貪風未盡息，所以導之者未善也。賈誼曰：「禮禁未然之先，法施已然之後。」誠導之以禮，將人人有士君子之行，而無狗彘之心，所謂禁之於未然也。今一切詿誤及指稱賄賂者，即業經昭雪，猶從吏議，深文巧詆，絕天下遷改之途，益習爲頑鈍無恥，〔一〕矯飾外貌以欺陛下。士節日隳，官邪日著，陛下亦安能一一察之。

且陛下所以勞心焦思於上者，以未得賢人君子用之也。而所嘉予而委任者，率奔走集事之人；以摘發爲精明，以告訐爲正直，以便給爲才諝，又安所得賢者而用之。得其人矣，求之太備，或以短而廢長；責之太苛，或因過而成悞。

且陛下所擘畫，動出諸臣意表，不免有自用之心。臣下救過不給，讒諂者因而間之，猜忌之端遂從此起。夫恃一人之聰明，而使臣下不得盡其忠，則耳目有時壅；憑一人之英斷，而使諸大夫國人不得衷其是，則意見有時移。方且爲內降，爲留中，何以追喜起之盛乎？數十年來，以門戶殺天下幾許正人，猶蔓延不已。陛下欲折君子以平小人之氣，用小人以成君子之公，前日之覆轍將復見於天下也。

陛下求治之心，操之太急。醞釀而爲功利；功利不已，轉爲刑名；刑名不已，流爲猜忌；猜忌不已，積爲壅蔽。正人心之危，所潛滋暗長而不自知者。誠能建中立極，默正此心，使心之所發，悉皆仁義之良，仁以育天下，義以正萬民，自朝廷達於四海，莫非仁義之化，陛下已一旦躋於堯、舜矣。

帝以爲迂闊，然歎其忠。

未幾，都城被兵，帝不視朝，章奏多留中不報。傳旨辦布囊八百，中官競獻馬騾，又令百官進馬。宗周曰：「是必有以遷幸動上者。」乃詣午門叩頭諫曰：「國勢強弱，視人心安危。乞陛下出御皇極門，延見百僚，明言宗廟山陵在此，固守外無他計。」俯伏待報，自晨迄暮，中官傳旨乃退。米價騰躍，請罷九門稅，修賈區以處貧民，爲粥以養老疾，嚴行保甲之法，人心稍安。

時樞輔諸臣多下獄者，宗周言：「國事至此，諸臣負任使，無所逃罪，陛下亦宜分任咎。禹、湯罪己，興也勃焉。曩皇上以情面疑羣臣，羣臣盡在疑中，日積月累，結爲陰痞，識者憂之。今日當開示誠心，爲濟難之本，御便殿以延見士大夫，以票擬歸閣臣，以庶政歸部、院，以獻可替否予言官。不效，從而更置之，無坐錮以成其罪。乃者朝廷縛文吏如孤雛，而視武健士不啻驕子，漸使恩威錯置。文武皆不足信，乃專任一二內臣，閫以外次第委之。自古未有宦官典兵不憤國者。」又劾馬世龍、張鳳翼、吳阿衡等罪，忤帝意。

三年以疾在告，進祈天永命之說，言：

法天之大者，莫過於重民命，則刑罰宜當宜平。陛下以重典繩下，逆黨有誅，封疆失事有誅。一切詿誤，重者杖死，輕者謫去，朝署中半染赭衣。而最傷國體者，無如詔獄。副都御史易應昌以平反下吏，法司必以鍛鍊爲忠直，蒼鷹乳虎接踵於天下矣。願體上天好生之心，首除詔獄，且寬應昌，則祈天永命之一道也。

法天之大者，莫過於厚民生，則賦斂宜緩宜輕。今者宿逋見征及來歲預征，節節追呼，閭閻困敝，貪吏益大爲民厲。貴州巡按蘇琰以行李被訐於監司。巡方黷貨，何問下吏。吸膏吮脂之輩，接迹於天下矣。願體上天好生之心，首除新餉，并嚴飭官方，則祈天永命之又一道也。

然大君者，天之宗子，輔臣者，宗子之家相。陛下置輔，率由特簡。亦願體一人好生之心，毋驅除異己，搆朝士以大獄，結國家朋黨之禍；毋寵利居成功，導人主以富强，釀天下土崩之勢。

周延儒、溫體仁見疏不懌。以時方禱雨，而宗周稱疾，指爲偃蹇，激帝怒，擬旨詰之，且令陳足兵、足餉之策。宗周條畫以對，延儒、體仁不能難。

爲京尹，政令一新，挫豪家尤力。閹人言事輒不應，或相詬誶，宗周治事自如。武清侯蒼頭毆諸生，〔三〕宗周捶之，枷武清門外。嘗出，見優人籠篋，焚之通衢。賙恤單丁下戶尤至。居一載，謝病歸，都人爲罷市。

八年七月，內閣缺人，命吏部推在籍者，以孫愼行、林釬及宗周名上。詔所司敦趣，宗周固辭，不許。明年正月入都，愼行已卒，與釬入朝。帝問人才、兵食及流寇猖獗狀。宗周言：「陛下求治太急，用法太嚴，布令太煩，進退天下士太輕。諸臣畏罪飾非，不肯盡職業，故有人而無人之用，有餉而無餉之用，有將不能治兵，有兵不能殺賊。流寇本朝廷赤子，撫之有道，則還爲民。今急宜以收拾人心爲本，收拾人心在先寬有司。參罰重則吏治壞，吏治壞則民生困，盜賊由此日繁。」帝又問兵事。宗周言：「禦外以治內爲本。內治修，遠人自服，干羽舞而有苗格。願陛下以堯、舜之心，行堯、舜之政，天下自平。」對畢趨出。帝顧體仁迂其言，命釬輔政，宗周他用。旋授工部左侍郎。踰月，上痛憤時艱疏，言：

陛下銳意求治，而二帝三王治天下之道未暇講求，施爲次第猶多未得要領者。首屬意於邊功，而罪督遼以五年恢復之說進，是爲禍胎。己巳之役，謀國無良，朝廷始有積輕士大夫之心。自此耳目參於近侍，腹心寄於干城，治術尚刑名，政體歸叢脞，天下事日壞而不可救。廠衞司譏察，而告訐之風熾；詔獄及士紳，而堂廉之等夷。人人救過不給，而欺罔之習轉甚；事事仰成獨斷，而諂諛之風日長。三尺法不伸於司寇，而犯者日衆；詔旨雜治五刑，歲躬斷獄以數千，而好生之德意泯。刀筆治絲綸而王言褻，誅求及瑣屑而政體傷。參罰在錢穀而官愈貪，吏愈橫，賦愈逋。敲扑繁而民生瘁，嚴刑重斂交困而盜賊日起。總理任而臣下之功能薄，監視遣而封疆之責任輕。督、撫無權而將日懦，武弁廢法而兵日驕，將懦兵驕而朝廷之威令并窮於督、撫。朝廷勒限平賊，而行間日殺良報功，生靈益塗炭。一旦天牖聖衷，撤總監之任，重守令之選，下弓旌之招，收酷吏之威，布維新之化，方與二三臣工洗心滌慮，以聯泰交，而不意君臣相遇之難也。得一文震孟而以單辭報罷，使大臣失和衷之誼；得一陳子壯而以過戇坐辜，使朝宁無吁咈之風。此關於國體人心非淺鮮者。

陛下必體上天生物之心以敬天，而不徒倚風雷；必念祖宗鑑古之制以率祖，而不輕改作。以簡要出政令，以寬大養人才，以忠厚培國脈。發政施仁，收天下泮渙之人心。而且還內廷掃除之役，正懦帥失律之誅，慎天潢改授之途。遣廷臣齎內帑、巡行郡國，爲招撫使，赦其無罪而流亡者。陳師險隘，堅壁清野，聽其窮而自歸。誅渠之外，猶可不殺一人，而畢此役，奚待於觀兵哉。

疏入，帝怒甚，諭閣臣擬嚴旨再四。每擬上，帝輒手其疏覆閱，起行數周。已而意解，降旨詰問，謂大臣論事宜體國度時，不當效小臣歸過朝廷爲名高，且奬其清直焉。

時太僕缺馬價，有詔願捐者聽。體仁及成國公朱純臣以下皆有捐助。又議罷明年朝覲。宗周以輸貲、免覲爲大辱國。帝雖不悅，心善其忠，益欲大用。體仁患之，募山陰人許瑚疏論之，謂宗周道學有餘，才諝不足。帝以瑚同邑，知之宜眞，遂已不用。

其秋，三疏請告去。至天津，聞都城被兵，遂留養疾。十月，事稍定，乃上疏曰：

己巳之變，誤國者袁崇煥一人。小人競修門戶之怨，異己者概坐以崇煥黨，日造蜚語，次第去之。自此小人進而君子退，中官用事而外廷浸疏。文法日繁，欺罔日甚，朝政日隳，〔三〕邊防日壞。今日之禍，實己巳以來釀成之也。

且以張鳳翼之溺職中樞也，而俾之專征，何以服王洽之死？以丁魁楚等之失事於邊也，而責之戴罪，何以服劉策之死？諸鎭勤王之師，爭先入衞者幾人，不聞以逗遛蒙詰責，何以服耿如杞之死？今且以三州八縣之生靈，結一飽颺之局，則廷臣之累累若若可幸無罪者，又何以謝韓爌、張鳳翔、李邦華諸臣之或戍或去？豈昔爲異己驅除，今不難以同己相容隱乎？臣於是而知小人之禍人國無已時也。

昔唐德宗謂羣臣曰：「人言盧杞奸邪，朕殊不覺。」羣臣對曰：「此乃杞之所以爲奸邪也。」臣每三覆斯言，爲萬世辨奸之要。故曰「大奸似忠，大佞似信」。頻年以來，陛下惡私交，而臣下多以告訐進；陛下錄清節，而臣下多以曲謹容；陛下崇勵精，而臣下奔走承順以爲恭；陛下尙綜覈，而臣下瑣屑吹求以示察。凡若此者，正似信似忠之類，究其用心，無往不出於身家利祿。陛下不察而用之，則聚天下之小人立於朝，有所不覺矣。天下卽乏才，何至盡出中官下。而陛下每當緩急，必委以大任。三協有遺，通、津、臨、德有遺；又重其體統，等之總督。中官總督，置總督何地？總督無權，置撫、按何地？是以封疆嘗試也。

且小人每比周小人，以相引重，君子獨岸然自異。故自古有用小人之君子，終無黨比小人之君子。陛下誠欲進君子退小人，決理亂消長之機，猶復用中官參制之，此明示以左右袒也。有明治理者起而爭之，陛下卽不用其言，何至幷逐其人。而御史金光辰竟以此逐，若惟恐傷中官心者，尤非所以示天下也。

至今日刑政之最舛者，成德，傲吏也，而以贓戍，何以肅懲貪之令？申紹芳，十餘年監司也，而以莫須有之鑽刺戍，何以昭抑競之典？鄭鄤之獄，或以誣告坐，何以示敦倫之化？此數事者，皆爲故輔文震孟引繩批根，卽向驅除異己之故智，而廷臣無敢言，陛下亦無從知之也。嗚呼，八年之間，誰秉國成，而至於是！臣不能爲首揆溫體仁解矣。語曰「誰生厲階，至今爲梗」，體仁之謂也。

疏奏，帝大怒，體仁又上章力詆，遂斥爲民。

十四年九月，吏部缺左侍郎，廷推不稱旨。帝臨朝而嘆，謂大臣「劉宗周清正敢言，可用也」，遂以命之。再辭不得，乃趨朝。道中進三劄：一曰明聖學以端治本，二曰躬聖學以建治要，三曰重聖學以需治化，凡數千言。帝優旨報之。明年八月未至，擢左都御史。力辭，有詔敦趣。踰月，入見文華殿。帝問都察院職掌安在，對曰：「在正己以正百僚。必存諸中者，上可對君父，下可質天下士大夫，而後百僚則而象之。大臣法，小臣廉，紀綱振肅，職掌在是，而責成巡方其首務也。巡方得人，則吏治清，民生遂。」帝曰：「卿力行以副朕望。」乃列建道揆、貞法守、崇國體、淸伏奸、懲官邪、飭吏治六事以獻，帝褒納焉。俄劾御史喩上猷、嚴雲京而薦袁愷、成勇，帝並從之。其後上猷受李自成顯職，卒爲世大詬。

冬十月，京師被兵。請旌死事盧象昇，而追戮誤國奸臣楊嗣昌，逮跋扈悍將左良玉；防關以備反攻，防潞以備透渡，防通、津、臨、德以備南下。帝不能盡行。

閏月晦日召見廷臣於中左門。時姜埰、熊開元以言事下詔獄，宗周約九卿共救。入朝，聞密旨置二人死。宗周愕然謂衆曰：「今日當空署爭，必改發刑部始已。」及入對，御史楊若橋薦西洋人湯若望善火器，請召試。宗周曰：「邊臣不講戰守屯戍之法，專恃火器。近來陷城破邑，豈無火器而然？我用之制人，人得之亦可制我，不見河間反爲火器所破乎？國家大計，以法紀爲主。大帥跋扈，援師逗遛，奈何反姑息，爲此紛紛無益之舉耶？」因議督、撫去留，則請先去督師范志完。且曰：「十五年來，陛下處分未當，致有今日敗局。不追禍始，更絃易轍，欲以一切苟且之政，補目前罅漏，非長治之道也。」帝變色曰：「前不可追，善後安在？」宗周曰：「在陛下開誠布公，公天下爲好惡，合國人爲用舍，進賢才，開言路，次第與天下更始。」帝曰：「目下烽火逼畿甸，且國家敗壞已極，當如何？」宗周曰：「武備必先練兵，練兵必先選將，選將必先擇賢督、撫，擇賢督、撫必先吏、兵二部得人。宋臣曰：『文官不愛錢，武官不惜死，則天下太平。』斯言，今日鍼砭也。論者但論才望，不問操守；未有操守不謹，而遇事敢前，軍士畏威者。若徒以議論捷給，舉動恢張，稱曰才望，取爵位則有餘，責事功則不足，何益成敗哉。」帝曰：「濟變之日，先才後守。」宗周曰：「前人敗壞，皆由貪縱使然，故以濟變言，愈宜先守後才。」帝曰：「大將別有才局，非徒操守可望成功。」宗周曰：「他不具論，如范志完操守不謹，大將偏裨無不由賄進，所以三軍解體。由此觀之，操守爲主。」帝色解曰：「朕已知之。」敕宗周起。

於是宗周出奏曰：「陛下方下詔求賢，姜埰、熊開元二臣遽以言得罪。國朝無言官下詔獄者，有之自二臣始。陛下度量卓越，妄如臣宗周，戇直如臣黃道周，尙蒙使過之典，二臣何不幸，不邀法外恩？」帝曰：「道周有學有守，非二臣比。」宗周曰：「二臣誠不及道周，然朝廷待言官有體，言可用用之，不可置之。卽有應得之罪，亦當付法司。今遽下詔獄，終於國體有傷。」帝怒甚，曰：「法司錦衣皆刑官，何公何私？且罪一二言官，何遽傷國體？有如貪贓壞法，欺君罔上，皆可不問乎？」宗周曰：「錦衣，膏粱子弟，何知禮義，聽寺人役使。卽陛下問貪贓壞法，欺君罔上，亦不可不付法司也。」帝大怒曰：「如此偏黨，豈堪憲職！」有間曰：「開元此疏，必有主使，疑卽宗周。」金光辰爭之。帝叱光辰，幷命議處。翼日，光辰貶三秩調用，宗周革職，刑部議罪。閣臣持不發，捧原旨御前懇救，乃免，斥爲民。

歸二年而京師陷。宗周徒步荷戈，詣杭州，責巡撫黃鳴駿發喪討賊。鳴駿誡以鎭靜，宗周勃然曰：「君父變出非常，公專閫外，不思枕戈泣血，激勵同仇，顧藉口鎭靜，作遜避計耶？」鳴駿唯唯。明日，復趣之。鳴駿曰：「發喪必待哀詔。」宗周曰：「嘻，此何時也，安所得哀詔哉！」鳴駿乃發喪。問師期，則曰：「甲仗未具。」宗周嘆曰：「嗟乎，是烏足與有爲哉！」乃與故侍郎朱大典，故給事中章正宸、熊汝霖召募義旅。將發，而福王監國於南京，起宗周故官。宗周以大仇未報，不敢受職。自稱草莽孤臣，疏陳時政，言：

今日大計，舍討賊復仇，無以表陛下渡江之心；非毅然決策親征，無以作天下忠義之氣。

一曰據形勝以規進取。江左非偏安之業，請進圖江北。鳳陽號中都，東扼徐、淮，北控豫州，西顧荆、襄，而南去金陵不遠，請以駐親征之師。大小銓除，暫稱行在，少存臣子負罪引慝之心。從此漸進，秦、晉、燕、齊必有響應而起者。

一曰重藩屏以資彈壓。淮、揚數百里，設兩節鉞，不能禦亂，爭先南下，致江北一塊土，拱手授賊。督漕路振飛坐守淮城，久以家屬浮舟遠地，是倡之逃也。於是鎮臣劉澤清、高傑遂有家屬寄江南之說。軍法臨陣脫逃者斬，臣謂一撫二鎮，皆可斬也。

一曰愼爵賞以肅軍情。請分別各帥封賞，孰當孰濫，輕則收侯爵，重則奪伯爵。夫以左帥之恢復而封，高、劉之敗逃亦封，又誰不當封者？武臣旣濫，文臣隨之，外臣旣濫，中璫隨之，恐天下聞而解體也。

一曰核舊官以立臣紀。燕京旣破，有受僞官而叛者，有受僞官而逃者，有在封守而逃者，有奉使命而逃者，法皆不赦。亟宜分別定罪，爲戒將來。至於僞命南下，徘徊順逆之間，實繁有徒；必且倡爲曲說，以惑人心，尤宜誅絕。

又言：

當賊入秦流晉，漸過畿南，遠近洶洶，獨大江南北晏然。而二三督撫不聞遣一騎以壯聲援，賊遂得長驅犯闕。坐視君父之危亡而不救，則封疆諸臣之當誅者一。凶問已確，諸臣奮戈而起，決一戰以贖前愆，自當不俟朝食。方且仰聲息於南中，爭言固圉之策，卸兵權於閫外，首圖定策之功，則封疆諸臣之當誅者又一。新朝既立之後，謂宜不俟終日，首遣北伐之師。不然，則亟馳一介，間道北進，檄燕中父老，起塞上名王，哭九廟，厝梓宮，訪諸王。更不然，則起閩帥鄭芝龍，以海師下直沽，九邊督鎮合謀共奮，事或可爲。而諸臣計不出此，則舉朝謀國不忠之當誅者又一。罪廢諸臣，量從昭雪，自應援先帝遺詔及之，今乃槪用新恩。誅閹定案，前後詔書鶻突，勢必彪虎之類，盡從平反而後已，則舉朝謀國不忠之當誅者又一。臣謂今日問罪，當自中外諸臣不職者始。

詔納其言，宣付史館，中外爲悚動。而馬士英、高傑、劉澤清恨甚，滋欲殺宗周矣。

宗周連疏請告不得命，遂抗疏劾士英，言：

陛下龍飛淮甸，天實予之。乃有扈蹕微勞，入內閣，進中樞，宮銜世廕，晏然當之不疑者，非士英乎？於是李沾侈言定策，挑激廷臣矣。劉孔昭以功賞不均，發憤冢臣，朝端譁然聚訟，而羣陰且翩翩起矣。借知兵之名，則逆黨可以然灰；寬反正之路，則逃臣可以汲引。而閣部諸臣且次第言去矣。中朝之黨論方興，何暇圖河北之賊；立國之本紀已疏，何以言匡攘之略。高傑一逃將也，而奉若驕子，浸有尾大之憂。淮、揚失事，不難譴撫臣道臣以謝之，安得不長其桀驁，則亦恃士英卵翼也。劉、黃諸將，各有舊汛地，而置若弈棋，洶洶爲連雞之勢，至分剖江北四鎮以慰之，安得不啓其雄心，則皆高傑一人倡之也。京營自祖宗以來，皆勳臣爲政，樞貳佐之。陛下立國伊始，而有內臣盧九德之命，則士英有不得辭其責者。

總之，兵戈盜賊，皆從小人氣類感召而生，而小人與奄宦又往往相表裏。自古未有奄宦用事，而將帥能樹功於方域者。惟陛下首辨陰陽消長之機，出士英仍督鳳陽，聯絡諸鎮，決用兵之策。史可法卽不還中樞，亦當自淮而北，歷河以南，別開幕府，與士英相犄角。京營提督，獨斷寢之。書之史册，爲弘光第一美政。

王優詔答之，而促其速入。

士英大怒，卽日具疏辭位，且揚言於朝曰：「劉公自稱草莽孤臣，不書新命，明示不臣天子也。」其私人朱統鑽遂劾宗周疏請移蹕鳳陽：「鳳陽，高牆所在，欲以罪宗處皇上，而與史可法擁立潞王。其兵已伏丹陽，當急備。」而澤清、傑日夜謀所以殺宗周者不得，乃遣客十輩往刺宗周。宗周時在丹陽，終日危坐，未嘗有惰容。客前後至者，不敢加害而去。而黃鳴駿入覲，兵抵京口，與防江兵相擊鬭。士英以統鑽言爲信也，亦震恐。於是澤清疏劾「宗周陰撓恢復，欲誅臣等，激變士心，召生靈之禍」。劉良佐亦具疏言宗周力持「三案」，爲門戶主盟，倡議親征，圖晁錯之自爲居守，司馬懿之閉城拒君。疏未下，澤清復草一疏，署傑、良佐及黃得功名上之，言：「宗周勸上親征，謀危君父，欲安置陛下於烽火凶危之地。蓋非宗周一人之謀，姜曰廣、吳甡合謀也。曰廣心雄膽大，翊戴非其本懷，故陰結死黨，翦除諸忠，然後迫劫乘輿遷之別郡。如甡、宗周入都，臣等卽渡江赴闕，面訐諸奸，正春秋討賊之義。」疏入，舉朝大駭，傳諭和衷集事。宗周不得已，以七月十八日入朝。初，澤清疏出，遣人錄示傑。傑曰：「我輩武人，乃預朝事耶？」得功疏辨：「臣不預聞。」士英寢不奏。可法不平，遣使徧詰諸鎭，咸云不知，遂據以入告，澤清輩由是氣沮。

士英既嫉宗周，益欲去之，而薦阮大鋮知兵。有詔，冠帶陛見。未幾，中旨特授兵部添注右侍郎。宗周曰：「大鋮進退，係江左興亡，老臣不敢不一爭之。不聽，則亦將歸爾。」疏入，不聽，宗周遂告歸，詔許乘傳。將行，疏陳五事：

一曰修聖政，毋以近娛忽遠猷。國家不幸，遭此大變，今紛紛制作，似不復有中原志者。土木崇矣，珍奇集矣，俳優雜劇陳矣；內豎充廷，金吾滿座，戚畹駢闐矣；讒夫昌，言路扼，官常亂矣。所謂狃近娛而忽遠圖也。

一曰振王綱，無以主恩傷臣紀。自陛下卽位，中外臣工不曰從龍，則曰佐命。一推恩近侍，則左右因而秉權；再推恩大臣，則閣部可以兼柄；三推恩勳舊，則陳乞至今未已；四推恩武弁，則疆埸視同兒戲。表裏呼應，動有藐視朝廷之心；彼此雄長，即爲犯上無等之習。禮樂征伐，漸不出自天子，所謂褻主恩而傷臣紀也。

一曰明國是，無以邪鋒危正氣。朋黨之說，小人以加君子，釀國家空虛之禍，先帝末造可鑒也。今更爲一二元惡稱冤，至諸君子後先死於黨、死於徇國者，若有餘戮。揆厥所由，止以一人進用，動引三朝故事，排抑舊人。私交重，君父輕，身自樹黨，而坐他人以黨，所謂長邪鋒而危正氣也。

一曰端治術，無以刑名先教化。先帝頗尚刑名，而殺機先動於溫體仁。殺運日開，怨毒滿天下。近如貪吏之誅，不經提問，遽科罪名；未科罪名，先追贓罰。假令有禹好善之巡方，借成德以媚權相，又孰辨之？又職方戎政之奸弊，道路嘖有煩言，雖衛臣有不敢問者，則廠衛之設何爲？徒令人主虧至德，傷治體，所謂急刑名而忘教化也。

一曰固邦本，毋以外釁釀內憂。前者淮、揚告變，未幾而高、黃二鎮治兵相攻。四鎮額兵各三萬，不以殺敵而自相屠毒，又日煩朝廷講和，何爲者！夫以十二萬不殺敵之兵，索十二萬不殺敵之餉，必窮之術耳。不稍裁抑，惟加派橫征，蓄一二蒼鷹乳虎之有司，以天下徇之已矣，所謂積外釁而釀內憂也。

優詔報聞。

明年五月，南都亡。六月，潞王降，杭州亦失守。宗周方食，推案慟哭，自是遂不食。移居郭外，有勸以文、謝故事者。宗周曰：「北都之變，可以死，可以無死，以身在田里，尙有望於中興也。南都之變，主上自棄其社稷，尙曰可以死，可以無死，以俟繼起有人也。今吾越又降矣，老臣不死，尙何待乎？若曰身不在位，不當與城爲存亡，獨不當與土爲存亡乎？此江萬里所以死也。」出辭祖墓，舟過西洋港，躍入水中。水淺不得死，舟人扶出之。絕食二十三日，始猶進茗飲，後勺水不下者十三日，與門人問答如平時。閏六月八日卒，年六十有八。其門人徇義者有祝淵、王毓蓍。

淵，字開美，海寧人。崇禎六年舉於鄉。自以年少學未充，棲峯巔僧舍，讀書三年，山僧罕見其面。十五年冬，會試入都，適宗周廷諍姜埰、熊開元削籍。淵抗疏曰：「宗周戇直性成，忠孝天授。受任以來，蔬食不飽，終宵不寢，圖報國恩。今四方多難，貪墨成風，求一清剛臣以司風紀，孰與宗周。宗周以迂戇斥，繼之者必淟涊；宗周以偏執斥，繼之者必便捷。淟涊便捷之夫進，必且營私納賄，顚倒貞邪。乞收還成命，復其故官，天下幸甚。」帝得疏不懌，停淵會試，下禮官議。淵故不識宗周，既得命往謁。宗周曰：「子爲此舉，無所爲而爲之乎，抑動於名心而爲之也？」淵爽然避席曰：「先生名滿天下，誠恥不得列門牆爾，願執贄爲弟子。」

明年，從宗周山陰。禮官議上，逮下詔獄，詰主使姓名。淵曰：「男兒死即死爾，何聽人指使爲！」移刑部，進士共疏出淵。未幾，都城陷，營死難太常少卿吳麟徵喪，歸其柩。詣南京刑部，竟前獄，尚書諭止之。上疏請誅奸輔，通政司抑不奏。給事中陳子龍疏薦淵及待詔涂仲吉義士，可爲臺諫。仲吉者，漳浦人。以諸生走萬里上書明黃道周冤，得罪杖譴者也。不許。

宗周罷官家居，淵數往問學。嘗有過，入曲室長跪流涕自撾。杭州失守，淵方葬母，趣竣工。既葬，還家設祭，即投繯而卒，年三十五也。踰二日，宗周餓死。

毓蓍，字元趾，會稽人。爲諸生，跌宕不羈。已，受業宗周之門，同門生咸非笑之。杭州不守，宗周絕粒未死，毓蓍上書曰：「願先生早自裁，毋爲王炎午所弔。」俄一友來視，毓蓍曰：「子若何？」曰：「有陶淵明故事在。」毓蓍曰：「不然，吾輩聲色中人，慮久則難持也。」一日，遍召故交歡飲，伶人奏樂。酒罷，攜燈出門，投柳橋下，先宗周一月死。鄉人私謚正義先生。

宗周始受業於許孚遠。已，入東林書院，與高攀龍輩講習。馮從吾首善書院之會，宗周亦與焉。越中自王守仁後，一傳爲王畿，再傳爲周汝登、陶望齡，三傳爲陶奭齡，皆雜於禪。奭齡講學白馬山，爲因果說，去守仁益遠。宗周憂之，築證人書院，集同志講肄。且死，語門人曰：「學之要，誠而已，主敬其功也。敬則誠，誠則天。良知之說，鮮有不流於禪者。」宗周在官之日少，其事君，不以面從爲敬。入朝，雖處暗室，不敢南嚮。或訊大獄，會大議，對明旨，必却坐拱立移時。或謝病，徒步家居，布袍粗飯，樂道安貧。聞召就道，嘗不能具冠裳。學者稱念臺先生。子汋，字伯繩。

黃道周，字幼平，漳浦人。天啓二年進士。改庶吉士，授編修，爲經筵展書官。故事，必膝行前，道周獨否，魏忠賢目攝之。未幾，內艱歸。

崇禎二年起故官，進右中允。三疏救故相錢龍錫，降調，龍錫得減死。五年正月方候補，遘疾求去。瀕行，上疏曰：

臣自幼學易，以天道爲準。上下載籍二千四百年，考其治亂，百不失一。陛下御極之元年，正當師之上九，其爻云「大君有命，開國承家，小人勿用」。陛下思賢才不遽得，懲小人不易絕，蓋陛下有大君之實，而小人懷干命之心。臣入都以來，所見諸大臣皆無遠猷，動尋苛細。治朝寧者以督責爲要談，治邊疆者以姑息爲上策。序仁義道德，則以爲迂昧而不經；奉刀筆簿書，則以爲通達而知務。一切磨勘，則葛藤終年；一意不調，而株連四起。陛下欲整頓紀綱，斥攘外患，諸臣用之以滋章法令，摧折縉紳；陛下欲剔弊防奸，懲一警百，諸臣用之以借題修隙，斂怨市權。且外廷諸臣敢誑陛下者，必不在拘攣守文之士，而在權力謬巧之人；內廷諸臣敢誑陛下者，必不在錐刀泉布之微，而在阿柄神叢之大。惟陛下超然省覽，旁稽載籍，自古迄今，決無數米量薪，可成遠大之猷，吹毛數睫，可奏三五之治者。彼小人見事，智每短於事前，言每多於事後。不救淩圍，而謂淩城必不可築；不理島民，而謂島衆必不可用。兵逃於久頓，而謂亂生於無兵；餉糜於漏巵，而謂功銷於無餉。亂視熒聽，浸淫相欺，馴至極壞，不可復挽，臣竊危之。自二年以來，以察去弊，而弊愈多；以威創頑，而威滋殫。是亦反申、商以歸周、孔，捐苛細以崇惇大之時矣。

帝不懌，摘「葛藤」、「株連」數語，令具陳。道周上言曰：

邇年諸臣所目營心計，無一實爲朝廷者。其用人行事，不過推求報復而已。自前歲春月以後，盛談邊疆，實非爲陛下邊疆，乃爲逆璫而翻邊疆也；去歲春月以後，盛言科場，實非爲陛下科場，乃爲仇隙而翻科場也。此非所謂「葛藤」、「株連」乎？自古外患未弭，則大臣一心以憂外患；小人未退，則大臣一心以憂小人。今獨以遺君父，而大臣自處於催科比較之末。行事而事失，則曰事不可爲；用人而人失，則曰人不足用。此臣所謂舛也。三十年來，釀成門戶之禍，今又取縉紳稍有器識者，舉網投阱，卽緩急安得一士之用乎！

凡絕餌而去者，必非鰌魚；戀棧而來者，必非駿馬。以利祿豢士，則所豢者必嗜利之臣；以箠楚驅人，則就驅者必駑駘之骨。今諸臣之才具心術，陛下其知之矣。知其爲小人而又以小人矯之，則小人之焰益張；知其爲君子而更以小人參之，則君子之功不立。天下總此人才，不在廊廟則在林藪。臣所知識者有馬如蛟、毛羽健、任贊化，所聞習者有惠世揚、李邦華，在仕籍者有徐良彥、曾櫻、朱大典、陸夢龍、鄒嘉生，皆卓犖駿偉，使當一面，必有可觀。

語皆刺大學士周延儒、溫體仁。帝益不懌，斥爲民。

九年用薦召，復故官。明年閏月，久旱修省，道周上言：「近者中外齋宿，爲百姓請命，而五日內繫兩尚書，未聞有人申一疏者。安望其戡亂除凶，贊平明之治乎。陛下焦勞於上，小民展轉於下，而諸臣括囊其間，稍有人心，宜不至此。」又上疏曰：「陛下寬仁弘宥，有身任重寄至七八載罔效、擁權自若者。積漸以來，國無是非，朝無枉直，中外臣工率苟且圖事，誠可痛憤。然其視聽一係於上。上急催科，則下急賄賂；上樂鍥覈，則下樂巉險；上喜告訐，則下喜誣陷。當此南北交訌，奈何與市井細民，申勃谿之談，修睚眦之隙乎。」時體仁方招奸人搆東林、復社之獄，故道周及之。

旋進右諭德，掌司經局，疏辭。因言己有三罪、四恥、七不如。三罪、四恥，以自責。七不如者，謂「品行高峻，卓絕倫表，不如劉宗周；至性奇情，無愧純孝，不如倪元璐；湛深大慮，遠見深計，不如魏呈潤；犯言敢諫，清裁絕俗，不如詹爾選、吳執御；志尚高雅，博學多通，不如華亭布衣陳繼儒、龍溪舉人張燮；至圜土纍係之臣，朴心純行，不如李汝璨、傅朝佑；文章意氣，坎坷磊落，不如錢謙益、鄭鄤。」鄤方被杖母大詬，帝得疏駭異，責以顛倒是非。道周疏辯，語復營護鄤。帝怒，嚴旨切責。

道周以文章風節高天下，嚴冷方剛，不諧流俗，公卿多畏而忌之，乃藉不如鄤語爲口實。其冬，擇東宮講官。體仁已罷，張至發當國，擯道周不與。其同官項煜、楊廷麟不平，上疏推讓道周。至發言：「鄤杖母，明旨煌煌，道周自謂不如，安可爲元良輔導。」道周遂移疾乞休，不許。

十一年二月，帝御經筵。刑部尚書鄭三俊方下吏，講官黃景昉救之，帝未許。而帝適追論舊講官姚希孟嘗請漕儲全折以爲非。道周聽未審，謂帝將寬三俊念希孟也，因言：「故輔臣文震孟一生蹇直，未蒙帷蓋恩。天下士，生如三俊，歿如震孟、希孟，求其影似，未可多得。」帝以所對失實，責令回奏。再奏再詰，至三奏乃已。凡道周所建白，未嘗得一俞旨，道周顧言不已。

六月，廷推閣臣。道周已充日講官，遷少詹事，得與名。帝不用，用楊嗣昌等五人。道周乃草三疏，一劾嗣昌，一劾陳新甲，一劾遼撫方一藻，同日上之。其劾嗣昌，謂：

天下無無父之子，亦無不臣之子。衞開方不省其親，管仲至比之豭狗。李定不喪繼母，宋世共指爲人梟。今遂有不持兩服，坐司馬堂如楊嗣昌者。宣大督臣盧象昇以父殯在途，搥心飲血，請就近推補，乃忽有并推在籍守制之旨。夫守制者可推，則聞喪者可不去；聞喪者可不去，則爲子者可不父，爲臣者可不子。卽使人才甚乏，奈何使不忠不孝者連苞引蘗，種其不祥以穢天下乎？嗣昌在事二年，張網溢地之談，款市樂天之說，才智亦可睹矣，更起一不祥之人，與之表裏。陛下孝治天下，縉紳家庭小小勃谿，猶以法治之，而冒喪斁倫，獨謂無禁，臣竊以爲不可也。

其論新甲，言其

守制不終，走邪徑，託捷足。天下卽甚無才，未宜假借及此。古有忠臣孝子無濟於艱難者，決未有不忠不孝而可進乎功名道德之門者也。臣二十躬耕，手足胼胝，以養二人。四十餘削籍，徒步荷擔二千里，不解屝屨。今雖踰五十，非有妻子之奉，婢僕之累。天下卽無人，臣願解淸華，出管鎖鑰，何必使被棘負塗者，祓不祥以玷王化哉！其論一藻，則力詆和議之非。帝疑道周以不用怨望，而「縉紳」、「勃谿」語，欲爲鄭鄤脫罪，下吏部行譴。嗣昌因上言：「鄤杖母，禽獸不如。今道周又不如鄤，且其意徒欲庇凶徒，飾前言之謬，立心可知。」因自乞罷免，帝優旨慰之。

七月五日召內閣及諸大臣於平臺，幷及道周。帝與諸臣語所司事，久之，問道周曰：「凡無所爲而爲者，謂之天理；有所爲而爲者，謂之人欲。爾三疏適當廷推不用時，果無所爲乎？」道周對曰：「臣三疏皆爲國家綱常，自信無所爲。」帝曰：「先時何不言？」對曰：「先時猶可不言，至簡用後不言，更無當言之日。」帝曰：「淸固美德，但不可傲物遂非。且惟伯夷爲聖之淸，若小廉曲謹，是廉，非淸也。」時道周所對不合指，帝屢駁，道周復進曰：「惟孝弟之人始能經綸天下，發育萬物。不孝不弟者，根本旣無，安有枝葉。」嗣昌出奏曰：「臣不生空桑，豈不知父母。顧念君爲臣綱，父爲子綱，君臣固在父子前。況古爲列國之君臣，可去此適彼；今則一統之君臣，無所逃於天地之間。且仁不遺親，義不後君，難以偏重。臣四疏力辭，意詞臣中有如劉定之、羅倫者，抗疏爲臣代請，得遂臣志。及抵都門，聞道周人品學術，爲人宗師，乃不如鄭鄤。」帝曰：「然，朕正擬問之。」乃問道周曰：「古人心無所爲，今則各有所主，故孟子欲正人心，息邪說。古之邪說，別爲一教，今則直附於聖賢經傳中，係世道人心更大。且爾言不如鄭鄤，何也？」對曰：「臣章見棄通國，孟子不失禮貌，臣言文章不如鄤。」帝曰：「章子不得於父，豈鄤杖母者比。爾言不如，豈非朋比？」道周曰：「衆惡必察。」帝曰：「陳新甲何以走邪徑，託捷足？且爾言軟美容悅，叩首折枝者誰耶？」道周不能對，但曰：「人心邪則行徑皆邪。」帝曰：「喪固凶禮，豈遭凶者卽凶人，盡不祥之人？」道周曰：「古三年喪，君命不過其門。自謂凶與不祥，故軍禮鑿凶門而出。奪情在疆外則可，朝中則不可。」帝曰：「人既可用，何分內外？」道周曰：「我朝自羅倫論奪情，前後五十餘人，多在邊疆。故嗣昌在邊疆則可，在中樞則不可；在中樞猶可，在政府則不可。止嗣昌一人猶可，又呼朋引類，竟成一奪情世界，益不可。」帝又詰問久之。帝曰：「少正卯當時亦稱聞人。心逆而險，行僻而堅，言僞而辨，順非而澤，記醜而博，不免聖人之誅。今人多類此。」道周曰：「少正卯心術不正，臣心正無一毫私。」帝怒。有間，命出候旨。道周曰：「臣今日不盡言，臣負陛下；陛下今日殺臣，陛下負臣。」帝曰：「爾一生學問，止成佞耳。」叱之退，道周叩首起，復跪奏：「臣敢將忠佞二字剖析言之。夫人在君父前，獨立敢言爲佞，豈在君父前讒諂面諛爲忠耶？忠佞不別，邪正淆矣，何以致治？」帝曰：「固也，非朕漫加爾以佞。但所問在此，所答在彼，非佞而何？」再叱之退。顧嗣昌曰：「甚矣，人心偸薄也。道周恣肆如此，其能無正乎？」乃召文武諸臣，咸聆戒諭而退。

是時，帝憂兵事，謂可屬大事者惟嗣昌，破格用之。道周守經，失帝意。及奏對，又不遜。帝怒甚，欲加以重罪，憚其名高，未敢決。會劉同升、趙士春亦劾嗣昌，將予重譴，而部擬道周譴顧輕。嗣昌懼道周輕，則論己者將無已時也，亟購人劾道周者。有刑部主事張若麒謀改兵部，遂阿嗣昌意上疏曰：「臣聞人主之尊，尊無二上；人臣無將，將而必誅。今黃道周及其徒黨造作語言，虧損聖德。舉古今未有之好語盡出道周，無不可歸過於君父。不頒示前日召對始末，背公死黨之徒，鼓煽以惑四方，私記以疑後世，掩聖天子正人心息邪說至意，大不便。」帝卽傳諭廷臣，毋爲道周劫持相朋黨，凡數百言。貶道周六秩，爲江西按察司照磨，而若麒果得兵部。

久之，江西巡撫解學龍薦所部官，推奬道周備至。故事，但下所司，帝亦不覆閱。而大學士魏照乘惡道周甚，則擬旨責學龍濫薦。帝遂發怒，立削二人籍，逮下刑部獄，責以黨邪亂政，並杖八十，究黨與。詞連編修黃文煥、吏部主事陳天定、工部司務董養河、中書舍人文震亨，並繫獄。戶部主事葉廷秀、監生涂仲吉救之，亦繫獄。尙書李覺斯讞輕，嚴旨切責，再擬謫戍烟瘴，帝猶以爲失出，除覺斯名，移獄鎮撫司掠治，乃還刑部獄。逾年，尙書劉澤深等言：「二人罪至永戍止矣，過此惟論死。論死非封疆則貪酷，未有以建言者。道周無封疆貪酷之罪，而有建言蒙戮之名，於道周得矣，非我聖主覆載之量也。陛下所疑者黨耳。

黨者，見諸行事。道周抗疏，祇託空言，一二知交相從罷斥，烏覩所謂黨，而煩朝廷大法乎。且陛下豈有積恨道周，萬一聖意轉圜，而臣已論定，悔之何及。」仍以原擬請，乃永戍廣西。〔四〕

十五年八月，道周戍已經年。一日，帝召五輔臣入文華後殿，手一編從容問曰：「張溥、張采何如人也？」皆對曰：「讀書好學人也。」帝曰：「張溥已死，張采小臣，科道官何亟稱之？」對曰：「其胸中自有書，科道官以其用未竟而惜之。」帝曰：「亦不免偏。」時延儒自以嗣昌既已前死矣，而己方再入相，欲參用公議，爲道周地也，卽對曰：「張溥、黃道周皆未免偏，徒以其善學，故人人惜之。」帝默然。德璟曰：「道周前日蒙戍，上恩寬大，獨其家貧子幼，其實可憫。」帝微笑。演曰：「其事親亦極孝。」甡曰：「道周學無不通，且極清苦。」帝不答，但微笑而已。明日傳旨復故官。道周在途疏謝，稱學龍、廷秀賢。既還，帝召見道周，道周見帝而泣：「臣不自意今復得見陛下，臣故有犬馬之疾。」請假，許之。

居久之，福王監國，用道周吏部左侍郎。道周不欲出，馬士英諷之曰：「人望在公，公不起，欲從史可法擁立潞王耶？」乃不得已趨朝。陳進取九策，拜禮部尚書，協理詹事府事。而朝政日非，大臣相繼去國，識者知其將亡矣。明年三月遣祭告禹陵。瀕行，陳進取策，時不能用。甫竣事，南都亡，見唐王聿鍵於衢州，奉表勸進。王以道周爲武英殿大學士。道周學行高，王敬禮之特甚，賜宴。鄭芝龍爵通侯，位道周上，衆議抑芝龍，文武由是不和。一諸生上書詆道周迂，不可居相位。王知出芝龍意，下督學御史撻之。

當是時，國勢衰，政歸鄭氏，大帥恃恩觀望，不肯一出關募兵。道周請自往江西圖恢復。以七月啓行，所至遠近響應，得義旅九千餘人，由廣信出衢州。十二月進至婺源，遇大清兵。戰敗，被執至江寧，幽別室中，囚服著書。臨刑，過東華門，坐不起，曰：「此與高皇帝陵寢近，可死矣。」監刑者從之。幕下士中書賴雍、蔡紹謹，兵部主事趙士超等皆死。

道周學貫古今，所至學者雲集。銅山在孤島中，有石室，道周自幼坐臥其中，故學者稱爲石齋先生。精天文曆數皇極諸書。所著易象正、三易洞璣及太函經，學者窮年不能通其說，而道周用以推驗治亂。歿後，家人得其小冊，自謂終於丙戌，年六十二，始信其能知來也。

葉廷秀，濮州人。天啓五年進士。歷知南樂、衡水、獲鹿三縣，入爲順天府推官。英國公張惟賢與民爭田，廷秀斷歸之民。惟賢屬御史袁弘勛駁勘，執如初。惟賢訴諸朝。帝卒用廷秀奏，還田於民。

崇禎中，遷南京戶部主事，遭內外艱。服闋，入都，未補官，疏陳吏治之弊，言：「催科一事，正供外有雜派，新增外有暗加，額辦外有貼助。小民破產傾家，安得不爲盜賊。夫欲救州縣之弊，當自監司郡守始。不澄其源，流安能潔。乃保舉之令行已數年，而稱職者希覯，是連坐法不可不嚴也。」帝納之，授戶部主事。帝以傅永淳爲吏部尚書。廷秀言永淳庸才，不當任統均。甫四月，永淳果敗。道周逮下獄，廷秀抗疏救之。帝怒，杖百，繫詔獄。明年冬，遣戍福建。

廷秀受業劉宗周門，造詣淵邃。宗周門人以廷秀爲首。與道周未相識，冒死論救，獲重罪，處之恬然。及道周釋還，給事中左懋第、御史李悅心復相繼論薦，執政亦稱其賢，道周在途又爲請。帝令所司核議，已而執政復薦。十六年冬，特旨起故官。會都城陷，未赴。福王時，兵部侍郎解學龍薦道周，並及廷秀，命以僉都御史用。及還朝，馬士英惡之，抑授光祿少卿。南都覆，唐王召拜左僉都御史，進兵部右侍郎。事敗，爲僧以終。

贊曰：劉宗周、黃道周所指陳，深中時弊。其論才守，別忠佞，足爲萬世龜鑑。而聽者迂而遠之，則救時濟變之說惑之也。傳曰「雖危起居，竟信其志，猶將不忘百姓之病也」，二臣有焉。殺身成仁，不違其素，所守豈不卓哉！

校勘記

〔一〕𥂕習爲頑鈍無恥　𥂕，原作「蓋」，據明史稿傳一四一劉宗周傳改。

〔二〕武清侯蒼頭毆諸生　武清侯，原作「武清伯」，據本書卷一〇八外戚恩澤侯表改。

〔三〕朝政日隳　原作「朝廷日隳」，據明史稿傳一四一劉宗周傳改。

〔四〕乃永戍廣西　廣西，本書卷三〇八及明史稿傳一三二周延儒傳作「辰州」，國榷卷九七頁五九一一作「辰州衞」。辰州、辰州衞在湖廣。

明史卷二百五十六

列傳第一百四十四

崔景榮　黃克纘　畢自嚴　李長庚 王志道　劉之鳳

崔景榮，字自强，長垣人。萬曆十一年進士。授平陽府推官。擢御史，劾東廠太監張鯨罪。巡按甘肅、湖廣、河南，最後按四川，積臺資十八年。

播州亂，景榮監大帥劉綎、吳廣輩軍。綎馳金帛至景榮家，爲其父壽，景榮上疏劾之。播州平，或請以播北畀安氏，景榮不可。會總督李化龍憂去，景榮爲請蠲蜀一歲租，卹上東五路，罷礦使。化龍疏敍監軍功，弗及景榮。已，晉太僕少卿。

三年滿，擢右僉都御史，巡撫寧夏。銀定素驕，歲入掠。景榮親督戰破之，因議革導賊諸部賞。諸部懼，請與銀定絕。銀定既失導，亦叩關求市。寧夏歲市費不貲，景榮議省之。在任三年，僅一市而已。其後延鎮吉能等挾款求補市，卒勿許，歲省金錢十餘萬。

四十一年入爲兵部右侍郎，總京營戎政。改吏部。以疾辭去。踰年，起宣府大同總督。召還，晉兵部尚書。會遼、瀋失，熊廷弼、王化貞議不協，命廷臣議經、撫去留。景榮數爲言官所論。御史方震孺請罷景榮，以孫承宗代之。遂引疾歸。

天啓四年十一月特起爲吏部尚書。當是時，魏忠賢盜國柄，羣小更相倚附，遂尚書趙南星。卽家起景榮，欲倚爲助。比至，忠賢飾大宅以待，景榮不赴。錦衣帥田爾耕來謁，又辭不見。帝幸太學，忠賢欲先一日聽祭酒講，議裁諸聽講大臣賜坐賜茶禮，又議減考選員額，汰京堂添注官。景榮皆力持不行，浸忤忠賢指。又移書魏廣微，勸其申救楊漣、左光斗。廣微不得已，爲具揭。尋以景榮書爲徵，曰：「景榮敎我也。」於是御史倪文煥、門克新先後劾景榮陰護東林，媚奸邪而邀後福。得旨，削奪爲民。崇禎改元，復原職。四年卒。贈少保。

黃克纘，字紹夫，晉江人。萬曆八年進士。除壽州知州，入爲刑部員外郎。累官山東左布政使，就遷右副都御史，巡撫其地。請停礦稅，論劾稅使陳增、馬堂，他惠政甚著。屢以平盜功，加至兵部尚書。四十年詔以故官參贊南京機務，爲御史李若星、魏雲中所劾，還家候命。居三年，始履任。四十四年冬，隆德殿災，上疏陳時政，語極痛切。不報。召理京營戎政，改刑部尚書，預受兩朝顧命。李選侍將移宮，其內侍王永福、姚進忠等八人坐盜乾清宮珠寶下吏。克纘擬二人辟，餘俱末減。帝不從，命辟六人，餘遣戍。克纘言：「姜昇、鄭穩山、劉尙理不持一物，〔一〕劉遜拾地上珠，還之選侍，而與永福、進忠同戮，輕重失倫。況選侍篋中物，安知非先朝所賜。」當是時，諸璫罪重，謀脫無自，惟請帝厚待選侍，則獄情自緩。於是流言四布，謂帝薄待先朝妃嬪，而克纘首入其言。帝不悅，責克纘偏聽，命如前旨。

已，楊漣陳「移宮」始末。帝卽宣諭廷臣，備述選侍凌虐聖母狀。且曰：「大小臣工，惟私李黨，責備朕躬。」克纘惶恐上言：「禮，父母並尊。事有出於念母之誠，跡或涉於彰父之過。必委曲周全，渾然無跡，斯爲大孝。若謂黨庇李氏，責備聖躬，臣萬死不敢出。」御史焦源溥力駁其持論之謬。末言：「羣豎持貲百萬，借安選侍爲名，妄希脫罪，克纘墮其術而不覺。」克纘奏辨，因乞罷。略言：「源溥謂在神宗時爲元子者爲忠，爲福藩者非忠。臣敢廣之曰：神宗旣保護先帝，授以大位，則爲神考而全其貴妃富貴其愛子者，尤忠之大也。又謂在先帝時爲二后者爲忠，爲選侍者非忠。臣亦廣之曰：聖母旣正名定位，則光昭刑于之令德，勿虛傳宮幃之忿爭，尤忠之大也。若如源溥言，必先帝不得正其始，聖母不得正其終，方可議斯獄耳。」疏入，帝怒甚，責以輕肆無忌，不諳忠孝。克纘惶恐引罪，大學士劉一燝等亦代爲言，乃已。無何，給事中董承業、孫杰、毛士龍，御史潘雲翼、楊新期，南京御史王允成並劾克纘是非舛謬。克纘不服，言曩不舉李三才，故爲諸人所惡。源溥復劾克纘借三才以傾言官。克纘奏辨，再乞休，帝不問。

天啓元年冬，加太子太保。尋復以兵部尚書協理戎政。廷臣議「紅丸」，克纘述進藥始末，力爲方從哲辨。給事中薛文周詆其滅倫常，昵私交，昧大義。克纘憤，援春秋不書隱公、閔公之弒，力詆文周，且白選侍無毆聖母事。給事中沈惟炳助文周復劾克纘。先是，帝宣諭百官，明言選侍毆崩聖母。及惟炳疏上，得旨：「選侍向有觸忤。朕一時傳諭，不無過激。追念皇考，豈能恝然。」於是外議紛紜，咸言前此上諭，悉出王安矯託。而諸請安選侍者，益得藉爲詞。蓋是時王安已死，魏忠賢方竊柄，故前後諭旨牴牾如此。

克纘歷官中外，清强有執。持議與爭「三案」者異，攻擊紛起。自是羣小排東林，創要典，率推克纘爲首功。時東林方盛，克纘移疾。詔加太子太傅，乘傳歸。四年十二月，魏忠賢盡逐東林，召克纘爲工部尚書。視事數月，復移疾歸。三殿成，加太子太師。崇禎元年起南京吏部尚書。有劾之者，不就，卒於家。

畢自嚴，字景曾，淄川人。萬曆二十年進士。除松江推官。年少有才幹，徵授刑部主事。歷工部員外郎中，遷淮徐道參議。內艱闋，分守冀寧。改河東副使，引疾去。起洮岷兵備參政。以按察使徙治榆林西路，進右布政使。泰昌時，召爲太僕卿。

天啓元年四月，遼陽覆。廷議設天津巡撫，專飭海防，改自嚴右僉都御史以往。置水軍，繕戰艦，備戎器。及熊廷弼建三方布置策，天津居其一，增設鎭海諸營。用戚繼光遺法，水軍先習陸戰，軍由是可用。魏忠賢令錦衣千戶劉僑逮天津廢將，自嚴以無駕帖疏論之，報聞。四方所募兵日逃亡，用自嚴言，攝其親屬補伍。兵部主事來斯行有武略，自嚴請爲監軍。山東白蓮妖賊起，令斯行率五千人往，功多。

初，萬曆四十六年，遼左用兵，議行登、萊海運。明年二月特設戶部侍郎一人，兼右僉都御史，出督遼餉，語詳李長庚傳。及是長庚遷，乃命自嚴代。敍前平賊功，進右都御史兼戶部左侍郎。時議省天津巡撫，令督餉侍郎兼領其事，卽以委自嚴。又議討朝鮮。自嚴言不可遽討，當俟請貢輸誠，東征効力，徐許其封耳。京師數地震，因言內批宜愼，恩澤宜節，人才宜惜，內操宜罷，語甚切直。自嚴在事數年，綜核撙節，公私賴之。

五年以右都御史掌南京都察院。明年正月就改戶部尚書。忠賢議鬻南太僕牧馬草場，助殿工。自嚴持不可，遂引疾歸。

崇禎元年召拜戶部尙書。自嚴以度支大絀，請覈逋賦，督屯田，嚴考成，汰冗卒，停薊、密、昌、永四鎭新增鹽菜銀二十二萬，俱報可。二年三月疏言：「諸邊年例，自遼餉外，爲銀三百二十七萬八千有奇。今薊、密諸鎭節省三十三萬，尙應二百九十四萬八千。統計京邊歲入之數，田賦百六十九萬二千，鹽課百一十萬三千，關稅十六萬一千，雜稅十萬三千，事例約二十萬，凡三百二十六萬五千有奇。而逋負相沿，所入不滿二百萬，卽盡充邊餉，尙無贏餘。乃京支雜項八十四萬，遼東提塘三十餘萬，薊、遼撫賞十四萬，遼東舊餉改新餉二十萬，出浮於入，已一百十三萬六千。況內供召買，宣、大撫賞，及一切不時之需，又有出常額外者。乞敕下廷臣，各陳所見。」於是廷臣爭效計畫。自嚴擇其可者，先列上十二事，曰增鹽引，議鼓鑄，括雜稅，覈隱田，稅寺產，核牙行，停修倉廒，止葺公署，南馬協濟，崇文鋪稅，京運撥兌，板木折價。已，復列上十二事，曰增關稅，捐公費，鬻生祠，酌市稅，汰冗役，核虛冒，加抵贖，班軍折銀，吏胥納班，河濱灘蕩，京東水田，殿工冠帶。帝悉允行。

詔輯賦役全書。自嚴言：「全書之作，自行一條鞭始，距今已四十五年。有一事而此多彼少者，其弊爲混派。有司聽奸吏暗灑瓜分，其弊爲花派。當大爲申飭。」因條八式以獻。帝卽命頒之天下。

給事中汪始亨極論盜屯損餉之弊。自嚴言：「相沿已久，難於覈實。請無論軍種民種，一照民田起科。」帝是其議。先是，忠賢亂政，邊餉多缺，自嚴給發如期。又疏言：「最耗財者無如客餉。諸鎭年例合三百二十七萬，而客餉居三之一，宜大裁省。其次則有撫賞、召買、修築諸費，皆不可不節。」帝褒納之。

其冬，京師被兵，帝憂勞國事，旨中夜數發。自嚴奏答無滯，不敢安寢，頭目臃腫，事幸無乏。明年夏，以六罪自劾，乞罷，優旨慰留。先以考滿加太子少保。敍遵、永克復功，再進太子太保。

兵部尙書梁廷棟請增天下田賦，自嚴不能止。於是舊增五百二十萬之外，更增百六十五萬有奇，天下益耗矣。已，陳時務十事，意主利民，帝悉採納。又以兵餉日增，屢請淸覈，而兵部及督撫率爲寢閣。復乞汰內地無用之兵，帝卽令嚴飭，然不能盡行也。

御史余應桂劾自嚴殿試讀卷，首薦陳于泰，乃輔臣周延儒姻婭。自嚴引疾乞休，疏四上，不允。時有詔，縣令將行取者，戶部先覈其錢穀。華亭知縣鄭友元已入爲御史，先任靑浦，逋金花銀二千九百。帝以詰戶部，自嚴言友元已輸十之七貯太倉。帝令主庫者核實，無有，帝怒責自嚴。自嚴飾詞辨，帝益怒，遂下自嚴獄，遣使逮友元。御史李若讜疏救，不納。踰月，給事中吳甘來復抗疏論救，帝乃釋之。八年五月敍四川平賊功，復官，致仕。

又三年卒，賜卹如制。

李長庚，字酉卿，麻城人。萬曆二十三年進士。授戶部主事。歷江西左、右布政使，所在勵清操。入爲順天府尹。改右副都御史，巡撫山東。盡心荒政，民賴以蘇。盜蔓武定諸州縣，討擒其渠魁。

四十六年，遼東用兵，議行登、萊海運。長庚初言不便，後言：「自登州望鐵山西北口，至羊頭凹，歷中島、長行島抵北信口，又歷兔兒島至深井，達蓋州，剝運一百二十里，抵娘娘宮，陸行至廣寧一百八十里，至遼陽一百六十里，每石費一金。」部議以爲便，遂行之。

明年二月特設戶部侍郎一人兼右僉都御史，出督遼餉，駐天津，卽以長庚爲之。奏行造淮船、通津路、議牛車、酌海道、截幫運、議錢法、設按臣、開事例、嚴海防九事。時議歲運米百八十萬石，豆九十萬石，草二千一百六十萬束，銀三百二十四萬兩。長庚請留金花，行改折，借稅課，言：「臣考會計錄，每歲本色、折色通計千四百六十一萬有奇。入內府者六百餘萬，入太倉者，自本色外，折色四百餘萬。內府六百萬，自金花籽粒外，皆絲綿布帛蠟茶顏料之類，歲久皆朽敗。若改折一年，無損於上，有益於下。他若陝西羊羢，江、浙織造，亦當稍停一年，濟軍國急。」帝不悅，言：「金花籽粒本祖宗舊制，內供正額及軍官月俸，所費不貲，安得借留？其以今年天津、通州、江西、四川、廣西上供稅銀，盡充軍費。」

於是戶科給事中官應震上言：「考會典，於內庫則云，金花銀，國初解南京供武俸，諸邊或有急，亦取給其中。正統元年始自南京改解內庫。嗣後除武官俸外，皆爲御用。是金花銀國初常以濟邊，而正統後方供御用也。會典於太倉庫則云，嘉靖二十二年題准諸處京運錢糧，不拘金花籽粒，應解內府者悉解貯太倉庫，備各邊應用。是世宗朝金花盡充兵餉，不知陛下初年何故斂之於內也。今不考各邊取給應用之例，而反云正供舊額，何相左若是。至武官月俸，歲不過十餘萬，乃云所費不貲哉。且原數一百萬，陛下始增二十萬，年深日久，顚末都忘。以臣計之，毋論今年當借，卽嗣後年年借用可也。毋論未來者當濟邊，卽見在內帑者盡還太倉可也。若夫物料改折，隆慶元年嘗行之以解部濟邊，六年又行於南京監局，亦以濟邊。此則祖宗舊制，陛下獨不聞耶？」帝卒不聽。

時諸事創始，百務坌集。長庚悉辦治。天啓二年遷南京刑部尙書，就移戶部。明年召拜戶部尙書，未任，以憂歸。

崇禎元年起工部尙書，復以憂去。久之，代閔洪學爲吏部尙書。六年正月，修撰陳于泰疏陳時弊。宣府監視中官王坤力詆之，侵及首輔周延儒。長庚率同列上言：「陛下博覽古今，曾見有內臣參論輔臣者否？自今以後，廷臣拱手屏息，豈盛朝所宜有。臣等溺職，祈立賜譴黜，終不忍開內臣輕議朝政之端，流禍無窮，爲萬世口實。」帝不懌。次日召對平臺。時副都御史王志道劾坤語尤切，帝責令回奏。奏上，帝益怒。及面對，詰責者久之，竟削其籍。

志道，漳浦人。天啓時爲給事中。議「三案」爲高攀龍所駁，謝病歸。其後附魏忠賢，歷擢左通政，論者薄之。及是，以忤中官罷。

長庚不植黨援，與溫體仁不甚合。推郎中王茂學爲眞定知府，帝不允。復推爲順德知府，帝怒，責以欺蒙，並追咎冠帶監生授職事，責令回奏。奏上，斥爲民。家居十年，國變，久之卒。

劉之鳳，字雝鳴，中牟人。萬曆四十四年進士。歷南京御史。天啓三年六月上疏別白孫承宗、王象乾、閻鳴泰本末，請定去留，而撤毛文龍海外軍，令居關內。又請亟罷內操。忤魏忠賢。傳旨切責，復宣諭廷臣，再瀆奏者罪無赦。六年，之鳳方視江防，期滿奏報。忠賢奪其職。

崇禎二年起故官。帝召周延儒燕見，宵分始出。之鳳偕同官上疏曰：「臣等待罪陪京，去延儒原籍三百里，其立身居鄉，不堪置齒頰。今乃特蒙眷注，必將曰舉朝盡欺，獨延儒一人捐軀爲國，使陛下眞若廷臣無可信，而延儒乃得翦所忌，樹所私，曰爲馮銓、霍維華等報怨。此一召也，於國事無纖毫益，而於聖德有丘山之損。」忤旨，詰責。已復列上五事，曰舉謀勇，止援兵，練土著，密偵探，選守令，俱見採納。

累遷刑部侍郎，遂代鄭三俊爲本部尚書。之鳳以天下囚徒皆五年一審錄，高牆罪獨不與，上疏言之，報可。嘗與左侍郎王命璿召對平臺，論律例及獄情，帝申飭而退。時有火星之變，之鳳特請修刑，言：「自今獄情大者，一月奏斷，小者半月。贓重人犯，結案在數年前者，大抵本犯無髓可敲，戚屬亦無脂可吸。祈悉宥免，全好生之仁。」從之。然之鳳雖爲此奏，其後每上獄詞，帝必嚴駁，之鳳懼甚。諸司呈稿，遲疑不敢遽發。屢疏謝病，帝不從。會尚書范景文劾南京給事中荊可棟貪墨，下部訊，之鳳予輕比。帝疑其受賄，下之吏，法司希旨坐絞。給事中李清言於律未合，同官葛樞復論救。帝怒，鐫樞級，調外。十三年四月，之鳳獄中上書自白無贓賄，情可矜原。亦置不省，竟瘐死。

計崇禎朝刑部易尚書十七人。薛貞以奄黨抵死。蘇茂相半歲而罷。王在晉未任，改兵部。喬允升坐逸囚遣戍。韓繼思坐議獄除名。胡應台獨得善去。馮英被劾遣戍。鄭三俊坐議獄逮繫。之鳳論絞，瘐死獄中。甄淑坐納賄下詔獄，改繫刑部，瘐死。李覺斯坐議獄削籍。劉澤深卒於位。鄭三俊再爲尙書，改吏部。范景文未任，改工部。徐石麒坐議獄，落職閒住。胡應台再召不赴。繼其後者張忻，賊陷京師，與子庶吉士端並降。

贊曰：崔景榮、黃克纘皆不爲東林所與，然特不附東林耳。方東林勢盛，羅天下淸流。士有落然自異者，詬誶隨之矣。攻東林者，幸其近己也，而援以爲重。於是中立者類不免蒙小人之玷。核人品者，乃專以與東林厚薄爲輕重，豈篤論哉。畢自嚴、李長庚計臣中辦治才，而自嚴增賦之議，識者病焉。劉之鳳議獄不當，罪止謫罷，竟予重比。刑罰不中，欲求治得乎！

校勘記

〔一〕姜昇鄭穩山劉尙理不持一物　鄭穩山，明史稿傳一一三黃克纘傳作「鄭隱山」，國榷卷八四頁五一七九作「鄭德山」。又，劉尙理，明史稿傳一一三黃克纘傳、光宗實錄泰昌元年九月己酉條、國榷卷八四頁五一七九都作「劉尙禮」。

明史卷二百五十七

列傳第一百四十五

張鶴鳴 弟鶴騰 董漢儒 汪泗論 趙彥 王洽 王在晉 高第
梁廷棟 熊明遇 張鳳翼 陳新甲 馮元飈 兄元颺

張鶴鳴，字元平，潁州人。中萬曆十四年會試，父病，馳歸。越六年，始成進士。除歷城知縣，移南京兵部主事。累官陝西右參政，分巡臨、鞏，以才略聞。再遷右僉都御史，巡撫貴州。自楊應龍平後，銷兵太多，苗仲所在爲寇。鶴鳴言：「仲賊乃粵西瑤種，流入黔中。自貴陽抵滇，人以三萬計，砦以千四百七十計，分郎爲民，合郎爲盜。又有紅苗，環銅仁、石阡、思州、思南四郡，數幾十萬，而鎭遠、清平間，大江、小江、九股諸種，皆應龍遺孽，衆萬餘。臣部卒止萬三千，何以禦賊？」因列上增兵增餉九議。合諸土兵剿洪邊十二馬頭，大破紅苗。追剿柔坪。賊首老蜡雞據峰巔仰天窩，窩有九井，地平衍，容數千人，下通三道，各列三關。老蜡雞僭王號。鶴鳴奪其關，老蜡雞授首，撫降餘衆而還。尋發兵擊平定廣、威平、安籠諸賊，威名甚著。遷兵部右侍郎，總督陝西三邊軍務。未上，轉左侍郎，佐理部事。時兵事亟，兵部增設二侍郎，而鶴鳴與祁伯裕、王在晉並臥家園不赴。

至天啓元年，遼陽破，兵事益亟。右侍郎張經世督援師出關，部中遂無侍郎。言官請趣鶴鳴等，章數十上。帝乃刻期令兵部馬上督催，鶴鳴等始履任。至則論平苗功，進本部尚書，視侍郎事。尚書王象乾出督薊、遼軍務，鶴鳴遂代其位。給事中韋蕃請留象乾，出鶴鳴督師。忤旨，謫外。時熊廷弼經略遼東，性剛負氣，好謾罵，凌轢朝士。鶴鳴與相失，事多齟齬，獨喜巡撫王化貞。化貞本庸才，好大言。鶴鳴主之，所奏請無不從，令無受廷弼節度。中外皆知經、撫不和，必悞封疆。而鶴鳴信化貞愈篤，〔一〕卒致疆事大壞。

二年正月，廷議經、撫去留。給事中惠世揚、周朝瑞議以鶴鳴代廷弼，其他多言經、撫宜並任，鶴鳴獨毅然主撤廷弼，專任化貞。議甫上，化貞已棄廣寧遁。鶴鳴內慚，且懼罪，乃自請行邊。詔加太子太保，賜蟒玉及尚方劍。鶴鳴憚行，逗遛十七日，始抵山海關。至則無所籌畫，日下令捕間諜，厚啗蒙古炒花、宰賽諸部而已。

初，廣寧敗書聞，廷臣集議兵事。鶴鳴盛氣詈廷弼自解。給事中劉弘化首論之，坐奪俸。御史江秉謙、何薦可繼劾，並貶官。廷臣益憤。御史謝文錦，給事中惠世揚、周朝瑞、蕭良佐、侯震暘、熊德陽等交章極論，請用世宗戮丁汝夔、神宗逮石星故事，與化貞並按。鶴鳴抵言廷弼僨疆事，由故大學士劉一燝、尙書周嘉謨黨庇不令出關所致，因詆言者爲一燝鷹犬。且曰：「祖宗故事，大司馬不以封疆蒙功罪。」於是朝瑞等復合疏劾之。御史周宗文亦列其八罪。帝不問。鶴鳴遷延數月，謝病歸。

六年春，魏忠賢勢大熾，起鶴鳴南京工部尙書。尋以安邦彥未滅，鶴鳴先有平苗功，改兵部尙書，總督貴州、四川、雲南、湖廣、廣西軍務，賜尙方劍。功未就，莊烈帝嗣位。給事中瞿式耜、胡永順、萬鵬以鶴鳴由忠賢進，連章擊之。鶴鳴求去，詔加太子太師，乘傳歸。崇禎八年，流賊陷潁州，執鶴鳴，倒懸於樹，罵賊死，年八十五。

弟鶴騰，字元漢，舉萬曆二十三年進士。歷官雲南副使。行誼醇篤，譽過其兄。城陷被執，罵不絕口而死。

董漢儒，開州人。萬曆十七年進士。授河南府推官，入爲戶部主事。疏陳減織造、裁冒濫諸事。且曰：「邇來九閽三殿間，惟聞縱酒、淫刑、黷貨。時事可憂，不止國計日絀已也。」不報。朝鮮再用兵，以郎中出理餉務。

尋遷山東僉事，進副使，歷湖廣左右布政使，所在有聲。四十年就拜右副都御史，巡撫其地。帝賜福王莊田，責湖廣四千四百餘頃。漢儒以無所得田，請歲輸萬金代租，不聽。楚宗五十餘人，訐假王事獲罪，囚十載，漢儒力言，王，假也，請釋繫者。又爲滿朝薦、卞孔時等乞宥。俱不報。憂歸。

光宗立，召拜工部右侍郎。旋改兵部，總督宣府、大同、山西軍務。天啓改元，遼陽失，簡精卒二千入衞，詔褒之。明年秋，以左侍郎協理戎政。未上，擢兵部尚書。時遼地盡亡，漢儒請逮治諸降將劉世勛等二十九人家屬，立誅逃將蔡汝賢等，報可。毛文龍居海外，屢以虛言誑中朝，登萊巡撫袁可立每代爲奏請。漢儒言文龍計畫疎，虛聲未可長恃。又請誅逃將管大藩、張思任、孟淑孔等，語甚切。帝命逮治思任等，而大藩卒置不問。諸鎭援遼軍多逃逸，有出塞投插部者。漢儒請捕獲立誅，同伍相擒捕者重賞；且給餉以時，則逃者自少。帝亦嘉納。

奄人王體乾、宋晉、魏忠賢等十二人有舊勞，命所廕錦衣官皆予世襲。漢儒據祖制力爭，帝不從。給事中程註、御史汪泗論等合疏諫，給事中朱大典、周之綱，御史宋師襄、胡良機特疏繼之，卒不納。漢儒旋以母喪歸。後忠賢大橫，漢儒服闋，遂不召。追敍甘肅功，卽家進太子太保，廕子錦衣百戶。卒贈少保，謚肅敏。

汪泗論，字自魯，休寧人。祖珀，嘉靖中進士，歷官福建兵備僉事，分守福寧。倭犯同安，珀釋重囚七人爲軍鋒，擊倭却之。捷聞，賚金幣。

泗論中萬曆三十八年進士。授漳浦知縣，調福清，有惠政。淸屯田，繕城堡。徵擢御史，首請杜內批以嚴履霜之漸，又請召還科臣楊漣等以作士氣。巡按江西，敦重持大體，奸宄肅然。宗人祿不給，疏以橋稅贖鍰存留接濟。歷太僕寺少卿。嘗識黃道周於諸生中，人服其精鑒。

趙彥，膚施人。萬曆十一年進士。授行人，屢遷山西左布政使。光宗嗣位，以右僉都御史巡撫山東。遼陽旣失，彥請增兵戍諸島，特設大將登州。登、萊設鎭，自此始。天啓二年，廣寧復失。彥以山東南北咽喉，列上八事，詔多允行。

先是，薊州人王森得妖狐異香，〔三〕倡白蓮教，自稱聞香教主。其徒有大小傳頭及會主諸號，蔓延畿輔、山東、山西、河南、陝西、四川。森居灤州石佛莊，徒黨輸金錢稱朝貢，飛竹籌報機事，一日數百里。〔三〕萬曆二十三年，有司捕繫森，論死，用賄得釋。乃入京師，結外戚中官，行教自如。後森徒李國用別立教，用符呪召鬼。兩教相仇，事盡露。四十二年，森復爲有司所攝。越五歲，斃於獄。其子好賢及鉅野徐鴻儒、武邑于弘志輩踵其教，徒黨益衆。至是，好賢見遼東盡失，四方奸民思逞，與鴻儒等約是年中秋並起兵。會謀洩，鴻儒遂先期反，自號中興福烈帝，稱大成興勝元年，〔四〕用紅巾爲識。五月戊申陷鄆城，俄陷鄒、滕、嶧，衆至數萬。

時承平久，郡縣無守備，山東故不置重兵。彥任都司楊國棟、廖棟，而檄所部練民兵，增諸要地守卒。請留京操班軍及廣東援遼軍，以備征調。薦起故大同總兵官楊肇基爲山東總兵官，討賊。賊乘肇基未至，襲兗州，爲滋陽知縣楊炳所却。棟等擊敗賊，復鄆城。其別部犯鉅野，知縣趙延慶固守不下。國棟兵至，敗之，又敗其犯兗州者。遂偕棟等合攻鄒縣。兵潰，遊擊張榜戰死，賊遂圍曲阜、郯城。旋敗去，遂復嶧縣。

七月，彥視師兗州。甫出城，遇賊萬餘，彥縋入城。肇基急迎戰，而令國棟及棟夾擊，大敗之橫河。時賊精銳聚鄒、滕中道，彥欲攻鄒、滕。副使徐從治曰：「攻鄒、滕難下，不如擣其中堅，兩城可圖也。」彥乃與肇基令遊兵綴賊鄒城，而以大軍擊賊精銳於黃陰、紀王城，大敗賊，蹙而殪之嶧山，遂圍鄒。大小數十戰，城未下，令天津僉事來斯行及國棟等乘間復滕縣。國棟又大破賊沙河，乃築長圍以攻鄒。鴻儒抗守三月，食盡，賊黨盡出降。鴻儒單騎走，被擒。撫其衆四萬七千餘人。彥乃紀績，告廟獻俘，磔鴻儒於市。鴻儒躪山東二十年，徒黨不下二百萬，至是始伏誅。

于弘志亦於是年六月據武邑白家屯，將取景州應鴻儒。斯行方赴援山東，還軍討之。弘志突圍走，爲諸生葉廷珍所獲，凡舉事七日而滅。好賢亦捕得伏誅。

彥已加兵部侍郎，論功，進尙書兼右副都御史，再加太子太保，廕子錦衣世僉事，賚銀幣加等。奏請振濟，且捐鄒、滕賦三年，鄆城、嶧、滋陽、曲阜一年，鉅野半之，皆報許。三年八月召代董漢儒爲兵部尙書，極陳邊將剋餉、役軍、虛伍、占馬諸弊，因條列綜核事宜。帝稱善，立下諸邊舉行。參將王楹行邊，爲哈剌慎部襲殺，彥請覈實論罪，幷敕諸邊撫賞毋增故額。有傳我大清兵欲入喜峰口者，彥憂之，晝上八事，帝皆褒納。楊漣劾魏忠賢二十四罪，彥亦抗疏劾之，自是爲忠賢所惡。貴州征苗兵屢敗，彥列八策以獻，詔頒示軍中。

彥有籌略，曉暢兵事。然征妖賊時，諸將多殺良民冒功，而其子官錦衣，頗招搖都市。給事御史交劾之。彥三疏乞罷，忠賢挾前憾，令乘傳歸，子削籍。初，妖賊興，遼東經略王在晉遣兵助討，彥敍功不及在晉，在晉憾之。至是爲南京吏部，數詆彥。給事中袁玉佩遂劾彥冒功濫廕，且言京觀不當築。詔削其世廕，並京觀毀之。尋追敍兵部時邊功，卽家進太子太傅。未幾卒。

王洽，字和仲，臨邑人。萬曆三十二年進士。歷知東光、任丘。服闋，補長垣。洽儀表頎偉，危坐堂上，吏民望之若神明。其廉能爲一方最。

擢吏部稽勳主事，歷考功文選郎中。天啓初，諸賢彙進，洽有力焉。遷太常少卿。三年冬，以右僉都御史巡撫浙江。洽本趙南星所引，及魏忠賢逐南星，洽乞罷，不許。五年四月，御史李應公希忠賢指劾洽，遂奪職閒住。

崇禎元年召拜工部右侍郎，攝部事。兵部尚書王在晉罷，帝召見羣臣，奇洽狀貌，卽擢任之。上疏陳軍政十事，曰嚴債帥，修武備，核實兵，衡將材，覈欺蔽，懲朘削，勤訓練，釐積蠹，舉異才，弭盜賊。帝並褒納。宣大總督王象乾與大同巡撫張宗衡爭插漢款戰事，帝召諸大臣平臺，詰問良久。洽及諸執政並主象乾策，定款議。詳見象乾、宗衡傳。

尋上言：「祖宗養兵百萬，不費朝廷一錢，屯田是也。今遼東、永平、天津、登、萊沿海荒地，及寶坻、香河、豐潤、玉田、三河、順義諸縣閒田百萬頃。元虞集有京東水田之議，本朝萬曆初，總督張佳胤、巡撫張國彥行之薊鎮，爲豪右所阻。其後，巡撫汪應蛟復行之河間。今已墾者荒，未墾者置不問，遺天施地生之利，而日講生財之術，爲養軍資，不大失策乎！乞敕諸道監司，遵先朝七分防操、三分屯墾之制，實心力行，庶國計有裨，軍食無缺。」帝稱善，卽命行之。嘗奏汰年深武弁無薦者四十八人，以邊才舉監司楊嗣昌、梁廷棟，後皆大用。

二年十月，我大清兵由大安口入，都城戒嚴。洽急徵四方兵入衞。督師袁崇煥，巡撫解經傳、郭之琮，總兵官祖大壽、趙率教、滿桂、侯世祿、尤世威、曹鳴雷等先後至，不能拒，大清兵遂深入。帝憂甚，十一月召對廷臣。侍郎周延儒言：「本兵備禦疎忽，調度乖張。」檢討項煜繼之，且曰：「世宗斬一丁汝夔，將士震悚，強敵宵遁。」帝頷之，遂下洽獄，以左侍郎申用懋代。明年四月，洽竟瘐死。尋論罪，復坐大辟。

洽清修伉直，雅負時望，而應變非所長。驟逢大故，以時艱見絀。遵化陷，再日始得報。帝怒其偵探不明，又以廷臣玩愒，擬用重典，故於洽不少貸。厥後都城復三被兵，樞臣咸獲免，人多爲洽惜之。

在晉，字明初，太倉人。萬曆二十年進士。授中書舍人。自部曹歷監司，由江西布政使擢巡撫山東右副都御史，進督河道。泰昌時，遷添設兵部左侍郎。天啓二年署部事。三月遷兵部尙書兼右副都御史，經略遼東、薊鎭、天津、登萊，代熊廷弼。八月改南京兵部尙書，尋請告歸。五年起南京吏部尙書，尋就改兵部。崇禎元年召爲刑部尙書，未幾，遷兵部。坐張慶臻改敕書事，削籍歸，卒。

高第，字登之，灤州人。萬曆十七年進士。歷官兵部尙書，經略薊、遼。未數月，以恇怯劾罷去。崇禎二年冬，大淸兵破灤州，第竄免。

梁廷棟，鄢陵人。父克從，太常少卿。廷棟舉萬曆四十七年進士，授南京兵部主事，召改禮部，歷儀制郎中。天啓五年遷撫治西寧參議。七年調永平兵備副使。督撫以下爲魏忠賢建祠，廷棟獨不往，乞終養歸。

崇禎元年起故官，分巡口北道。明年加右參政。十一月，大淸兵克遵化，巡撫王元雅自縊，卽擢廷棟右僉都御史代之。廷棟請賜對，面陳方略，報可。未幾，督師袁崇煥下獄，復擢廷棟兵部右侍郎兼故官，總督薊、遼、保定軍務及四方援軍。廷棟有才知兵，奏對明爽，帝心異之。

三年正月，兵部尚書申用懋罷，特召廷棟掌部事。時京師雖解嚴，羽書旁午，廷棟剖決無滯。而廷臣見其驟用，心嫉之。給事中陳良訓首刺廷棟，同官陶崇道復言：「廷棟數月前一監司耳，倏而爲巡撫、總督、本兵，國士之遇宜何如報。乃在通州時，言遵、永易復，良、固難破，自以爲神算。今何以難者易，易者難？且嘗請躬履行間，隨敵追擊，以爲此報主熱血。今偃然中樞，熱血何銷亡也？謂制敵不專在戰，似矣。而伐謀用間，其計安在？」帝不聽崇道言。廷棟疏辨，乞一巖疆自效，優詔慰留之。未幾，工部主事李逢申劾廷棟虛名。崇道又言廷棟輕於發言，致臨洮、固原入衞兵變。帝皆不納。五月，永平四城復，賞廷棟調度功，加太子少保，世廕錦衣僉事。

其秋，廷棟以兵食不足，將加賦，因言：「今日閭左雖窮，然不窮於遼餉也。一歲中，陰爲加派者，不知其數。如朝覲、考滿、行取、推陞，少者費五六千金。合海內計之，國家選一番守令，天下加派數百萬。巡按查盤、訪緝、餽遺、謝薦，多者至二三萬金，合天下計之，國家遣一番巡方，天下加派百餘萬。而曰民窮於遼餉何也？臣考九邊額設兵餉，兵不過五十萬，餉不過千五百三十餘萬，何憂不足。故今日民窮之故，惟在官貪。使貪風不除，卽不加派，民愁苦自若。使貪風一息，卽再加派，民歡忻亦自若。」疏入，帝俞其言，下戶部協議。戶部尚書畢自嚴阿廷棟意，卽言今日之策，無踰加賦，請畝加九釐之外，再增三釐。於是增賦百六十五萬有奇，海內並咨怨。已，陳釐弊五事：曰屯田，曰鹽法，曰錢法，曰茶馬，曰積粟。又極陳陝西致寇之由，請重懲將吏貪汙者以紓軍民之憤，塞叛亂之源。帝皆褒納。

廷棟居中樞歲餘，所陳兵事多中機宜，帝甚倚任。然頗挾數行私，不爲朝論所重。給事中葛應斗劾御史袁弘勛納參將胡宗明金，請囑兵部。廷棟亦劾弘勛及錦衣張道濬通賄狀。兩人遂下獄。兩人者，吏部尙書王永光私人也。廷棟謀幷去永光，以己代之，得釋兵事，永光遂由此去。御史水佳胤者，弘勛郡人也，兩疏力攻廷棟，發其所與司官手書，且言其縱奸人沈敏交關薊撫劉可訓，納賄營私。廷棟疏辯求去，帝猶慰留。有安國棟者，初以通判主插漢撫賞事，廷棟薦其才，特擢職方主事，仍主撫賞，頗爲奸利。廷棟庇之。後佳胤坐他事左遷行人司副，復上疏發兩人交通狀，幷列其賄鬻將領數事，事俱有迹。廷棟危甚，賴中人左右之，得閒住去，以熊明遇代。

八年冬，召拜兵部右侍郞兼右都御史，代楊嗣昌總督宣、大、山西軍務。明年七月，我大清兵由間道踰天壽山，克昌平，逼京師。山後地，乃廷棟所轄也，命戴罪入援。兵部尙書張鳳翼懼罪，自請督師。兩人恇怯不敢戰，近畿地多殘破，言官交章論劾。兩人益懼，度解嚴後必罹重譴，日服大黃藥求死。八月十九日，大清兵出塞。至九月朔，鳳翼卒。踰旬日，廷棟亦卒。已，法司定罪，廷棟坐大辟，以既死不究云。

廷楝既歿，其父克從尙在。後賊破鄢陵，避開封。及開封被淹，死於水。

熊明遇，字良孺，進賢人。萬曆二十九年進士。知長興縣。四十三年擢兵科給事中，旋掌科事。上疏極陳時弊，言：

今春以來，天鼓兩震於晉地，流星晝隕於淸豐，地震二十八，天火九，石首雨菽，河內女妖，遼東兵端吐火，卽春秋二百四十年間，未有稠於今日者。且山東大祲，人相食，黃河水稽天，兼以太白經天，輔星湛沒，熒惑襲月，金水逆行，或日光無芒，日月同暈，爲恒風，爲枯旱。天譴愈深，而陛下所行皆誣天拂經之事，此誠禽息碎首、賈生痛哭之時也。敢以八憂、五漸、三無之說進。

今內庫太實，外庫太虛，可憂一。餉臣乏餉，邊臣開邊，可憂二。套部圖王，插部覬賞，可憂三。黃河泛濫，運河膠淤，可憂四。齊苦荒天，楚苦索地，可憂五。鼎鉉不備，楝梁常撓，可憂六。羣譁盈衢，訛言載道，可憂七。吳民喜亂，冠履倒置，可憂八。

八憂未已，五漸繼之。太阿之柄，漸入中涓。魁壘之人，漸如隕籜。制科之法，漸成奸藪。武庫之器，漸見銷亡。商旅之途，漸至梗塞。

五漸未已，三無繼之。匹夫可熒惑天子，小校可濫邀絲綸，是朝廷無紀綱。滇、黔之守令皆途窮，揚、粵之監司多規避，是遠方無吏治。讒搆之口甚於戈戟，傾危之禍慘於蘇、張，是士大夫無人心。天下事可不寒心哉！

帝不省。亓詩教等以明遇與東林通，出爲福建僉事，遷寧夏參議。

天啓元年以尙寶少卿進太僕少卿，尋擢南京右僉都御史，提督操江。建營伏虎山，選練蒼頭軍，以資守禦。永樂中，齊王榑以罪廢，其子孫居南京，號齊庶人。有睿爁者，自負異表，與奸人謀不軌，明遇捕獲之，置其黨十餘人於法。魏忠賢黨謀盡逐東林，以明遇嘗救御史游士任，五年三月給事中薛國觀遂劾其黨庇徇私，忠賢卽矯旨革職。未幾，坐汪文言獄，追贓千二百金，謫戍貴州平溪衞。

莊烈帝卽位，釋還。崇禎元年起兵部右侍郎。明年進左，遷南京刑部尙書。四年召拜兵部尙書，疏陳四司宿弊，悉見採納。楊鶴被逮，明遇言：「秦中流寇，明旨許撫剿並行。臣謂渠魁乞降亦宜撫，脅從負固亦宜剿。今鶴以撫賊無功就逮，倘諸臣因鶴故欲盡戮無辜，被脅之人絕其生路。宜急敕新督臣洪承疇，諭賊黨殺賊自效。卽神一魁、劉金輩，果立奇功，亦一體敍錄。而諸將善撫馭如吳弘器等，仍與陞擢，庶賊黨日孤。」帝亦納之。

五年正月，山東叛將李九成等陷登州，明遇過信巡撫余大成言，力主撫議，久愈猖獗，萊城被圍幾陷，乃調關外軍討定之。語詳徐從治傳。當是時，我大清兵入宣府，巡撫沈棨與中官王坤等遣使議和，饋金帛牢醴，師乃旋。事聞，帝惡棨專擅，召對明遇等於平臺。明遇曲爲棨解，帝不悅，逮棨下吏。於是給事中孫三杰力詆明遇、棨交關悞國，同官陳贊化、呂黃鐘，御史趙繼鼎連劾之。明遇再疏乞罷，帝責以疎庸僨事，命解任候勘。尋以故官致仕。久之，用薦起南京兵部尙書，改工部，引疾歸。國變後卒。

張鳳翼，代州人。萬曆四十一年進士。授戶部主事。歷廣寧兵備副使，憂歸。天啓初，起右參政，飭遵化兵備。三年五月，遼東巡撫閻鳴泰罷，擢鳳翼右僉都御史代之。自王化貞棄廣寧後，關外八城盡空，樞輔孫承宗銳意修復，而版築未興。鳳翼聞命，疑承宗欲還朝，以遼事委之己，甚懼，卽疏請專守關門。其座主葉向高、鄉人韓爌柄政，抑使弗上。旣抵關，以八月出閱前屯、寧遠諸城，上疏極頌承宗經理功。且曰：「八城畚插，非一年可就之工；六載瘡痍，非一時可起之疾。今日議剿不能，言戰不得，計惟固守。當以山海爲根基，寧遠爲門戶，廣寧爲哨探。」其意專主守關，與承宗異議。時趙率教駐前屯，墾田、練卒有成效。及袁崇煥、滿桂守寧遠，關外規模略定。忽有傳中左所被兵者，永平吏民洶洶思竄。鳳翼心動，亟遣妻子西歸。承宗曰：「我不出關，人心不定。」遂於四年正月東行。鳳翼語人曰：「樞輔欲以寧前荒塞居我，是殺我也。國家卽棄遼左，猶不失全盛，如大寧、河套，棄之何害？今舉世不欲復遼，彼一人獨欲復耶？」密令所知居言路者詆馬世龍貪淫及三大將建閫之非，以撼承宗。承宗不悅，舉其言入告。適鳳翼遭內艱，遂解去。承宗復上疏爲世龍等辨，因詆鳳翼才鄙而怯，識闇而狡，工於趨利，巧於避患。廷議以旣去不復問。

六年秋，起故官，巡撫保定。明年冬，薊遼總督劉詔罷，進鳳翼右都御史兼兵部右侍郎代之。

崇禎元年二月，御史甯光先劾鳳翼前撫保定，建魏忠賢生祠。鳳翼引罪乞罷，不許。未幾，謝病去。諸建祠者俱入逆案，鳳翼以邊臣故獲宥。

三年起故官，代劉策總督薊、遼、保定軍務。旣復遵、永四城，敍功，進太子少保、兵部尚書，世廕錦衣僉事。鳳翼以西協單弱，條奏增良將、宿重兵、備火器、預軍儲、遠哨探數事，從之。已復謝病去。久之，召爲兵部尚書。

明年二月召對平臺，與吏部尚書李長庚同奉「爲國任事，潔己率屬」之諭。尋以宣、大兵寡，上言：「國初額軍，宣府十五萬一千，今止六萬七千。大同十三萬五千，今止七萬五千。乞兩鎮各增募萬人，分營訓練。且月餉止給五錢，安能致赳桓之士，乞一人食二餉。」帝並從之。給事中周純修、御史葛徵奇等以兵事日棘，劾鳳翼溺職。鳳翼連疏乞休，皆不許。

七年以恢復登州功，加太子太保。〔五〕七月，我大清西征插漢，師旋，入山西、大同、宣府境。帝怒守臣失機，下兵部論罪。部議巡撫戴君恩、胡沾恩、焦源清革職贖杖，總督張宗衡閑住。帝以爲輕，責鳳翼對狀。於是總督、巡撫及三鎮總兵睦自强、〔六〕曹文詔、張全昌俱遣戍，監視中官劉允中、劉文忠、〔七〕王坤亦充淨軍。時討賊總督陳奇瑜以招撫僨事，給事中顧國寶劾鳳翼舉用非人，帝亦不問。奇瑜既罷，卽命三邊總督洪承疇兼督河南、山西、湖廣軍務，剿中原羣盜。言官以承疇勢難兼顧，請別遣一人爲總督。鳳翼不能決，旣而承疇竟無功。及賊將南犯，請以江北巡撫楊一鵬鎮鳳陽，防護皇陵。溫體仁不聽，鳳翼亦不能再請。八年正月，賊果燬鳳陽皇陵。言官交章劾鳳翼。鳳翼亦自危，引罪乞罷。帝不許，令戴罪視事。

初，賊之犯江北也，給事中桐城孫晉以鄉里爲憂。鳳翼曰：「公南人，何憂賊？賊起西北，不食稻米，賊馬不飼江南草。」聞者笑之。事益急，始令朱大典鎮鳳陽。尋推盧象昇爲總理，與洪承疇分討南北賊，而賊已蔓延不可制矣。給事中劉昌劾鳳翼推總兵陳壯猷，納其重賄。鳳翼力辯，昌貶秩調外。

已而鳳翼言：「勦賊之役，原議集兵七萬二千，隨賊所向，以殄滅爲期。督臣承疇以三萬人分布豫、楚數千里，力薄，又久戍生疾，故尤世威、徐來朝俱潰。以二萬人散布三秦千里內，勢分，又孤軍無援，故艾萬年、曹文詔俱敗。今旣益以祖寬、李重鎭、倪寵、牟文綬兵萬二千，又募楚兵七千，合九萬有奇，兵力厚矣。請以賊在關內者屬承疇，在關外者屬象昇。倘賊盡出關，則承疇合勦於豫；盡入關，則象昇合勦於秦。臣更有慮者，賊號三四十萬，更迭出犯，勢衆而力合；我零星四應，勢寡而力分。賊所至因糧於我，人皆宿飽；我所至樵蘇後爨，動輒呼庚。賊馬多行疾，一二日而十舍可至；我步多行緩，三日而重繭難馳。衆寡、饑飽、勞逸之勢，相懸如此，賊何日平。乞嚴敕督、理二臣，選將統軍，軍各一二萬人，俾前茅、後勁、中權聯絡相貫，然後可制賊而不爲賊制。今賊大勢東行，北有黃河，南有長江，東有漕渠，彼無舟楫，豈能飛越？我兵從西北窮追，猶易爲力。此防河扼險，目前要策，所當申飭者也。」帝稱善，命速行之。鳳翼自請督師討賊，帝優詔不允。

九年二月，給事中陳昌文上言：「將在軍，君命有所不受。今旣假督、理二臣以便宜，則行軍機要不當中制。若今日議不許斬級，明日又議必斬級，今日議徵兵援鳳，明日又議撤兵防河，必至無所適從。願樞臣自今凡可掣督、撫之肘者，俱寬之文法，俾得展布可也。兵法，守敵所不攻，攻敵所不守，奇正錯出，滅賊何難。今不惟不能滅，乃今日破軍殺將，明日又陷邑殘州，止罪守令而不及巡撫，豈法之平。願樞臣自今凡可責諸撫之成者，勿寬文法，俾加磨礪可也。」帝納其言。

江北之賊，自滁州、歸德兩敗後，盡趨永寧、盧氏、內鄉、淅川大山中，關中賊亦由閿鄉、靈寶與之合。鳳翼請敕河南、鄖陽、陝西三巡撫各督將吏扼防，毋使軼出，四川、湖廣兩巡撫移師近界，聽援剿，而督、理二臣以大軍入山蹙之，且嚴遏米商通販，賊可盡殄。帝深然之，刻期五月蕩平，老師費財，督撫以下罪無赦。鳳翼雖建此策，象昇所部多騎軍，不善入山，賊竟不能滅。

至七月，我大淸兵自天壽山後入昌平，都城戒嚴。給事中王家彥以陵寢震驚，劾鳳翼坐視不救。鳳翼懼，自請督師。賜尚方劍，盡督諸鎮勤王兵。以左侍郎王業浩署部事，命中官盧維寧監督通、津、臨、德軍務，〔八〕而宣大總督梁廷棟亦統兵入援。三人相掎角，皆退怯不敢戰，於是寶坻、順義、文安、永淸、雄、安肅、定興諸縣及安州、定州相繼失守。言官劾疏五六上，鳳翼憂甚。

己巳之變，尚書王洽下獄死，復坐大辟。鳳翼知不免，日服大黃藥，病已殆，猶治軍書不休。至八月末，都城解嚴，鳳翼卽以九月朔卒。已而議罪奪其官。十一年七月論前剿寇功，有詔敍復。

帝在位十七年間，易中樞十四人，皆不久獲罪。鳳翼善溫體仁，獨居位五載。其督師也，意圖逭責，乃竟以畏法死。

陳新甲，長壽人。萬曆時舉於鄉，爲定州知州。崇禎元年入爲刑部員外郎，進郎中。遷寧前兵備僉事。寧前，關外要地，新甲以才能著。四年，大凌新城被圍，援師雲集，征繕悉倚賴焉。及城破，坐削籍。巡撫方一藻惜其才，請留之，未報。監視中官馬雲程亦以爲言，乃報可。新甲言：「臣蒙使過之恩，由監視疏下，此心未白，淸議隨之，不敢受。」不許。尋進副使，仍莅寧遠。

七年九月擢右僉都御史，代焦源淸巡撫宣府。新甲以戎備久弛，親歷塞垣，經前人足跡所不到，具得士馬損耗、城堡傾頹、弓矢甲仗朽敝狀。屢疏請於朝，加整飭，邊防賴之。楊嗣昌爲總督，與新甲共事，以是知其才。九年五月，內艱歸。

十一年六月，宣大總督盧象昇丁外艱，嗣昌方任中樞，薦新甲堪代。詔擢兵部右侍郎兼右僉都御史，奪情任之。會大淸兵深入內地，詔新甲受代，卽督所部兵協禦。未幾，象昇戰歿，孫傳庭代統其軍。新甲與相倚仗，終不敢戰。明年春，畿輔解嚴。順天巡按劉呈瑞劾其前後逗撓。新甲歷陳功狀，且言呈瑞挾讐，帝不問。既赴鎮，列上編隊伍、嚴哨探、明訓練、飭馬政、練火器、禁侵漁諸事，報可。麾下卒夜譁，新甲請罪，亦不問。給事中戴明說嘗劾之，帝以輕議重臣，停其俸。

十三年正月召代傅宗龍爲兵部尚書。自弘治初賈俊後，乙榜無至尚書者。兵事方亟，諸大臣避中樞，故新甲得爲之。陛見畢，陳保邦十策，多廷臣所嘗言。惟言天壽山後宜設總兵，徐州亦宜設重鎮，通兩京咽喉，南護鳳陵，中防漕運，帝並採用之。復陳樞政四要及兵事四失，帝卽命飭行。

十四年三月，賊陷雒陽、襄陽，福、襄二王被難，鐫新甲三秩視事。舊制，府、州、縣城郭失守者，長吏論死。宛平知縣陳景建言村鎭焚掠三所者，長吏當戍邊。新甲主其議，言：「有司能兼顧鄉城，卽與優敍。若四郊被寇，與失機並論。」帝卽從之。然是時中原皆盜，其法亦不能行也。楊嗣昌卒於軍中，新甲舉丁啓睿往代，議者尤其失人。然傅宗龍、孫傳庭並以微罪繫獄，新甲於召對時稱其才，退復上章力薦，兩人獲用，亦新甲力也。尋論秋防功，復所鐫秩。

時錦州被圍久，聲援斷絕。有卒逸出，傳祖大壽語，請以車營逼，毋輕戰。總督洪承疇集兵數萬援之，亦未敢決戰。帝召新甲問策，新甲請與閣臣及侍郎吳甡計之，因陳十可憂、十可議，而遣職方郎張若麒面商於承疇。若麒未返，新甲請分四道夾攻。承疇以兵分力弱，意主持重以待。帝以爲然，而新甲堅執前議。若麒素狂躁，見諸軍稍有斬獲，謂圍可立解，密奏上聞。新甲復貽書趣承疇。承疇激新甲言，又奉密敕，遂不敢主前議。若麒益趣諸將進兵。諸將以八月次松山，爲我大清兵所破，大潰，士卒死亡數萬人。若麒自海道遁還，言官請罪之。新甲力庇，復令出關監軍。錦州圍未解，承疇又被圍於松山，帝深以爲憂，新甲不能救。十五年二月，御史甘惟燦劾新甲寡謀悞國，請速令舉賢自代，不納。三月，松山、錦州相繼失，若麒復自寧遠遁還。言官劾若麒者，悉及新甲。新甲屢乞罷，皆不從。

新甲雅有才，曉邊事，然不能持廉，所用多債帥。深結中貴爲援，與司禮王德化尤昵，故言路攻之不能入。當是時，闖賊蹂躪河南，開封屢被圍，他郡縣失亡相踵。總督傅宗龍、汪喬年出關討賊，先後陷歿，賊勢愈張。言官劾新甲者，章至數十。新甲請罪章亦十餘上，帝輒慰留。

初，新甲以南北交困，遣使與大清議和，私言於傅宗龍。宗龍出都日，以語大學士謝陞。陞後見疆事大壞，述宗龍之言於帝。帝召新甲詰責，新甲叩頭謝罪。陞進曰：「倘肯議和，和亦可恃。」帝默然，尋諭新甲密圖之，而外廷不知也。已，言官謁陞。陞言：「上意主和，諸君幸勿多言。」言官騃愕，交章劾陞，陞遂斥去。帝旣以和議委新甲，手詔往返者數十，皆戒以勿洩。外廷漸知之，故屢疏爭，然不得左驗。一日，所遣職方郎馬紹愉以密語報，新甲視之置几上。其家僮誤以爲塘報也，付之抄傳。於是言路譁然，給事中方士亮首論之。帝慍甚，留疏不下。已，降嚴旨，切責新甲，令自陳。新甲不引罪，反自詡其功，帝益怒。至七月，給事中馬嘉植復劾之，遂下獄。新甲從獄中上書乞宥，不許。新甲知不免，徧行金內外。給事中廖國遴、楊枝起等營救於刑部侍郎徐石麒，拒不聽。大學士周延儒、陳演亦於帝前力救，且曰：「國法，敵兵不薄城，不殺大司馬。」帝曰：「他且勿論，戮辱我親藩七，不甚於薄城耶？」遂棄新甲於市。

新甲爲楊嗣昌引用，其才品心術相似。軍書旁午，裁答無滯。帝初甚倚之，晚特惡其洩機事，且彰主過，故殺之不疑。厥後給事中沈迅力詆其失，帝曰：「令爾作新甲，恐更不如。」迅慚而退。新甲初自陽和入都門，黃霧四塞，識者以爲不祥，及是果應。

馮元飇，字爾弢，慈谿人。父若愚，南京太僕少卿。天啓元年，元飇與兄元颺同舉於鄉。明年，元飈成進士，歷知澄海、揭陽。

崇禎四年徵授戶科給事中。帝遣中官出鎮，元飈力爭。時元飈亦疏論中官，兄弟俱有直聲。無何，上疏力詆周延儒，被切責。尋論山東總督劉宇烈縱寇主撫罪。又言禮部侍郎王應熊無大臣體，宜罷。復薦詞臣姚希孟孤忠獨立，不當奪講官；科臣趙東曦正詞讜論，不當奪言路。皆不納。應熊謀改吏部，元飈復摭劾其貪穢數事。被旨譙責，遂乞假歸。

八年春還朝。時鳳陽皇陵燬，廷臣交論溫體仁、王應熊朋比悞國。元飈上言：「政本大臣，居實避名，受功辭罪。平時養威自重，遇天下有事，輒曰：『昭代本無相名，吾儕止供票擬。』上委之聖裁，下委之六部，持片語，叢百欺。夫中外之責，孰大於票擬。有漢、唐宰相之名而更代天言，有國初顧問之榮而兼隆位號。地親勢峻，言聽志行，柄用專且重者莫如今日，猶可謝天下責哉？」

遷禮科右給事中，再遷刑科左給事中。數言部囚多輕罪，請帝寬宥，並採納之。詔簡東宮講官，左諭德黃道周爲首輔張至發所扼，且疏詆之。元飈言：「道周至淸無徒，忠足以動人主，惟不能得執政歡。」至發恚，兩疏詆元飈，帝皆置不問。由戶科都給事中擢太常少卿，改南京太僕卿，就遷通政使。

十五年六月召拜兵部右侍郎，轉左。元飈多智數，尙權譎，與兄元飈並好結納，一時翕然稱「二馮」。然故與馮銓通譜誼。初在言路，詆周延儒。及爲侍郎，延儒方再相，元飈因與善。延儒欲以振饑爲銓功，復其冠帶，憚衆議，元飈令引吳甡入閣助之，既而甡背延儒議。熊開元欲盡發延儒罪，元飈沮止之，開元以是獲重譴。兵部尚書陳新甲棄市，元飈署部事。一日，帝召諸大臣遊西苑，賜宴明德殿，因論兵事。良久，出御馬佳者百餘匹，及內製火箭，次第示元飈，元飈爲辨其良楛。帝曰：「大司馬缺久，無踰卿者。」元飈以多病辭，乃用張國維。

十六年五月，國維下獄，遂以元飈爲尚書。帝倚之甚至，元飈顧不能有所爲。河南、湖廣地盡陷，關、寧又日告警。至八月，以病劇乞休。帝慰留之，賜瓜果食物，遣醫診視。請益堅，乃允其去。

元飈頗能料事。孫傳庭治兵關中，元飈謂不可輕戰。廷臣多言不戰則賊益張，兵久易懦。元飈謂將士習懦，未經行陣，宜致賊而不宜致於賊。乃於帝前爭之曰：「請先下臣獄，俟一戰而勝，斬臣謝之。」又貽書傳庭，戒毋輕鬬，白、高兩將不可任，傳庭果敗。將歸，薦李邦華、史可法自代。帝不用，用兵科都給事中張縉彥，都城遂不守。福王時，元飈卒，其家請卹。給事中吳适言：「元飈身膺特簡，莫展一籌，予以祭葬，是使僨國之臣生死皆得志也。」部議卒如所請。

元飈，字爾賡，舉崇禎元年進士，授都水主事。帝遣中官張彝憲總理戶、工二部事。元飈抗疏謂：「內臣當別立公署，不當踞二部堂，二部司屬亦不得至彝憲門，犯交結禁。」帝責以沽名，彝憲亦慍，元飈請告歸。尋起禮部主事，進員外郎中，遷蘇松兵備參議。溫體仁當國，唐世濟爲都御史，皆烏程人，其鄉人盜太湖，以兩家爲奧主。元飈捕得其渠魁，則世濟族子也，置之法。遷福建提學副使，巡撫張國維奏留之。太倉人陸文聲訐其鄉官張溥、張采倡復社，亂天下。巡按倪元珙以屬元飈，元飈盛稱溥等，元珙據以入告。體仁庇文聲，兩人並獲譴，元飈謫山東鹽運司判官。十一年，濟南被兵，攝濟寧兵備事。十四年遷天津兵備副使。十月擢右僉都御史，代李繼貞巡撫天津，兼督遼餉。明年敍軍功，廕一子錦衣衞。時元飈已掌中樞。帝顧其兄弟厚，嘗賜宮參療元飈疾。而元飈以衰老乞休。詔遣李希沆代，未至而京城陷，元飈乃由海道脫歸。是秋九月卒。

贊曰：明季疆埸多故，則重本兵之權，而居是位者乃多庸闇闒宂之輩。若張鶴鳴之任王化貞，陳新甲之舉丁啓睿，皆闇於知人。至松山之役，其悞國可勝言哉！梁廷棟謂民窮之故在官貪，似矣。而因以售其加派之說，是所謂亡國之言也。

校勘記

〔一〕而鶴鳴信化貞愈篤　原脫「信」字，據明史稿傳一一三張鶴鳴傳補。

〔二〕薊州人王森得妖狐異香　薊州人，罪惟錄傳三一及明史紀事本末卷七〇都作「深州人」。國榷卷八五頁五二〇五稱徐鴻儒「與深州王好賢、景州于弘志通密約」。王好賢是王森兒子。

〔三〕一日數百里　日，原作「旦」，據明史稿傳一一三趙彥傳改。

〔四〕稱大成興勝元年　大成興勝，罪惟錄傳三一徐鴻儒傳、明史紀事本末卷七〇都作「大乘興勝」。

〔五〕加太子太保　原作「加太子少保」。明史稿傳一三五張鳳翼傳作「加太子太保」。按上文崇禎三年張鳳翼已進太子少保，據明史稿改。

〔六〕睦自強　明史稿傳一三五張鳳翼傳作「眭自強」。

〔七〕劉文忠　原作「劉文中」，據本書卷二五八魏呈潤傳附李曰輔傳、又卷三〇五張彝憲傳，懷宗實錄卷四崇禎四年九月乙未條，國榷卷九一頁五五七二改。

〔八〕命中官盧維寧監督通津臨德軍務　盧維寧，原作「羅維寧」，據本書卷二五四張瑋傳附金光辰傳、明史稿傳一三五張鳳翼傳、國榷卷九五頁五七五五改。

明史卷二百五十八

列傳第一百四十六

許譽卿　華允誠　魏呈潤胡良機　李曰輔　趙東曦

毛羽健黃宗昌　韓一良　吳執御吳彥芳　王績燦

章正宸　黃紹杰李世祺　傅朝佑莊鼇獻　李汝璨

姜埰弟垓　熊開元方士亮　詹爾選　湯開遠

成勇　陳龍正

許譽卿，字公實，華亭人。萬曆四十四年進士。授金華推官。天啓三年徵拜吏科給事中。疏言錦衣世職，不當濫畀保姆奄尹。織造中官李實誣劾蘇州同知楊姜，侵撫按職。中旨謂姜賄譽卿出疏，停譽卿俸半年。楊漣劾魏忠賢，譽卿亦抗疏極論忠賢大逆不道：「視漢之朋結趙嬈，唐之勢傾中外，宋之典兵矯詔謀間兩宮何異！」忠賢大怒。又言：「內閣政本重地，而票擬大權拱手授之內廷。廠衛一奉打問之旨，五毒備施。邇復用立枷法，士民槁項斃者不知凡幾。又行數十年不行之廷杖，流毒縉紳，豈所以昭君德哉！祖制，宦官不典兵。今禁旅日繁，內操未罷，聚虎狼於蕭牆之內，是金革於禁闥之中，不爲早除，必貽後患。」於是忠賢怒益甚。會趙南星、高攀龍被逐，譽卿偕同列論救，遂鐫秩歸。

莊烈帝卽位，誅崔、魏，將大計天下吏。奄黨房壯麗、安伸、楊維垣之徒冀收餘燼，屢詔起廢，輒把持使不得進，引其同類。譽卿時已起兵科給事中，具疏爭。吏部尚書王永光素附璫，讎東林，尤陰鷙。詔定逆案，頌璫者卽黨逆。永光嘗頌璫，治逆案，陰護持之。南京給事中陳堯言疏劾永光璫孽，不當正銓席。然帝方眷永光，責堯言。譽卿又抗疏爭，於是都給事中薛國觀以己亦璫孽也，遂訐譽卿及同官沈惟炳東林主盟，結黨亂政。譽卿上疏自白，卽日引去。

七年起故官，歷工科都給事中。明年正月，流賊陷潁州，譽卿請急調五千人守鳳陽。疏入而鳳陽已陷，皇陵毀焉。譽卿痛憤，直發本兵張鳳翼固位失事，及大學士溫體仁、王應熊玩寇速禍罪，言：「賊在秦、晉時，〔一〕早設總督，遏其渡河，禍止西北一隅耳，乃侍郎彭汝楠避不肯行。及賊入楚、豫，人言交攻，然後不得已而議設之。侍郎汪慶百又避不行，乃推樞邊之陳奇瑜。鞭長不及，釀成今日之禍，非樞臣之固位失事乎。流寇發難已久，樞臣因東南震鄰，始有淮撫操江移鎮之疏，識者已恨其晚。及奉旨，則曰不必移鎮。臣觀各地方稍有兵力，賊卽不敢輕犯。鳳陽何地，使巡撫早移，豈有今日。今樞臣以曾請移鎮藉口，撫臣以不必移鎮爲詞，則輔臣欲諱玩寇速禍，其可得哉！」帝以苛求責之。

而是時言官吳履中等復交章劾體仁、應熊交相贊美，「其擬旨慰留，曰忠悃，曰藎畫，曰絕私奉公，曰弘濟時艱。不知時事至此，忠藎安在，而奉公濟艱者何事也？」譽卿再疏論，帝仍不問。譽卿曰：「皇上臨馭有年，法無假貸，獨於悞國輔臣不一問。今者巡撫楊一鵬、巡按吳振纓且相繼就逮矣。輔臣顧從容入直，退食委蛇，謂可超然事外乎？」帝終不聽。

譽卿在天啓時，謝陞方爲文選郎。及是，陞長吏部，譽卿猶滯垣中。以資深當擢京卿，陞希體仁意，出之南京。大學士文震孟慍，語侵陞，陞亦慍。適山東布政使勞永嘉賄營登萊巡撫，主給事中宋之普家，陞等列之舉首，爲給事中張第元所發。帝以詰陞，言路因欲攻陞及都御史唐世濟。譽卿以世濟恃體仁，惡尤甚，當先去之。御史張纘曾乃獨劾陞，陞疑出譽卿及震孟意，之普又搆之陞。先是，福建布政使申紹芳亦欲得登萊巡撫，譽卿曾言之陞。陞遂疏攻譽卿，謂其營求北缺，不欲南遷，爲把持朝政地，并及囑紹芳事。體仁從中主之，譽卿遂削籍，紹芳逮問遣戍。十五年，御史劉逵及給事中楊枝起相繼論薦，竟不果用。福王立，起光祿卿，不赴。國變，薙髮爲僧，久之卒。

華允誠，字汝立，無錫人。曾祖舜欽，瑞州知府。祖啓直，四川參政。允誠舉天啓二年進士。從同里高攀龍講學首善書院，先後旋里，遂受業爲弟子，傳其主靜之學。四年春，從攀龍入都，授都水司主事。攀龍去官，允誠亦告歸。

崇禎改元，起營繕主事，進員外郎。二年冬，京師戒嚴，分守德勝門，四十餘日不懈。帝微行察知之，賜白金，敍功，加俸一年，改職方員外郎。五年六月以溫體仁、閔洪學亂政，疏陳三大可惜，四大可憂。略言：

當事借皇上剛嚴，而佐以舞文擊斷之術；倚皇上綜核，而騁其訟逋握算之能。遂使和恒之世競尚刑名，淸明之躬寖成叢脞。以聖主圖治之盛心，爲諸臣鬬智之捷徑。可惜一。

帥屬大僚，驚魂於回奏認罪；封駁重臣，奔命於接本守科。遂使直指風裁徒徵事件，長吏考課惟問錢糧。以多士靖共之精神，爲案牘鉤較之能事。可惜二。

廟堂不以人心爲憂，政府不以人才爲重。四海漸成土崩瓦解之形，諸臣但有角戶分門之念。意見互觭，議論滋擾。遂使剿撫等於築舍，用舍有若舉棊。以興邦啓聖之歲時，爲卽聾從昧之舉動。可惜三。

人主所以總一天下者，法令也。喪師悞國之王化貞，與楊鎬異辟。潔己愛民之佘大成，與孫元化並逮。甚至一言一事之偶誤，執訊隨之。遂使刑罰不中，鈇鉞無威。一可憂也。

國家所恃以爲元氣者，公論也。直言敢諫之士一鳴輒斥，指佞薦賢之章目爲奸黨，不惟不用其言，并錮其人，又加之罪。遂使喑默求容，是非共蔽。二可憂也。

國家所賴以防維者，廉恥也。近者中使一遣，妄自尊大，羣僚趨走，惟恐後時。皇上以近臣可倚，而不知倖竇已開；以操縱惟吾，而不知屈辱士大夫已甚。遂使阿諛成風，羞惡盡喪。三可憂也。

國家所藉以進賢退不肖者，銓衡也。我朝罷丞相，以用人之權歸之吏部，閣臣不得侵焉。今次輔體仁與冢臣洪學，同邑朋比，惟異己之驅除。閣臣兼操吏部之權，吏部惟阿閣臣之意，造門請命，夜以爲常。黜陟大柄，祇供報復之私。甚至庇同鄉，則逆黨公然保舉，而白簡反爲罪案；排正類，則講官借題逼逐，而薦剡遂作爰書。欺莫大於此矣，擅莫專於此矣，黨莫固於此矣。遂使威福下移，舉措倒置。四可憂也。疏入，帝詰其別有指使。允誠乃列上洪學徇私數事，且曰：「體仁生平，紾臂塗顏，廉隅掃地。陛下排衆議而用之，以其悻直寡諧，豈知包藏禍心，陰肆其毒。又有如洪學者，爲之羽翼，遍植私人，戕盡善類，無一人敢犯其鋒者，臣復受何人指使？」帝以體仁純忠亮節，而摘疏中「握定機關」語，再令陳狀。允誠復上言：「二人朋比，舉朝共知。溫育仁不識一丁，以家貲而首拔。鄧英以論沈演而謫，羅喻義以『左右非人』一語而逐。此非事之章明較著者乎？」帝亦悟兩人同里有私，乃奪允誠俸半年，而洪學亦旋罷去。

其冬，以省親歸，孝養母。母年八十三而終。後爲福王驗封員外郎，十餘日即引疾歸。允誠踐履篤實，不慕榮達。延儒再召，遣人以京卿啗之，允誠拒不應。入南都，士英先造請，亦不報謝。國變後，屏居墓田，不肯薙髮，與從孫尚濂駢斬於南京。

魏呈潤，字中嚴，龍溪人。崇禎元年進士。由庶吉士改兵科給事中。三年冬，疏陳兵屯之策：「請敕順天、保定兩巡撫簡所部壯士，大邑五百人，小邑二三百人，分營訓練。而天津翟鳳翀、通州范景文、昌平侯恂並建節鉞，宜令練兵之外兼營屯田。」

又陳閩海勦撫機宜六事。並議行。

明年夏，久旱求言。疏言：「驛站所裁，纔六十萬，未足充軍餉十一，而郵傳益疲，勢必再編里甲。是猶剜肉醫瘡，瘡未瘳而肉先潰。關外舊兵十八萬，額餉七百餘萬。今兵止十萬七千，合薊門援卒，非溢原數。加派五百九十萬外，新增又百四十餘萬，猶憂不足，可不爲稽核乎！邊報告急，非臣子言功之日，而小捷頻聞，躐加峻秩，門客廝養詭名戎籍，不階而升，悉糜俸料，臣懼其難繼也。江淮旱災，五湖之間，海岸爲谷，舊穀不登，新絲未熟，上供織造，宜且暫停。銓法壞於事例，正途日壅，不可不疏通。撫按諸臣捐貲助餉，大抵索之民間，顧奉急公之褒。上蒙而下削，不可不禁飭。」又條陳數策，請大修北方水政。帝皆納其言。

熹宗時，司業朱之俊議建魏忠賢祠國學旁，下教有「功不在禹下」語，置籍，責諸生捐助。及帝卽位，委過諸生陸萬齡、曹代何以自解，首輔韓爌以同鄉庇之，漏逆案。及是，之俊已遷侍講。呈潤發其奸，請與萬齡棄西市，之俊由是廢。

宣府監視中官王坤以册籍委頓，劾巡按御史胡良機。帝奪良機官，卽令坤按核。呈潤上言：「我國家設御史巡九邊，秩卑而任鉅。良機在先朝以糾逆璫削籍，今果有罪，則有回道考覈之法在，而乃以付坤。且邊事日壞，病在十羊九牧。旣有將帥，又有監司；旣有督撫，有巡方，又有監視。一官出，增一官擾。中貴之威，又復十倍。御史偶獲戾，且莫自必其命，誰復以國事抗者。異日九邊聲息，監視善惡，奚從而聞之？乞召還良機，毋使仰鼻息於中貴。」帝以呈潤黨比，貶三級，出之外。

良機者，南昌人也，字省之。萬曆四十四年進士。天啓間爲御史，嘗糾魏忠賢之惡不減汪直、劉瑾。忠賢憾之，以年例遷廣東參議。良機方按貴州，不俟代而去，遂斥爲民。崇禎元年起故官，按宣、大二鎭。年滿當代，以其敏練，再巡一年。至是，遂爲坤劾罷。

時又有御史李曰輔者，亦以論中官獲譴，廷臣交章論救，不聽。而御史趙東曦又疏劾坤，亦獲譴云。

曰輔，字元卿，亦南昌人也，與胡良機同里閈。萬曆中舉於鄉，爲成都推官。與巡撫朱爕元計兵事，偕諸將攻復重慶。崇禎四年擢南京御史。時中官四出，張彝憲總理戶、工錢糧，唐文征提督京營戎政，王坤監餉宣府，劉文忠監餉大同，劉允中監餉山西。又命王應朝監軍關、寧，〔二〕張國元監軍東協，王之心監軍中協，鄧希詔監軍西協。又命吳直監餉登島，李奇茂監茶馬陝西。〔三〕曰輔上疏諫曰：「邇者一日遣內臣四，尋又遣用五，非兵機則要地也。廷臣方交章，而登島、陝西又有兩閹之遣。假專擅之權，駭中外之聽，啓水火之隙，開依附之門，灰任事之心，藉委卸之口。臣愚實爲寒心。陛下踐阼初，盡撤內臣，中外稱聖。昔何以撤，今何以遣？天下多故，擇將爲先。陛下不築黃金臺招頗、牧，乃汲汲內臣是遣，曾何補理亂之數哉！」帝怒，謫曰輔廣東布政司照磨。

東曦，字馭初，上海人。萬曆四十七年進士。崇禎五年由知縣入爲刑科給事中，請與屯塞下，以充軍用，不報。適宣塞有私和事，王坤時監宣餉，且請代。東曦上言：「宣塞失事，陛下赫然震怒，逮巡撫沈棨，罷本兵熊明遇。乃監視王坤方會飲城樓，商推和議，邊臣倚庇，欺蔽日甚。坤不得辭扶同罪，反侈邊烽已熄爲己功，且請代。夫內臣之遣，陛下一用之，非不易之典。今即盡撤之，猶謂不早。坤顧請代，圖彌縫於去後。願陛下正坤罪，撤各使還京。」帝言：「宣鎮擅和，實坤奏發，何謂欺隱？」調東曦外任，謫福建布政司都事。

異時呈潤起官，以光祿署丞終。良機起光祿典簿，終南京吏部主事。東曦稍遷行人司正、禮部郎中，奉使還里。福王時，召東曦爲給事中，曰輔爲御史，而二人者皆已死矣。

毛羽健，字芝田，公安人。天啓二年進士。崇禎元年由知縣徵授御史。好言事，首劾楊維垣八大罪及阮大鋮反覆變幻狀，二人遂被斥。

王師討安邦彥久無功。羽健言：「賊巢在大方，黔其前門，蜀遵、永其後戶。由黔進兵，必渡陸廣奇險，七晝夜抵大方，一夫當關，千人自廢，王三善、蔡復一所以屢敗也。遵義距大方三日程，而畢節止百餘里平衍，從此進兵，何患不克？」因畫上足兵措餉方略，并薦舊總督朱燮元、閔夢得等。帝即議行，後果平賊。已，陳驛遞之害：「兵部勘合有發出，無繳入。士紳遞相假，一紙洗補數四。差役之威如虎，小民之命如絲。」帝即飭所司嚴加釐革，積困為蘇。

當是之時，閹黨既敗，東林大盛。而朝端王永光陰陽閃爍，溫體仁猾賊，周延儒回佞。言路新進標直之徒，尤競抨擊以為名高。體仁之訐錢謙益也，以科場舊事，延儒助之惡，且目攻己者為結黨欺君，帝怒而為之罷會推矣。御史黃宗昌疏糾體仁熱中枚卜，欲以「結黨」二字破前此公論之不予，且箝後來言路之多口。羽健亦憤朋黨之說，曰：「彼附逆諸奸既不可用，勢不得不用諸奸擯斥之人。如以今之連袂登進者為相黨而來，抑將以昔之鱗次削奪者為相黨而去乎！陛下不識在朝諸臣與奸黨諸臣之孰正孰邪，不觀天啟七年前與崇禎元年後之天下乎，孰危孰安？今日語太平則不足，語剔弊則有餘，諸臣亦何負國家哉！一夫高張，輒疑舉朝皆黨，則株連蔓引，不且一網盡哉。」帝責羽健疑揣，而以前條陳驛遞原之。

太常少卿謝陞求巡撫於永光，永光長吏部，陞當推薊鎮，畏而引病以避，後推太僕則不病。羽健劾陞、永光朋比，宜並罪。永光召對文華殿，力詆羽健，請究主使之者。大學士韓爌曰：「究言官，非體也。」帝不從，已而宥之。一日，帝御文華殿，獨召延儒語良久，事秘，舉朝疑駭。羽健曰：「召見不以盈廷而以獨侍，淸問不以朝參而以燕閒。更漏已沉，閣門猶啓。漢臣有言『所言公，公言之；所言私，王者不受私』。」疏入，切責。羽健旣積忤權要，其黨思因事去之。及袁崇煥下獄，主事陸澄源以羽健嘗疏譽崇煥，劾之，落職歸，卒。

黃宗昌，字長倩，卽墨人。天啓二年進士。崇禎初，爲御史，請斥矯旨僞官，言：「先帝賓天在八月二十三日。三殿敍功止先一日，正當帝疾大漸之時，豈能安閒出詔？凡加銜進秩，皆魏氏官也。」得旨：「汰敍功冒濫者。」宗昌爭曰：「臣所糾乃矯旨，非冒濫也。冒濫猶可容，矯僞不可貸。」遂列上黃克纘、范濟世、霍維華、邵輔忠、呂純如等六十一人，乞罷免。帝以列名多，不聽。尋劾罷逆黨尙書張我續、侍郎呂圖南、通政使岳駿聲、給事中潘士聞、御史王珙。又劾周延儒貪穢數事，帝怒，停俸半年。旣而劾體仁，不納。

二年冬，巡按湖廣。岷王禋洪爲校尉侍聖及善化王長子企鉅等所弒。〔四〕參政龔承薦等不以實聞，獄不決者久之。宗昌至，羣奸始伏辜。帝責問前諸臣失出罪，宗昌糾承薦等。時體仁、延儒皆已入閣，而永光意忌，以爲不先劾承薦也。鐫宗昌四級，宗昌遂歸。

十五年，卽墨被兵，宗昌率鄉人拒守，城全。仲子基中流矢死，其妻周氏及三妾郭氏、二劉氏殉之，謂之「一門五烈」。

莊烈帝初在位，銳意圖治，數召見羣臣論事。然語不合，輒訶譴。而王永光長吏部，尤樂沮之。澄城人韓一良者，元年授戶科給事中，言：「陛下平臺召對，有『文官不愛錢』語，而今何處非用錢之地？何官非愛錢之人？向以錢進，安得不以錢償。以官言之，則縣官爲行賄之首，給事爲納賄之尤。今言者俱咎守令不廉，然守令亦安得廉？俸薪幾何，上司督取，過客有書儀，考滿、朝覲之費，無慮數千金。此金非從天降，非從地出，而欲守令之廉，得乎？臣兩月來，辭却書帕五百金，臣寡交猶然，餘可推矣。伏乞陛下大爲懲創，逮治其尤者。」帝大喜，召見廷臣，卽令一良宣讀。讀已，以疏遍視閣臣曰：「一良忠鯁，可僉都御史。」永光請令指實。一良唯唯，如不欲告訐人者，則令密奏。五日不奏，而舉周應秋、閻鳴泰一二舊事爲言，語頗侵永光。帝乃再召見一良、永光及廷臣，手前疏循環頌，音琅然，而曰「此金非從天降，非從地出」，則掩卷而歎。問一良「五百金誰之餽也？」一良卒無所指。固問，則對如前。帝欲一良指實，將有所懲創，一良卒以風聞謝，大不懌。謂大學士劉鴻訓曰：「都御史可輕授耶！」叱一良前後矛盾，褫其官。

吳執御，字朗公，黃巖人。天啓二年進士。除濟南推官。德州建魏忠賢祠，不赴。崇禎三年徵授刑科給事中。明年請除掣籤法，使人地相配，議格不行。請蠲畿輔加派，示四方停免之期，曉然知息肩有日，不至召亂。請罷捐助搜括，毋爲貪墨藏奸藪。帝以沽名市德責之。

劾吏部尚書王永光比匪：「用王元雅而封疆偾，聽張道濬賄舉尹同皐而祖制紊。國家立法懲貪，而永光誨貪，官邪何日正，寵賂何日淸。」帝以永光淸愼，不納其言。請召黃克纘、劉宗周、鄭鄤，忤旨譙讓。又言：「往者邊警，袁崇煥、王元雅擁金錢數百萬，士馬數十萬，狼狽失守。而史應聘、王象雲、張星、左應選以一邑抗强敵。故曰籌邊不在增兵餉，而在擇人。請畿輔東北及秦、晉沿邊州縣，選授精敏甲科，賜璽書，畀本地租賦，撫練軍民自禦寇。邊關文武吏繕修戰守外，責以理財，如先臣王翺、葉盛輩所爲。客兵可撤，餉省可數百萬。」帝時未審執御所論畿輔、秦、晉也，而曰：「歲賦留本地，則國用何資？」不聽。

又劾首輔周延儒攬權，其姻親陳于泰及幕客李元功等交關爲奸利。初，執御行取入都，延儒遣元功招之，不赴，至是竟劾延儒。又陳內外陰陽之說：「九邊、中原、廟堂之上，無非陰氣；心膂大臣，不皆君子。」帝以所稱「陽剛君子」無主名，令指實。執御乃以前所薦劉宗周三人，及姜曰廣、文震孟、陳仁錫、黃道周、倪元璐、曹于汴、惠世揚、羅喻義、易應昌對。會御史吳彥芳言：「執御所舉固眞君子，他若侍郎李瑾、李邦華、畢懋康、〔五〕倪思輝、程紹皆忠良當用，通政使章光岳邪媚當斥。」帝怒其朋比，執政復從中搆之，遂削二人籍，下法司訊。時御史王績燦方以薦李邦華、劉宗周等下獄，〔六〕而執御、彥芳復繼之，舉朝震駭。言官爲申救，卒坐三人贖徒三年。

彥芳，字延祖，歙縣人。爲御史。大凌被圍，疏論孫承宗。又駁逆案呂純如辨冤之謬。登州用兵，請設監島中官。至是譴歸。

績燦，字偉奏，安福人。與給事中鄧英陳奸吏私派之弊，又進賜環、起廢、容諫三說。薦張鳳翔、李邦華、劉宗周、惠世揚，遂獲罪，卒。福王時，復官。

彥芳、績燦兩人者，皆以天啓五年舉進士。彥芳授莆田知縣，績燦授興化知縣，又皆以治行高等擢崇禎四年御史，並有聲。其免官也，又皆以薦才不中，與吳執御同論譴云。

章正宸，字羽侯，會稽人。從學同里劉宗周，有學行。崇禎四年進士。由庶吉士改禮科給事中。勸帝法周、孔，黜管、商，崇仁義，賤富强。

禮部侍郎王應熊者，溫體仁私人也，廷推閣臣，望輕不得與。體仁引爲助，爲營入閣。正宸上言：「應熊强愎自張，何緣特簡。事因多擾，變以刻成，綜核傷察，宜存渾厚。奈何使很傲之人，與贊平明之治哉。」帝大怒，下獄拷訊，竟削籍歸。

九年冬，召爲戶科給事中，遷吏科都給事中。周延儒再相，帝尊禮之特重。正宸出其門，與搘拄。歲旦朝會，帝隆師傅禮，進延儒等而揖之曰：「朕以天下聽先生。」正宸曰：「陛下隆禮閣臣，願閣臣積誠以格君心。毋緣中官，毋修恩怨，毋以寵利居成功，毋以爵祿私親暱。」語皆風刺延儒。延儒欲用宣府巡撫江禹緒爲宣大總督，正宸持不可。吏部希延儒指，用之。延儒欲起江陵知縣史調元，正宸止之。延儒以罪輔馮銓力得再召，欲假守涿功復銓冠帶，正宸爭之，事遂寢。其不肯阿徇如此。未幾，會推閣臣，救李日宣，謫戍均州。語在日宣傳。

福王立，召復正宸故官。正宸痛擧朝無討賊心，上疏曰：「比者河北、山左各結營寨，擒殺僞官，爲朝廷效死力。忠義所激，四方響應。宜亟檄江北四鎮，分渡河、淮，聯絡諸路，一心齊力，互爲聲援。兩京血脈通，而後塞井陘，絕孟津，據武關以攻隴右。陛下縞素，親率六師，駐蹕淮上，聲靈震動，人切同仇，勇氣將自倍。簡車徒，選將帥，繕城塹，進寸則寸，進尺則尺，據險處要，以規中原。天下大矣，渠無人應運而出哉？」

魏國公徐弘基薦逆案張捷，部議並起用鄒之麟、張孫振、劉光斗，安遠侯柳祚昌等薦起阮大鋮，正宸並疏諫，不納。改大理丞，正宸請假歸。魯王監國，署舊官。事敗，棄家爲僧。

黃紹杰，萬安人。天啓五年進士。授中書舍人。崇禎元年考選給事中。需次，劾罷奄黨南京御史李時馨、徐復陽。補授兵科。五年，薊遼總督曹文衡與監視中官鄧希詔相訐。紹杰言：「文衡烈士，受內臣指摘，何顏立三軍上。希詔內豎，訐邊臣辱國，大不便。宜亟更文衡而罷希詔。」帝不聽。久之，文衡以閒住去。紹杰遷刑科左給事中。

七年五月因旱求言。紹杰疏論大學士溫體仁曰：「漢世災異，策免三公，宰執亦引罪以求罷。今者久旱，陛下修明政治，納讜言，可謂應天以實矣，而雨澤不降，何哉？天有所甚怒而不解也。次輔溫體仁者，秉政數載，上干天和，無歲不旱暵，無日不風霾，無處不盜賊，無人不愁怨。秉政既久，窺瞷益工，中外趨承益巧。一人當用，則曰『體仁意未遽爾也』。一事當行，則曰『體仁聞恐不樂也』。覆一疏，建一議，又曰『慮體仁有他屬』。不然，則『體仁忌諱，毋攖其兇鋒也』。凡此召變之尤。願陛下罷體仁以回天意。體仁罷而甘霖不降，殺臣以正欺君之罪。」

帝方眷體仁，貶紹杰一秩。體仁辨，且訐其別有指授。紹杰言：「廷臣言事，指及乘輿，猶荷優容。一字涉體仁，必遭貶黜。誰不自愛，爲人指授耶？」因列其罪狀：東南不肯設立總督，庇兵部侍郎彭汝楠，致失機宜；用貪穢胡鍾麟爲職方郎，而黜李繼貞；囑尙書閔洪學起私人唐世濟爲南京總憲，錮正人瞿式耜等；庇姻婭沈棨爲宣撫，私款辱國；庇主考丁進，從寬磨勘。且曰：「臣所仰祝聖明，洞燭體仁奸欺者，其說則有兩端。下惟朋黨一語，可以箝言官之口，挑善類之禍；上惟票擬一語，可以激聖明之怒，蓋僨悞之愆。」體仁猶辨，且以朋黨爲言。紹杰遂言：「體仁受銅商王誠金，體仁長子受巡撫棨及兩淮巡鹽高欽順等金，皆萬計。體仁用門幹王治，東南之利皆其轉輸。體仁私邸兩被盜，失黃金寶玉無算，匿不敢言。」帝怒，調爲上林苑署丞，遷行人司副。八年，賊犯皇陵，紹杰再劾體仁悞國召寇，再謫應天府檢校。屢遷南京吏部郎中，卒。

先是，七年正月，給事中李世祺論溫體仁及大學士吳宗達，并劾兵部尙書張鳳翼溺職狀。帝怒，謫福建按察司檢校。世祺，字壽生，青浦人。天啓二年進士，授行人。崇禎三年擢刑科給事中，陳大計之當定者二，曰兵食之計，民生之計；大弊之當釐者三，曰六曹之弊在吏胥，邊吏之弊在欺隱，貪墨之弊在奢靡。夏旱，禱雨未應，乃進修政之說三，曰恤畿甸，議催科，預儲備。帝並納之。中官出鎮，世祺上言：「祖宗立法，錢穀兵馬，軍民各分事權，防專擅。內閣入奉天顏，出司兵食，內廷意旨既得而陰伺之，外廷事權又得而顯操之。魏忠賢盜弄神器，則賴聖天子躬爇除之，而奈何復躬自蹈之。」不聽。

五年八月，淫雨損山陵，昌平地動。世祺上言：「日者輔理調變無聞，精神爲固寵之用，統軍衡才無術，緩急無可恃之人。中樞決策，掩耳盜鈴；主計持籌，醫瘡剜肉。州縣迫功令，鞭箠不前；六曹窘簿書，救過不贍。簪筆執簡之臣，接跡囹圄；考槃薖軸之士，抗聲鴻舉。一人議，疑及衆人；一事訾，疑及衆事。黃衣之使，頡頏卿貳之堂；貂蟬之座，雄踞節鉞之上。低眉則氣折，强項則釁開。各邊監視之遣，已將期月，初雖間有摘發，至竟同歸模棱，效不效可概見。伏願撤回各使，以明陰不干陽之分。然後採公論以進退大臣，酌事情以衡量小臣，釋疑忌之根，開功名之路，庶天變可回，時艱可濟。」帝以借端瀆奏，切責之。

給事中陳贊化劾周延儒，謂「延儒嘗語人曰：今上，羲皇上人也。此成何語？臣聞之世祺」。帝詰世祺，則言聞之贊化。帝詰責者再三，世祺執如初，乃已。至是論體仁絕世之奸，大貪之尤，遂貶官。久之，起行人司副，屢遷太僕寺卿。遣祭魯王，事竣旋里。國變，杜門不出，久之卒。

傅朝佑，字右君，臨川人。有孝行。萬曆中舉鄉試第一，師事鄒元標。天啓二年成進士，授中書舍人。

崇禎三年考選給事中。永平初復，列上善後七事。帝採納之，補授兵科。明年八月疏劾首輔周延儒：「以機械變詐之心，運刑名督責之術。見佞則加之膝，結袁弘勛、張道濬爲腹心；遇賢則墜之淵，擯錢象坤、劉宗周於草莽。傾陷正士，加之極刑，曰『上意不測也』。攘竊明旨，播諸朝右，曰『吾意固然也』。皇上因旱求言，則恐其揚己過，故削言官以立威；皇上愼密兵機，則欲其箝人口，故挫直臣以怵衆。往時糾其罪惡者盡遭斥逐，而親知鄉曲遍列要津。大臣之道固如是乎？」忤旨切責。

屢遷工科左給事中，陳當務十二事：一納諫，二恤民，三擇相，四勿以內批用輔臣，五勿使中官司彈劾，六勿令法外加濫刑，七止緹騎，八停內操，九抑武臣驕玩，十廣起廢，十一敕有司修城積粟，十二講聖諭六條。出封益藩，事竣還里。

九年即家進刑科都給事中。還朝愆期，爲給事中陳啓新所劾，貶秩調外。未行，疏論溫體仁六大罪。略言：

陛下當邊警時，特簡體仁入閣。體仁乃不以道事君，而務刑名。窺陛下意在振作，彼則借以快恩仇；窺陛下治尚精明，彼則託以張威福。此謂得罪於天子。鳳陽、昌平鍾靈之地，體仁曾無未雨綢繆，兩地失守，陵寢震驚。此謂得罪於祖宗。燮理職在三公。體仁爲相，日月交蝕，星辰失行，風霾迭見，四方告災，歲比不登，地震河決，城陷井枯，曾莫之懲，則日尋恩怨，圖報睚眦。此謂得罪於天地。强敵內逼，大盜四起，高麗旦暮且陷。體仁冒賞冒廕，中外解體因之。此謂得罪於封疆。體仁子見屏於復社諸生，募人糾彈，株連不已。且七年又議裁減茂才，國家三百年取士之經，一旦壞於體仁之手。此謂得罪於聖賢。同生天地，誰無本心，體仁自有肺腸，偏欲殘害忠良。祇今文武臣僚，幾數百人，駢首囹圄，天良盡喪。此謂得罪於心性。

夫人主之辨姦在明，而人主之去姦在斷。伏願陛下大施明斷，速去體仁。毋以天變爲不足畏，毋以人言爲不足恤，毋以羣小之逢迎爲必可任，毋以一己之精明爲必可恃。大赦天下，除苛政，庶倒懸可解，太平可致。

帝怒，除名，下吏按治。踰月，體仁亦罷。

中官杜勳雅重朝佑，令其上疏請罪，而已從中主之，可復故官，朝佑不應。十一年冬，國事益棘，獲罪者益衆，獄幾滿。朝佑乃從獄中上書，請寬恤，語過激。會有邊警，未報也。

明年春，責以顚倒賢奸，恣意訕侮，廷杖六十，創重而卒。

當時臺省競言事，言不中多獲譴。章正宸、莊鼇獻、李汝璨之徒好直諫，朝佑嘗疏稱之。

鼇獻，字任公，晉江人。崇禎六年由庶吉士改兵科給事中，上太平十二策，極論東廠之害。忤旨，貶浙江布政司照磨。

汝璨，字用章，南昌人。崇禎時爲刑科給事中。十年閏月因旱求言，陳回天四要，論財用政事之弊。又言：「八九年來，干和召災，始於端揆，積於四海。水旱盜賊頻見疊出，勢將未已，何怪其然。」帝怒，削籍歸。國變，衰絰北面哀號，作祈死文祈死，竟死。

汝璨、朝佑既死，福王時，復官。鼇獻事福王，復官，久之卒。

姜埰，字如農，萊陽人。崇禎四年進士。授密雲知縣，調儀眞，遷禮部主事。十五年擢禮科給事中。

山陽武舉陳啓新者，崇禎九年詣闕上書，言：「天下三大病。士子作文，高談孝悌仁義，及服官，恣行奸慝。此科目之病也。國初典史授都御史，貢士授布政，秀才授尙書，嘉靖時猶三途並用，今惟一途。舉貢不得至顯官，一舉進士，橫行放誕。此資格之病也。舊制，給事、御史，教官得爲之，其後途稍隘，而舉人、推官、知縣猶與其列，今惟以進士選。彼受任時，先以給事、御史自待，監司、郡守承奉不暇，剥下虐民，恣其所爲。此行取考選之病也。請停科目以絀虛文，舉孝廉以崇實行，罷行取考選以除積橫之習，蠲災傷田賦以蘇民困，專拜大將以節制有司便宜行事。」捧疏跪正陽門三日，中官取以進。帝大喜，立擢吏科給事中，歷兵科左給事中。劉宗周、詹爾選等先後論之。歙人楊光先訐其出身賤役，及徇私納賄狀。帝悉不究。然啓新在事所條奏，率無關大計。御史王聚奎劾其溺職，帝怒，謫聚奎。以僉都御史李先春議聚奎罰輕，並奪其職。久之，御史倫之楷劾其請託受賕，還鄉驕橫，始詔行勘。未上而啓新遭母憂，埰因劾其不忠不孝，大奸大詐。遂削啓新籍，下撫按追贓擬罪。啓新竟逃去，不知所之。國變後，爲僧以卒。

時帝以寇氛未息，民罹鋒鏑，建齋南城。埰上疏諫，不報。已，陳蕩寇二策，曰明農業，收勇敢。帝善其言。

初，温體仁及薛國觀排異己及建言者。周延儒再相，盡反所爲，廣引清流，言路亦蜂起論事。忌者乃造二十四氣之說，以指朝士二十四人，直達御前。帝適下詔戒諭百官，責言路尤至。埰疑帝已入其說，乃上言：「陛下視言官重，故責之嚴。如聖諭云『代人規卸，爲人出缺」者，臣敢謂無其事。然陛下何所見而云？倘如二十四氣蜚語，此必大奸巨憝，恐言者不利己，而思以中之，激至尊之怒，箝言官之口，人皆喑默，誰與陛下言天下事者？」

先是，給事中方士亮論密雲巡撫王繼謨不勝任，保定參政錢天錫因夤緣給事中楊枝起、廖國遴，以屬廷儒，及廷推，遂得俞旨。適帝有「爲人出缺」諭，蓋舉廷臣積習告戒之，非爲天錫發也。埰探之未審，謂帝實指其事，倉卒拜疏。而帝於是時方憂勞天下，默告上帝，戴罪省愆。所頒戒諭，詞旨哀痛，讀者感傷。埰顧反覆詰難，若深疑於帝者，帝遂大怒，曰：「埰敢詰問詔旨，藐玩特甚。」立下詔獄考訊。掌鎮撫梁清宏以獄詞上，帝曰：「埰情罪特重。且二十四氣之說，類匿名文書，見卽當毁，何故累騰奏牘。其速按實以聞。」

時行人熊開元亦以建言下錦衣衛。帝怒兩人甚，密旨下衛帥駱養性，令潛斃之獄。養性懼，以語同官。同官曰：「不見田爾耕、許顯純事乎？」養性乃不敢奉命，私以語同鄉給事中廖國遴，國遴以語同官曹良直。良直卽疏劾養性「歸過於君，而自以爲功。陛下無此旨，不宜誣謗；卽有之，不宜洩。」請並誅養性、開元。養性大懼，帝亦不欲殺諫臣，疏竟留中。會鎮撫再上埰獄，言掠訊者再，供無異詞。養性亦封還密旨。乃命移刑官定罪，尙書徐石麒等擬埰戍，開元贖徒。帝責以徇情骫法，令對狀。乃奪石麒及郎中劉沂春官，而逮埰、開元至午門，並杖一百。埰已死，埰弟垓口溺灌之，乃復蘇，仍繫刑部獄。明年秋，大疫，命諸四出外收保。埰、開元出，卽謁謝賓客。帝以語刑部尙書張忻，忻懼，復禁之獄。十七年二月始釋埰，戍宣州衞。將赴戍所而都城陷。

福王立，遇赦，起故官。丁父艱，不赴。國變後，流寓蘇州以卒。且死，語其二子曰：「吾奉先帝命戍宣州，死必葬我敬亭之麓。」二子如其言。

垓，字如須，崇禎十三年進士。授行人。埰下獄，垓盡力營護。後聞鄉邑破，父殉難，一門死者二十餘人。垓請代兄繫獄，釋埰歸葬，不許。卽日奔喪，奉母南走蘇州。初，垓爲行人，見署中題名碑，崔呈秀、阮大鋮與魏大中並列，立拜疏請去二人名。及大鋮得志，滋欲殺垓甚。垓乃變姓名，逃之寧波。國亡乃解。

熊開元，字魚山，嘉魚人。天啓五年進士。除崇明知縣，調繁吳江。

崇禎四年徵授吏科給事中。帝遣中官王應朝等監視關、寧軍馬，開元抗疏爭，不納。王化貞久繫不決，奸人張應時等疏頌其功，請以身代死，俾戴罪立功。開元疏駁之，言：「化貞家貲鉅萬，每會朝審，輒買燕市少年，雜立道旁，投熊廷弼瓦礫，嗟歎化貞不休，以此熒惑上聽。今應時復敢爲此請，宜立肆化貞市朝。」化貞卒正法。

時有令，有司徵賦不及額者不得考選。給事中周瑞豹考選而後完賦，帝怒貶謫之，命如瑞豹者悉以聞。於是開元及御史鄭友元等三人並貶二秩調外，開元不赴官。久之，起山西按察司照磨，遷光祿寺監事。

十三年遷行人司副。左降官率驟遷，開元以淹久頗觖望。會光祿丞缺，開元詣首輔周延儒述己困頓狀。延儒適以他事輒命駕出，開元大慍。會帝以畿輔被兵求言，官民陳事者，報名會極門，卽日召對。

開元欲論延儒，次日卽請見。帝召入文昭閣，開元請密論軍事。帝屏左右，獨輔臣在，開元不敢言，但奏軍事而出。越十餘日，復請見。帝御德政殿，秉燭坐。開元從輔臣入，奏言：「易稱『君不密則失臣，臣不密則失身』，請輔臣暫退。」延儒等引退者再，帝不許。開元遂言：「陛下求治十五年，天下日以亂，必有其故。」帝曰：「其故安在？」開元言：「今所謀畫，惟兵食寇賊。不揣其本，而末是圖，雖終日夜不寢食，求天下治無益也。陛下臨御以來，輔臣至數十人，不過陛下曰賢，左右曰賢而已，未必諸大夫國人皆曰賢也。天子心膂股肱，而任之易如此。庸人在高位，相繼爲奸，人禍天殃，迄無衰止。迨言官發其罪狀，誅之斥之，已敗壞不可復救矣。」帝與詰問久之，疑開元有所爲，曰：「爾意有人欲用乎？」開元辨無有，且奏且頻目延儒。延儒謝，帝曰：「天下不治皆朕過，於卿等何與？」開元言：「陛下令大小臣工不時面奏，而輔臣在左右，誰敢爲異同之論以速禍。且昔日輔臣，繁刑厚斂，屏棄忠良，賢人君子攻之。今輔臣奉行德意，釋纍囚，蠲逋賦，起廢籍，賢人君子皆其所引用。偶有不平，私慨歎而已。」帝責開元有私。開元辨，延儒等亦前爲解。

開元復請徧召廷臣，問以輔臣賢否。「輔臣心事明，諸臣流品亦別。陛下若不察，將吏狃情面賄賂，失地喪師，皆得無罪，誰復爲陛下捐軀報國者。」延儒等奏情面不盡無，賄賂則無有。開元復言：「敵兵入口四十餘日，未聞逮治一督、撫。」帝曰：「督、撫初推，人以爲賢，數月後卽以爲不賢，必欲去之而後快。邊方與內地不同，使人何以展布。」開元言：「四方督、撫，率自監司。明日廷推，今日傳單，其人姓名不列。至期，吏部出諸袖，諸臣唯唯而已。旣推後，言官轉相採訪，而其人伎倆亦自露於數月間，故人得而指之，非初以爲賢，繼以爲不賢也。」帝命之退。延儒等請令補牘，從之。

當是時，開元欲發延儒罪，以其在側不敢言。而延儒慮其補牘，謀沮之。大理卿孫晉、兵部侍郎馮元飈責開元，「首輔多引賢者。首輔退，賢者且盡逐。」開元意動。大理丞吳履中至，亦以開元言爲驟。禮部郎中吳昌時者，開元知吳江時所拔士也，復致書言之。開元乃止述奏辭，不更及延儒他事。帝方信延儒，大清兵又未退，焦勞甚。得奏，大怒，令錦衣衞逮治。衞帥駱養性，開元鄉人也，雅怨延儒，次日卽以獄上。帝益怒，曰：〔七〕「開元譏諳輔弼，必使朕孤立於上，乃便彼行私，必有主使者。養性不加刑，溺職甚，其再嚴訊以聞。」十二月朔，嚴刑詰供主謀。開元堅不承，而盡發延儒之隱，養性具以聞。帝乃廷杖開元，繫獄。

始，方士亮劾罷密雲巡撫王繼謨，參政錢天錫得巡撫。御史孫鳳毛發其事，劾給事中楊枝起、廖國遴爲天錫夤緣。因言開元面奏，實二人主之，欲令丘瑜秉政，陳演爲首輔。御史李陳玉亦言之。帝以開元已下吏，不問，而責令鳳毛陳奏。鳳毛死，其子訴冤，謂國遴、枝起酖殺之。兩人及天錫並削職下獄。士亮又言恐代繼謨者未能勝繼謨，繼謨得留任。十六年六月，延儒罷，言官多救開元者，不報。刑部擬贖徒，不許。明年正月遣戍杭州。

未幾，京師陷。福王召起吏科給事中。丁母艱，不赴。唐王立，起工科左給事中。連擢太常卿、左僉都御史，隨征東閣大學士。乞假歸。汀州破，棄家爲僧，隱蘇州之靈巖以終。

士亮，歙縣人。崇禎四年進士。歷嘉興、福州推官，擢兵科給事中。與同官朱徽、倪仁禎等謁大學士謝陞於朝房，陞言：「人主以不用聰明爲高。今上太用聰明，致天下盡壞。」又曰：「款事諸君不必言，皇上祈籤奉先殿，意已決。」諸人退，謂陞誹謗君父，洩禁中語。仁禎、國遴等交章論之，斥陞大不道，無人臣禮。士亮及他言官繼之，疏數十上。帝大怒，削陞籍。已而士亮連劾諸督撫張福臻、徐世廕、朱大典、葉廷貴，及兵部侍郎呂大器、甘肅總兵馬爌，事多施行。又請召舊諫臣姚思孝、何楷、李化龍、張作楫、張焜芳、李模、詹爾選、李右讜、林蘭友、成勇、傅元初，而恤已死者吳執御、魏呈潤、傅朝佑、吳彥芳、王績燦、葛樞，帝頗採納。周延儒出督師，請士亮贊畫軍務。延儒獲譴，士亮亦削職下獄，久之釋歸。福王時，復官。國變後卒。

詹爾選，字思吉，撫安人。崇禎四年進士。授太常博士。八年擢御史。時詔廷臣舉守令，爾選言：「縣令多而難擇，莫若精擇郡守。郡守賢，縣令無不賢。」因請起用侍郎陳子壯、推官湯開遠，報聞。

明年疏劾陳啓新：「宜召九卿科道，覿面敷陳，罄其底蘊。果有他長，然後授官。遽爾授官，非所以重名器。吏部尚書謝陞、大學士溫體仁不加駁正，尸素可愧。」帝怒。未幾，大學士錢士升以爭武生李璡搜括富戶，忤旨，引罪乞休去。爾選上疏曰：

輔臣引咎求黜，遽奉回籍之諭。夫人臣所以不肯言者，其源在不肯去耳。輔臣肯言肯去，臣實榮之，獨不能不爲朝廷惜此一舉也。璡以非法導主上，其端一開，大亂將至。輔臣憂心如焚，忽奉改擬之命，遂爾執奏。皇上方嘉許不暇，顧以爲疑君要譽耶？人臣無故疑其君，非忠也，乃謂吾君萬舉萬當者，第容悅之借名，必非忠。人臣沽名，義所不敢出也，乃人主不以名譽鼓天下，使其臣尸位保寵，寡廉鮮恥，亦必非國家利。

況今天下疑皇上者不少矣。將驕卒惰，尙方不靈，億萬民命，徒供武夫貪冒，則或疑過於右武。穿札與操觚並課，非是者弗錄。人見賣牛買馬，紬德齊力，徒使强寇混跡於道途，父兄莫必其子弟，則或疑緩於敷文。兗覲之說行，上意在甦民困也，而或疑朝宗之大義，不敵數萬路用之金錢。駁問之事煩，上意在懲奸頑也，而或疑明啓之刑書，幾禁加等之紛亂。

其君子憂驅策之無當，其小人懼陷累之多門。明知一切苟且之政，或拊心愧恨，或對衆欷歔。輔臣不過偶因一事，代天下發憤耳，而竟鬱鬱以去，恐後之大臣無復有敢言者矣。大臣不敢言，而小臣愈難望其言矣。所日與皇上言者，惟苛細刻薄，不識大體之徒，似忠似直，如狂如癡，售則挺身招搖，敗則潛形遁竄，駭心志而熒耳目，毁成法而釀隱憂，天下事尙忍言哉！祈皇上以遠大宅心，以簡靜率憲，責大臣弼違之義，作言官敢諫之風。寧獻可替否，毋藉口聖明獨斷，掩聖主之謙沖。寧進禮退義，毋藉口君恩未酬，飾引身之濡滯。臣愚不勝惓惓。

疏入，帝震怒，召見武英殿，詰之曰：「輔臣之去，前旨甚明，汝安得爲此言？」對曰：「皇上大開言路，輔臣乃以言去國，恐後來大臣以言爲戒，非皇上求言意。」帝曰：「建言乃諫官事，大臣何建言？」對曰：「大臣雖在格心，然非言亦無由格。大臣止言其大者，決無不言之理。大臣不言，誰當言者？」帝曰：「朕如此焦勞，天下尚疑朕乎？卽尚方劍何嘗不賜，彼不能用，何言不靈？」對曰：「誠如聖諭。但臣見督理有參疏，未蒙皇上大處分，與未賜何異。」帝曰：「刑官擬罪不合，朕不當駁乎？」對曰：「刑官不職，但當易其人，不當侵其事。」帝曰：「汝言一切苟且之政，何者爲苟且？」對曰：「加派。」帝曰：「加派，因賊未平，賊平，何難停。汝尙有言乎？」對曰：「搜括抽扣亦是。」帝曰：「此供軍國之用，非輸之內帑。汝更何言？」對曰：「卽捐助亦是。」帝曰：「本令願捐者聽，何嘗强人？」

時帝聲色俱厲，左右皆震懾，而爾選詞氣不撓。帝又詰發憤諸語，及帖黃簡略，斥爲欺罔，命錦衣提下。爾選叩頭曰：「臣死不足惜，皇上幸聽臣，事尙可爲。卽不聽，亦可留爲他日思。」帝愈怒，罪且不測。諸大臣力救，乃命繫於直廬。明日下都察院議罪，議止停俸。帝以語涉誇詡，幷罪視草御史張三謨，令吏部同議。請鐫五級，以雜職用。復不許，乃削籍歸。自後言者屢薦，皆不聽。十五年，給事中沈迅、左懋第相繼薦。有詔召還，未及赴而都城陷。

福王立，首起故官。未上，羣小用事，憚爾選鯁直，令補外僚，遂不出。國變後，又十二年而終。

湯開遠，字伯開，主事顯祖子也。早負器識，經濟自許。崇禎五年由舉人爲河南府推官。帝惡廷臣玩愒，持法過嚴。開遠疏諫曰：

陛下臨御以來，明罰敕法。自小臣至大臣，蒙重譴下禁獄者相繼，幾於刑亂國用重典矣。見廷臣薦舉不當，疑爲黨徇；惡廷臣執奏不移，疑爲藐抗。以策勵望諸臣，於是戴罪者多，而不開以立功之路；以詳愼責諸臣，於是引罪者衆，而不諒其致誤之由。墨吏宜逮，然望稍寬出入，無絀能臣。至三時多害，五方交警，諸臣怵參罰，惟急催科，民窮則易爲亂。陛下寬一分在臣子，卽寬一分在民生，此可不再計決者。尤望推諸臣以心，待諸臣以禮，諭中外法司以平允。至錦衣禁獄，非寇賊奸宄，不宜輕入。

帝怒，摘其疏中「桁楊慘毒，遍施勞臣」語，責令指實。乃上奏曰：

時事孔棘，諸臣有過可議，亦有勞可準；有罪可程，亦有情可原。究之議過不足懲過，而後事轉因前事以灰心；聲罪不足服罪，而故者更藉誤者以實口。綜核太過則要領失措，懲創太深則本實多缺。往往上以爲宜詳宜新之事，而下以爲宜略宜仍之事。朝所爲縲辱擯棄不少愛之人，又野所爲推重惋歎不可少之人。上與下異心，朝與野異議，欲天下治平，不可得也。

蘇州僉事左應選任昌黎縣令，率士著保孤城。事平之日，擢任監司。乃用小過，卒以贓擬。城池失守者既不少貸，捍禦著績者又不獲原，諸臣安所適從哉。事急則鉅萬可捐，事平則錙銖必較，向使昌黎不守，同於遵、永，不知費朝廷幾許金錢，安所得涓滴而問之。臣所惜者此其一。

給事中馬思理、御史高倬，值草場火發，狂奔盡氣，無救燎原，此不過爲法受過耳，更欲以他罪論，則甚矣。今歲盛夏雪雹，地震京圻，草場不爇自焚。陛下不寬刑修省，反嚴鞫而長繫之，非所以召天和，稱善事也。臣所惜者此其一。

宣大巡按胡良機，陛下知其諳練，兩任巖疆，尋因過惧褫革，輿論惜之，豈成命終難反汗哉！臣所惜者此其一。

監兌主事吳澧，宵旦河干，經營漕事。運弁稽違，量行責戒，乃褫革之，又欲究治之。夫兵譁則爲兵易將，將譁則爲武抑文，勇於譁而怯於鬬，安用此驕兵驕將爲也！臣所惜者此又其一。

末復爲都御史陳于廷、易應昌申辨。帝怒，切責之。

河南流賊大熾，開遠監左良玉軍，躬擐甲冑，屢致克捷。帝以天下用兵，意頗重武，督、撫失事多遠繫，而大將率姑息。開遠以爲偏，八年十月上疏曰：

比年寇賊縱橫，撫、鎭爲要。乃陛下於撫臣則懲創之，於鎭臣則優遇之。試觀近日諸撫臣，有不褫奪不囚繫者乎？諸帥臣及偏裨，有一禮貌不崇、陞廕不逐者乎？即觀望敗衄罪狀顯著者，有不寬假優容者乎？夫懲創撫臣，欲其惕而戒也；優遇武臣，欲其感而奮也。然而封疆日破壞，寇賊日蔓延者，分別之法少也。撫臣中清操如沈棨，幹濟如練國事，捍禦兩河、身自爲將如玄默，拮据兵事、沮賊長驅如吳甡，或麗爰書，或登白簡，其他未可悉數。而武臣桀驁恣睢，無日不上條陳，爭體統。一旦有警，輒逡巡退縮。即嚴旨屢頒，褒如充耳。如王樸、尤世勛、王世恩輩，其罪可勝誅哉！

秦撫甘學闊有法紀全疎一疏，請正縱賊諸弁以法，明旨顧切責之。然則自今以後，敗將當不問矣。文臣未必無才能，乃有寧甘斥黜必不肯任不敢任者，以任亦罪，不任亦罪，不任之罪猶輕，而任之罪更重也。誠欲使諸臣踴躍任事，在寬文法，原情實，分別去留，毋以一眚棄賢才。至觕齡之夫，不使怯且欺者倖乎其間，則賞罰以平，文武用命矣。

帝以撫臣不任者，無所指實，責令再陳。乃上言曰：

朝廷賞罰無章，於是諸臣之不肯任不敢任者罪，而肯任敢任者亦罪，且其罪反重。勸懲無當，欲勘定大亂，未之前聞。從來無詘督臣以伸庸帥者，至今而楊嗣昌不得關其說。從來無抑言路以伸劣弁者，至今而王肇坤不得保其秩。王樸恇怯暴著，聽敵飽去，猶得與吳甡並論，播之天下，不大爲口實哉！若撫臣之不肯任不敢任者，如陝西之胡廷晏，山西之仙克謹、宋統殷、許鼎臣，何以當日處分視後皆輕？練國事、玄默承大壞極敝之後，竭力撐持，何以當日處分較前更重？

且近日爲辦寇而誅督臣者一，逮督臣撫臣者二，褫撫臣者亦二。甚至巡方與撫臣並議，而幷逮兩按臣；計典與失事牽合，而幷褫南樞臣。若監司、守令之獲重譴者，不可勝紀。試問前後諸帥臣，有一誅且逮者乎？即降而偏裨，有一誅且逮者乎？甚至避寇、縱寇、養寇、助寇者，皆置弗問。即或處分，不過降級戴罪而已。然則諸將之不肯任不敢任者，直謂之無罪可乎？是陛下於文武二途，委任同，責成不同。明旨所謂一體者，終非一體矣。

不特此也。按臣曾週當舊撫艱去，力障寇鋒，初非失事，乃竟從逮配，將來無肯任敢任之按臣矣。道臣祝萬齡拮据兵食，寢餌俱廢，至疽發於背，而遽行削籍，將來無肯任敢任之監司矣。史洪謨作令宜陽，戰守素備，賊渡澠池，不敢薄城，及知六安，復有全城之績，而褫奪驟加，將來無肯任敢任之州縣矣。賊薄永寧，舊蜀撫張論與子給事鼎延傾貲募士，夙夜登陴，及論物故，鼎延請恤，并其子官奪之，將來無肯任敢任之鄉官矣。吏部惟雜職多弊，臣鄉吳羽文竭力釐剔，致刀筆胥豎閧然而起，羽文略不爲撓，乃以起廢一事，長繫深求，將來無肯任敢任之部曹矣。

臣讀明旨，謂諸事皆經確核，以議處有銓部，議罪有法司，稽核糾舉有按臣也。不知詔旨一下，銓部卽議降議革，有肯執奏曰「此不當處」者乎？一下法司，卽擬配擬戍，有肯執奏曰「此不當罪」者乎？至查核失事，按臣不過據事上聞，有原功中之罪、罪中之功，乞貸於朝廷者乎？是非諸臣不肯分別也，知陛下一意重創，言之必不聽，或反以甚其罪也。所以行間失事，無日不議處議罪，而於蕩寇安民毫無少補。則今日所少者，豈非大公之賞罰哉！

帝得奏大怒，命削籍，撫按解京訊治。河南人聞之，若失慈母。左良玉偕將士七十餘人合奏乞留，巡按金光辰亦備列其功狀以告。帝爲動容，命釋還戴罪辦賊。

十年正月討平舞陽大盜楊四。論功當進秩，總理王家禎復薦之。乃擢按察僉事，監安、廬二郡軍。其年冬，太子將出閣。奏言：「陛下言教不如身教。請謹幽獨，恤民窮，優大臣，容直諫，寬拙吏，薄貨財，疏滯獄，俾太子得習見習聞，爲他日出治臨民之本。」帝深納之。是時，賊大擾江北，開遠數有功。巡撫史可法薦其治行卓異，進秩副使，監軍如故。十三年與總兵官黄得功等大破革裏眼諸賊，賊遂乞降。朝議將用爲河南巡撫，竟以勞瘁卒官，軍民咸爲泣下。贈太僕少卿。

成勇，字仁有，安樂人。天啓五年進士。授饒州推官。謁鄒元標於吉水，師事之。中使至，知府以下郊迎，勇不往，且捕笞其從人。丁内外艱。歷開封、歸德二府推官。流賊攻歸德，擊走之。

崇禎十年行取入京。時變考選例，優者得爲翰林。公論首勇，而吏部尚書田唯嘉抑之，勇得南京吏部主事以去。明年二月，帝御經筵，問講官保舉考選得失，諭德黄景昉訟勇及朱天麟屈。帝親策諸臣，天麟得翰林，而勇以先赴南京不與。尋用御史涂必泓言，授南京御史。

楊嗣昌奪情入閣，言者咸獲譴。勇憤，其年九月上疏言：「嗣昌秉樞兩年，一籌莫展，邊警屢驚，羣寇滿野。淸議不畏，名教不畏，萬世公議不畏，臣竊爲青史慮。」疏入，帝大怒，削籍提訊，詰主使姓名。勇獄中上書言：「臣十二年外吏，數十日南臺，無權可招，無賄可納，不知有黨。」帝怒，竟戍寧波衞。中外薦者十餘疏，不召。後以御史張瑋言，〔八〕執政合詞請擢用。帝以勇宥罪方新，不當復職，命以他官用。甫聞命，而京師陷。

福王時，起御史，不赴。披緇爲僧，越十五年而終。

陳龍正，字惕龍，嘉善人。父于王，福建按察使。龍正遊高攀龍門。崇禎七年成進士，授中書舍人。時政尚綜覈，中外爭爲深文以避罪，東廠緝事尤冤濫。

十一年五月，熒惑守心，下詔修省，有「哀懇上帝」語。龍正讀之泣，上養和、好生二疏。略曰：「回天在好生，好生無過減死。皐陶贊舜曰『罪疑惟輕』，是聖人於折獄不能無失也。蓋獄情至隱，人命至重，故不貴專信，而取兼疑；不務必得，而甘或失。臣居家所見聞，四方罪犯，無甚窮凶奇謀者。及來京師，此等乃無虛月。且罪案一成，立就誅磔，亦宜有所懲戒，何犯者若此纍纍？臣願陛下懷帝舜之疑，寧使聖主有過仁之舉，臣下獲不經之愆。」蓋陰指東廠事也。越數日，果諭提督中官王之心不得輕視人命云。其冬，京師戒嚴，詔廷臣舉堪任督、撫者。御史葉紹顒舉龍正。久之，刑部主事趙奕昌請訪求天下眞賢才。帝令奕昌自舉，亦以龍正對。帝皆不用。

龍正居冷曹，好言事。十二年十月，彗星見。是歲冬至，大雷電雨雹。十三年二月，京師大風，天黃日眚，浹旬不解。龍正皆應詔條奏，大指在聽言省刑。

十五年夏，帝復下詔求言，云「拯困甦殘，不知何道」。龍正上言：「拯困甦殘，以生財爲本，但財非折色之謂。以折色爲財，則取於人而易盡。必知本色爲財，則生於地而不窮。今持籌之臣曰設處，曰搜括，曰加派，皆損下之事，聚斂之別名也。民日病，國奚由足？臣謂宜專意墾荒，申明累朝永不起科之制，招集南人巨賈，盡墾荒田，使畿輔、河南、山東菽粟日多，則京倉之積，邊軍之餉，皆可隨宜取給。或平糴，或拜爵，或中鹽，〔九〕國家命脈不專倚數千里外之轉運，則民間加派自可盡除。」然是時中原多殘破，有田不得耕，龍正執常理而已。翌日復進用人探本疏，帝皆優容焉。

給事中黃雲師劾其學非而博，言僞而辯，又以進墾荒議爲陵競。帝不問。時議欲用龍正爲吏部，御史黃澍以僞學詆之。十七年正月左遷南京國子監丞。甫抵家而京師陷。福王立於南京，用爲祠祭員外郎，不就。南京不守，龍正已得疾，遂卒。

贊曰：崇禎時，僉壬相繼枋政，天下多故，事之可言者衆矣。許譽卿諸人，抨擊時宰，有直臣之風。然傅朝佑死杖下，姜埰、熊開元得重譴，而詹爾選抗雷霆之威，顧獲放免。言天子易，言大臣難，信哉。湯開遠以疎遠外僚，侃侃論事，憤惋溢於辭表。就其所列國勢，亦重可慨矣夫！

校勘記

〔一〕言賊在秦晉時　原脫「言」字，據明史稿傳一四三許譽卿傳補。

〔二〕又命王應朝監軍關寧　王應朝，原作「王應期」，據本書卷二三莊烈帝紀、卷三〇五張彝憲傳、懷宗實錄卷四崇禎四年十月辛丑條，國榷卷九一頁五五七三改。

〔三〕李奇茂監茶馬陝西　李奇茂，原作「李茂奇」。據本書卷二三莊烈帝紀、懷宗實錄卷四崇禎四年十一月丁亥條、國榷卷九一頁五五七五改。下同。

〔四〕爲校尉侍聖至所弑　侍聖，明史稿傳一四二毛羽健傳作「彭侍聖」，本傳脫「彭」字。

〔五〕畢懋康　原作「畢茂康」。明史稿傳一四二吳執御傳作「畢懋康」。按本書卷二四二有畢懋康傳，曾以兵部右侍郎罷歸，據改。

〔六〕時御史王績燦方以薦李邦華劉宗周等下獄　王績燦，本書卷二三三姜應麟傳附姜思睿傳作

「王績粲」。

〔七〕帝益怒曰　原脫「曰」字，據明史稿傳一四二熊開元傳補。

〔八〕後以御史張瑋言　御史，本書卷二五四張瑋傳作「副都御史」。

〔九〕或中鹽　原作「或中監」，據明史稿傳一一三陳龍正傳改。

明史卷二百五十九

列傳第一百四十七

楊鎬 李維翰 周永春 袁應泰 薛國用 熊廷弼 王化貞

袁崇煥 毛文龍 趙光抃 范志完

楊鎬，商丘人。萬曆八年進士。歷知南昌、蠡二縣。入爲御史，坐事調大理評事。再遷山東參議，分守遼海道。嘗偕大帥董一元雪夜度墨山，襲蒙古炒花帳，大獲。進副使。墾荒田百三十餘頃，歲積粟萬八千餘石。進參政。

二十五年春，偕副將李如梅出塞，失部將十人，士卒百六十餘人。會朝鮮再用兵，命免鎬罪，擢右僉都御史，經略朝鮮軍務。鎬未至，先奏陳十事，請令朝鮮官民輸粟得增秩、授官、贖罪，及鄉吏奴丁免役，大氐皆苟且之事。又以朝鮮君臣隱藏儲蓄不餉軍，劾奏其罪。由是朝鮮多怨。

當是時，倭將行長、清正等已入據南原、全州，引兵犯全羅、慶尙，逼王京，銳甚。賴沈惟敬就擒，鄉導乃絕。而朝鮮兵燹之餘，千里蕭條，賊掠無所得，故但積粟全羅，爲久留計，而中國兵亦漸集。九月朔，鎬始抵王京。會副將解生等屢挫賊，朝鮮軍亦數有功，倭乃退屯蔚山。十二月，鎬會總督邢玠、提督麻貴議進兵方略，分四萬人爲三協，副將高策將中軍，李如梅將左，李芳春、解生將右，合攻蔚山。先以少兵嘗賊。賊出戰，大敗，悉奔據島山，結三柵城外以自固。鎬官遼東時，與如梅深相得。及是游擊陳寅連破賊二柵，第三柵垂拔矣，鎬以如梅未至，不欲寅功出其上，遽鳴金收軍。賊乃閉城不出，堅守以待援。官兵四面圍之，地泥淖，且時際窮冬，風雪裂膚，士無固志。賊日夜發礮，用藥煮彈，遇者輒死，官兵攻圍十日不能下。賊知官兵懈，詭乞降以緩之。明年正月二日，行長救兵驟至。鎬大懼，狼狽先奔，諸軍繼之。賊前襲擊，死者無算。副將吳惟忠、遊擊茅國器斷後，賊乃還，輜重多喪失。

是役也，謀之經年，傾海內全力，合朝鮮通國之衆，委棄於一旦，舉朝嗟恨。鎬既奔，挈貴奔趨慶州，懼賊乘襲，盡撤兵還王京，與總督玠詭以捷聞。諸營上軍籍，士卒死亡殆二萬。鎬大怒，屏不奏，止稱百餘人。鎬遭父喪，詔奪情視事。御史汪先岸嘗劾其他罪，閣臣庇之，擬旨褒美，旨久不下。贊畫主事丁應泰聞鎬敗，詣鎬咨後計。鎬示以張位、沈一貫手書，幷所擬未下旨，揚揚詡功伐。應泰憤，抗疏盡列敗狀，言鎬當罪者二十八，可羞者十，並劾位、一貫扶同作奸。帝震怒，欲行法。首輔趙志皐營救，乃罷鎬，令聽勘，以天津巡撫萬世德代之。已，東征事竣，給事中楊應文敘鎬功，詔許復用。

三十八年起撫遼東。襲炒花於鎭安，破之，御史田生金劾其開釁。時遼左多事，鎬力薦李如梅，請復用爲大將，爲給事中麻僖、御史楊州鶴所劾。鎬疏辨乞休，帝不問，鎬竟引去。

四十六年四月，我大淸兵起，破撫順，守將王命印死之。遼東巡撫李維翰趣總兵官張承廕往援，與副總兵頗廷相等俱戰歿，遠近大震。廷議鎬熟諳遼事，起兵部右侍郎往經略。既至，申明紀律，徵四方兵，圖大舉。至七月，大淸兵由鴉鶻關克淸河，副將鄒儲賢戰死。詔賜鎬尙方劍，得斬總兵以下官。乃斬淸河逃將陳大道、高炫徇軍中。其冬，四方援兵大集，遂議進師。時蚩尤旗長竟天，彗見東方，星隕地震，識者以爲敗徵。大學士方從哲、兵部尙書黃嘉善、兵科給事中趙興邦等皆以師久餉匱，發紅旗，日趣鎬進兵。

明年正月，鎬乃會總督汪可受、巡撫周永春、巡按陳王庭等定議，以二月十有一日誓師，二十一日出塞。兵分四道：總兵官馬林出開原攻北；杜松出撫順攻西；李如柏從鴉鶻關出趨淸河攻南；東南則以劉綎出寬奠，由涼馬佃擣後，而以朝鮮兵助之。號大兵四十七萬，期三月二日會二道關並進。天大雪，兵不前，師期洩。松欲立首功，先期渡渾河，進至二道關，伏發，軍盡覆。林統開原兵從三岔口出，聞松敗，結營自固。大清兵乘高奮擊，林不支，遂大敗，遁去。鎬聞，急檄止如柏、綎兩軍，如柏遂不進。綎已深入三百里，至深河，大清兵擊之而不動。已，乃張松旗幟，被其衣甲紿綎。既入營，營中大亂，綎力戰死。惟如柏軍獲全。文武將吏前後死者三百一十餘人，軍士四萬五千八百餘人，亡失馬駝甲仗無算。敗書聞，京師大震。御史楊鶴疏劾之，不報。無何，開原、鐵嶺又相繼失。言官交章劾鎬，逮下詔獄，論死。崇禎二年伏法。

李維翰，睢州人。萬曆四十四年以右副都御史巡撫遼東。遼三面受敵，無歲不用兵。自稅使高淮朘削十餘年，軍民益困。而先後撫臣皆庸才，玩愒苟歲月。天子又置萬幾不理，邊臣呼籲，漠然不聞，致遼事大壞。及張承廕覆沒，維翰猶獲善歸。至天啓初，始下吏論死。

周永春，金鄉人。官禮科都給事中。齊黨方熾，永春與亓詩教爲之魁。尋由太常少卿擢右僉都御史，代維翰爲巡撫。值喪敗之後，佐經略調度軍食，拮据勞瘁。越二年，罷歸。天啓初，言官追論開原失陷罪，遣戍。

袁應泰，字大來，鳳翔人。萬曆二十三年進士。授臨漳知縣。築長堤四十餘里，捍禦漳水。調繁河內，穿太行山，引沁水，成二十五堰，溉田數萬頃，鄰邑皆享其利。河決朱旺，役夫多死者。應泰設蓆爲廬，飲食作止有度，民歡然趨事，治行冠兩河。

遷工部主事，歷兵部武選郎中。汰遣假冒世職數百人。遷淮徐兵備參議。山東大饑，設粥廠哺流民，繕城濬濠，修先聖廟，饑者盡得食。更搜額外稅及漕折馬價數萬金，先後發振。戶部劾其擅移官廩，時已遷副使，遂移疾歸。

久之，起河南右參政，以按察使治兵永平。遼事方棘，應泰練兵繕甲，修亭障，飭樓櫓，關外所需芻茭、火藥之屬呼吸立應。經略熊廷弼深賴焉。

泰昌元年九月擢右僉都御史，代周永春巡撫遼東。踰月，擢兵部右侍郎兼前職，代廷弼爲經略，而以薛國用爲巡撫。應泰受事，卽刑白馬祀神，誓以身委遼。疏言：「臣願與遼相終始，更願文武諸臣無懷二心，與臣相終始。有託故謝事者，罪無赦。」熹宗優詔褒答，賜尚方劍。乃戮貪將何光先，汰大將李光榮以下十餘人，遂謀進取撫順。議用兵十八萬，大將十人，上奏陳方略。

應泰歷官精敏強毅，用兵非所長，規畫頗疎。廷弼在邊，持法嚴，部伍整肅。應泰以寬矯之，多所更易。而是時蒙古諸部大饑，多入塞乞食。應泰言：「我不急救，則彼必歸敵，是益之兵也。」乃下令招降。於是歸者日衆，處之遼、瀋二城，優其月廩，與民雜居，潛行淫掠，居民苦之。議者言收降過多，或陰爲敵用，或敵雜間諜其中爲內應，禍且叵測。應泰方自詡得計，將藉以抗大清兵。會三岔兒之戰，降人爲前鋒，陣死者二十餘人，應泰遂用以釋羣議。

明年，天啓改元，三月十有二日，我大清兵來攻瀋陽。總兵官賀世賢、尤世功出城力戰，敗還。明日，降人果內應，城遂破，二將戰死。總兵官陳策、童仲揆等赴援，亦戰死。應泰乃撤奉集、威寧諸軍，并力守遼陽，引水注濠，沿濠列火器，兵環四面守。十有九日，大清兵臨城。應泰身督總兵官侯世祿、李秉誠、梁仲善、姜弼、朱萬良出城五里迎戰，軍敗多死。其夕，應泰宿營中，不入城。明日大清兵掘城西閘以洩濠水，分兵塞城東水口，擊敗諸將兵，遂渡濠，大呼而進。鏖戰良久，騎來者益衆，諸將兵俱敗，望城奔，殺溺死者無算。應泰乃入城，與巡按御史張銓等分陴固守。諸監司高出、牛維曜、胡嘉棟及督餉郎中傅國並踰城遁，人心離沮。又明日，攻城急，應泰督諸軍列楯大戰，又敗。薄暮，譙樓火，大清兵從小西門入，城中大亂，民家多啓扉張炬以待，婦女亦盛飾迎門，或言降人導之也。應泰居城樓，知事不濟，太息謂銓曰：「公無守城責，宜急去，吾死於此。」遂佩劍印自縊死。婦弟姚居秀從之。僕唐世明憑屍大慟，縱火焚樓死。事聞，贈兵部尚書，予祭葬，官其一子。

國用，洛南人。歷官山東右參政，分守遼海道，以右僉都御史代應泰巡撫遼東。應泰死，廷議將起廷弼。道遠未至，乃進國用兵部右侍郎，代應泰爲經略。歷官醇謹，久於遼，日夜憂戰守備。會大清兵不至，得安其位。無何請告，竟卒於官。

熊廷弼，字飛百，江夏人。萬曆二十五年舉鄉試第一。明年成進士，授保定推官，擢御史。

三十六年巡按遼東。巡撫趙楫與總兵官李成梁棄寬奠新疆八百里，徙編民六萬家於內地。已，論功受賞，給事中宋一韓論之。下廷弼覆勘，具得棄地驅民狀，劾兩人罪，及先任按臣何爾健、康丕揚黨庇。疏竟不下。時有詔興屯，廷弼言遼多曠土，歲於額軍八萬中以三分屯種，可得粟百三十萬石。帝優詔褒美，命推行於諸邊。邊將好搗巢，輒生釁端。廷弼言防邊以守爲上，繕垣建堡，有十五利，奏行之。歲大旱，廷弼行部金州，禱城隍神，約七日雨，不雨毀其廟。及至廣寧，踰三日，大書白牌，封劍，使使往斬之。未至，風雷大作，雨如注，遼人以爲神。在遼數年，杜餽遺，核軍實，按劾將吏，不事姑息，風紀大振。

督學南畿，嚴明有聲。以杖死諸生事，與巡按御史荆養喬相訐奏。養喬投劾去，廷弼亦聽勘歸。

四十七年，楊鎬旣喪師，廷議以廷弼熟邊事，起大理寺丞兼河南道御史，宣慰遼東。旋擢兵部右侍郎兼右僉都御史，代鎬經略。未出京，開原失，廷弼上言：「遼左，京師肩背，河東，遼鎭腹心，開原又河東根本。欲保遼東則開原必不可棄。敵未破開原時，北關、朝鮮猶足爲腹背患，今已破開原，北關不敢不服，遣一介使，朝鮮不敢不從。旣無腹背憂，必合東西之勢以交攻，然則遼、瀋何可守也？乞速遣將士，備芻糧，修器械，毋窘臣用，毋緩臣期，毋中格以沮臣氣，毋旁撓以掣臣肘，毋獨遺臣以艱危，以致悞臣，悞遼，兼悞國也。」疏入，悉報允，且賜尙方劍重其權。甫出關，鐵嶺復失，瀋陽及諸城堡軍民一時盡竄，遼陽洶洶。廷弼兼程進，遇逃者，諭令歸。斬逃將劉遇節、王捷、王文鼎，以祭死節士。誅貪將陳倫，劾罷總兵官李如楨，以李懷信代。督軍士造戰車，治火器，濬濠繕城，爲守禦計。令嚴法行，數月守備大固。乃上方略，請集兵十八萬，分布靉陽、清河、撫順、柴河、三岔兒、鎭江諸要口，首尾相應，小警自爲堵禦，大敵互爲應援。更挑精悍者爲遊徼，乘間掠零騎，擾耕牧，更番迭出，使敵疲於奔命，然後相機進勦。疏入，帝從之。

廷弼之初抵遼也，令僉事韓原善往撫瀋陽，憚不肯行。繼命僉事閻鳴泰，至虎皮驛慟哭而返。廷弼乃躬自巡歷，自虎皮驛抵瀋陽，復乘雪夜赴撫順。總兵賀世賢以近敵沮之，廷弼曰：「冰雪滿地，敵不料我來。」鼓吹入。時兵燹後，數百里無人跡，廷弼祭諸死事者而哭之。遂耀兵奉集，相度形勢而還。所至招流移，繕守具，分置士馬，由是人心復固。

廷弼身長七尺，有膽知兵，善左右射。自按遼即持守邊議，至是主守禦益堅。然性剛負氣，好謾罵，不爲人下，物情以故不甚附。

明年五月，我大清兵略地花嶺。六月略王大人屯。八月略蒲河。將士失亡七百餘人，諸將世賢等亦有斬獲功。而給事中姚宗文騰謗於朝，廷弼遂不安其位。宗文者，故戶科給事中，丁憂歸。還朝，欲補官。而吏部題請諸疏率數年不下，宗文患之。假招徠西部名，屬當事薦己。疏屢上，不得命。宗文計窮，致書廷弼，令代請。廷弼不從，宗文由是怨。後夤緣復吏科，閱視遼東士馬，與廷弼議多不合。遼東人劉國縉先爲御史，坐大計謫官。遼事起，廷議用遼人，遂以兵部主事贊畫軍務。國縉主募遼人爲兵，所募萬七千餘人，逃亡過半。廷弼聞於朝，國縉亦怨。廷弼爲御史時，與國縉、宗文同在言路，意氣相得，並以排東林、攻道學爲事。國縉輩以故意望廷弼，廷弼不能如前，益相失。宗文故出國縉門下，兩人益相比，而傾廷弼。及宗文歸，疏陳遼土日蹙，詆廷弼廢羣策而雄獨智，且曰：「軍馬不訓遑志作威。

練，將領不部署，人心不親附，刑威有時窮，工作無時止。」復鼓其同類攻擊，欲必去之。御史顧慥首劾廷弼出關踰年，漫無定畫；蒲河失守，匿不上聞；荷戈之士徒供挑濬，尙方之劍逞志作威。

當是時，光宗崩，熹宗初立，朝端方多事，而封疆議起。御史馮三元劾廷弼無謀者八，欺君者三，謂不罷，遼必不保。詔下廷議。廷弼憤，抗疏極辨，且求罷。而御史張修德復劾其破壞遼陽。廷弼益憤，再疏自明，云「遼已轉危爲安，臣且之生致死」。遂繳還尙方劍，力求罷斥。給事中魏應嘉復劾之。朝議允廷弼去，以袁應泰代。廷弼乃上疏求勘，言：「遼師覆沒，臣始驅羸卒數千，踉蹌出關，至杏山，而鐵嶺又失。廷臣咸謂遼必亡，而今且地方安堵，舉朝帖席，此非不操練，不部署者所能致也。若謂擁兵十萬，不能斬將擒王，誠臣之罪。然求此於今日，亦豈易言。令箭催而張帥殞命，馬上催而三路喪師，臣何敢復蹈前軌。」三元、應嘉、修德等復連章極論，廷弼卽請三人往勘。帝從之。御史吳應奇、給事中楊漣等力言不可，乃改命兵科給事中朱童蒙往。廷弼復上疏曰：「臣蒙恩回籍聽勘，行矣。但臺省責臣以破壞之遼遺他人，臣不得不一一陳之於上。今朝堂議論，全不知兵。冬春之際，敵以冰雪稍緩，鬨然言師老財匱，馬上促戰。及軍敗，始愀然不敢復言。比臣收拾甫定，而愀然者又復鬨然責戰矣。自有遼難以來，用武將，用文吏，何非臺省所建白，何嘗有一效。

疆場事，當聽疆場吏自爲之，何用拾帖括語，徒亂人意，一不從，輒怫然怒哉！」及童蒙還奏，備陳廷弼功狀，末言：「臣入遼時，士民垂泣而道，謂數十萬生靈皆廷弼一人所留，其罪何可輕議？獨是廷弼受知最深，蒲河之役，敵攻瀋陽，策馬趨救，何其壯也；及見官兵駑弱，遽爾乞骸以歸，將置君恩何地。廷弼功在存遼，微勞雖有可紀；罪在負君，大義實無所逃。此則罪浮於功者矣。」帝以廷弼力保危城，仍議起用。

天啓元年，瀋陽破，應泰死，廷臣復思廷弼。給事中郭鞏力詆之，并及閣臣劉一燝。及遼陽破，河西軍民盡奔，自塔山至閭陽二百餘里，烟火斷絕，京師大震。一燝曰：「使廷弼在遼，當不至此。」御史江秉謙追言廷弼保守危遼功，兼以排擠勞臣爲鞏罪。帝乃治前劾廷弼者，貶三元、修德、應嘉、鞏三秩，除宗文名。御史劉廷宣救之，亦被斥。乃復詔起廷弼於家，而擢王化貞爲巡撫。

化貞，諸城人。萬曆四十一年進士。由戶部主事歷右參議，分守廣寧。蒙古炒花諸部長乘機窺塞下。化貞撫之，皆不敢動。朱童蒙勘事還，極言化貞得西人心，勿輕調，隳撫事。化貞亦言遼事將壞，惟發帑金百萬，亟款西人，則敵顧忌不敢深入。會遼、瀋相繼亡，廷議將起廷弼，御史方震孺請加化貞秩，便宜從事，令與薛國用同守河西。乃進化貞右僉都御史，巡撫廣寧。廣寧城在山隈，登山可俯瞰城內，恃三岔河爲阻，而三岔之黃泥窪又水淺可涉。廣寧止孱卒千，化貞招集散亡，復得萬餘人。激厲士民，聯絡西部，人心稍定。遼陽初失，遠近震驚，謂河西必不能保。化貞提弱卒，守孤城，氣不懾，時望赫然。中朝亦謂其才足倚，悉以河西事付之。而化貞又以登、萊、天津兵可不設，諸鎭入衞兵可止。當事益信其有才，所奏請輒報可。時金、復諸衞軍民及東山礦徒，多結砦自固，以待官軍。其逃入朝鮮者，亦不下二萬。化貞請鼓舞諸人，優以爵祿，俾自奮於功名；詔諭朝鮮，褒以忠義，勉之同仇。帝亦從之。

至六月，廷弼入朝，首請免言官貶謫，帝不可。乃建三方布置策：廣寧用馬步列壘河上，以形勢格之，綴敵全力；天津、登、萊各置舟師，乘虛入南衞，動搖其人心，敵必內顧，而遼陽可復。於是登、萊議設巡撫如天津，以陶朗先爲之；而山海特設經略，節制三方，一事權。遂進廷弼兵部尙書，兼右副都御史，駐山海關，經略遼東軍務。廷弼因請尙方劍，請調兵二十餘萬，以兵馬、芻糗、器械之屬責成戶、兵、工三部。自監軍道臣高出、胡嘉棟，督餉郞中傅國無罪，請復官任事。議用遼人故贊畫主事劉國縉爲登萊招練副使，夔州同知佟卜年爲登萊監軍僉事，故臨洮推官洪敷敎爲職方主事，軍前贊畫，用收拾遼人心，並報允。七月，廷弼將啓行，帝特賜麒麟服一，彩幣四，宴之郊外，命文武大臣陪餞，異數也。又以京營選鋒五千護廷弼行。

先是，袁應泰死，薛國用代爲經略，病不任事。化貞乃部署諸將，沿河設六營，營置參將一人，守備二人，畫地分守。西平、鎭武、柳河、盤山諸要害，各置戍設防。議既上，廷弼不謂然，疏言：「河窄難恃，堡小難容，今日但宜固守廣寧。若駐兵河上，兵分則力弱。敵輕騎潛渡，直攻一營，力必不支。一營潰，則諸營俱潰，西平諸戍亦不能守。河上止宜置遊徼兵，更番出入，示敵不測。不宜屯聚一處，爲敵所乘。自河抵廣寧，止宜多置烽堠；西平諸處止宜稍置戍兵，爲傳烽哨探之用。而大兵悉聚廣寧，相度城外形勢，掎角立營，深壘高柵以俟。蓋遼陽去廣寧三百六十里，非敵騎一日能到。有聲息，我必預知。斷不宜分兵防河，先爲自弱之計也。」疏上，優旨襃答。會御史方震孺亦言防河六不足恃，議乃寢。而化貞以計不行，慍甚，盡委軍事於廷弼。廷弼乃請申諭化貞，不得藉口節制，坐失事機。先是，四方援遼之師，化貞悉改爲「平遼」，遼人多不悅。廷弼言：「遼人未叛，乞改爲『平東』或『征東』，以慰其心。」自是化貞與廷弼有隙，而經、撫不和之議起矣。

八月朔，廷弼言：「三方建置，須聯絡朝鮮。請亟發敕使往勞彼國君臣，俾盡發八道之師，連營江上，助我聲勢。又發詔書憫恤遼人之避難彼國者，招集團練，別爲一軍，與朝鮮軍合勢。而我使臣即權駐義州，控制聯絡，俾與登、萊聲息相通，於事有濟。更宜發銀六萬兩，分犒朝鮮及遼人，而臣給與空名劄付百道，俾承制拜除。其東山礦徒能結聚千人者，即署都司；五百人者，署守備。將一呼立應，而一二萬勁兵可立致也。」因薦監軍副使梁之垣生長海濱，習朝鮮事，可充命使。帝立從之，且命如行人奉使故事，賜一品服以寵其行。之垣乃列上重事權、定職掌八事，帝亦報可。

之垣方與所司議兵餉，而化貞所遣都司毛文龍已襲取鎮江，奏捷。舉朝大喜，亟命登萊、天津發水師二萬應文龍，化貞督廣寧兵四萬進據河上，合蒙古軍乘機進取，而廷弼居中節制。命旣下，經、撫、各鎮互觀望，兵不果進。頃之，化貞備陳東西情形，言：「敵棄遼陽不守，河東失陷將士日夜望官軍至，卽執敵將以降。而西部虎墩兔、炒花咸願助兵。敵兵守海州不過二千，河上止遼卒三千。若潛師夜襲，勢在必克。敵南防者聞而北歸，我據險以擊其惰，可盡也。」兵部尚書張鶴鳴以爲然，奏言時不可失。御史徐卿伯復趣之，請令廷弼進駐廣寧，薊遼總督王象乾移鎮山海。會化貞復馳奏：「敵因官軍收復鎮江，遂驅掠四衞屯民。屯民據鐵山死守，傷敵三四千人，敵圍之益急。急宜赴救。」於是兵部愈促進師。化貞卽以是月渡河。廷弼不得已出關，次右屯，而馳奏海州取易守難，不宜輕舉。化貞卒無功而還。

化貞爲人騃而愎，素不習兵，輕視大敵，好謾語。文武將吏進諫悉不入，與廷弼尤牴牾。妄意降敵者李永芳爲內應，信西部言，謂虎墩兔助兵四十萬，遂欲以不戰取全勝。一切士馬、甲仗、糗糧、營壘俱置不問，務爲大言罔中朝。尙書鶴鳴深信之，所請無不允，以故廷弼不得行其志。廣寧有兵十四萬，而廷弼關上無一卒，徒擁經略虛號而已。延綏入衞兵不堪用，廷弼請罪其帥杜文煥，鶴鳴議寬之。廷弼請用卜年，鶴鳴上駁議。廷弼奏遣之垣，鶴鳴故稽其餉。兩人遂相怨，事事齟齬。而廷弼亦褊淺剛愎，有觸必發，盛氣相加，朝士多厭惡之。

毛文龍鎭江之捷，化貞自謂發蹤奇功。廷弼言：「三方兵力未集，文龍發之太早，致敵恨遼人，屠戮四衞軍民殆盡，灰東山之心，寒朝鮮之膽，奪河西之氣，亂三方並進之謀，誤屬國聯絡之算，目爲奇功，乃奇禍耳。」貽書京師，力詆化貞。朝士方以鎭江爲奇捷，聞其言，亦多不服。廷弼又顯詆鶴鳴，謂：「臣既任經略，四方援軍宜聽臣調遣，乃鶴鳴徑自發戍，不令臣知。七月中，臣咨部問調軍之數，經今兩月，置不答。臣有經略名，無其實，遼左事惟樞臣與撫臣共爲之。」鶴鳴益恨。至九月，化貞猶言虎墩兔兵四十萬且至，請速濟師。廷弼言：「撫臣恃西部，欲以不戰爲戰計。西部與我，進不同進。彼入北道，我入南道，相距二百餘里。敵分兵來應，亦須我自撑拒。臣未敢輕視敵人，謂可不戰勝也。臣初議三方布置，必使兵馬、器械、舟車、芻茭無一不備，而後剋期齊舉，進足戰，退亦足以守。今臨事中亂，雖樞臣主謀於中，撫臣決策於外，卜一舉成功，而臣猶有萬一不必然之慮也。」既而西部竟不至，化貞兵亦不敢進。

廷弼既與化貞隙，中朝右化貞者多詆廷弼。給事中楊道寅謂出、嘉棟不宜用。御史徐景濂極譽化貞，〔一〕刺廷弼，詆之垣逍遙故鄉，不稱任使。御史蘇琰則言廷弼宜駐廣寧，〔二〕不當遠駐山海，因言登萊水師無所用。廷弼怒，抗疏力詆三人。帝皆無所問。而帝於講筵忽問：「卜年係叛族，何擢僉事？國縉數經論列，何起用？嘉棟立功贖罪，何在天津？」廷弼知左右譖之，抗疏辨，語頗憤激。

是時，廷弼主守，謂遼人不可用，西部不可恃，永芳不可信，廣寧多間諜可虞。化貞一切反之，絕口不言守，謂我一渡河，河東人必內應。且騰書中朝，言仲秋之月，可高枕而聽捷音。識者知其必僨事，以疆埸事重，無敢言其短者。

至十月，冰合，廣寧人謂大淸兵必渡河，紛然思竄。化貞乃與震孺計，分兵守鎭武、西平、閭陽、鎭寧諸城堡，而以大軍守廣寧。鶴鳴亦以廣寧可慮，請敕廷弼出關。廷弼上言：「樞臣第知經略一出，足鎭人心；不知徒手之經略一出，其動搖人心更甚。且臣駐廣寧，化貞駐何地？鶴鳴責經、撫協心同力，而樞臣與經臣獨不當協心同力乎？爲今日計，惟樞部俯同於臣，臣始得爲陛下任東方事也。」其言甚切至，鶴鳴益不悅。廷弼乃復出關，至右屯，議以重兵內護廣寧，外扼鎭武、閭陽。乃令劉渠以二萬人守鎭武，祁秉忠以萬人守閭陽。又令羅一貫以三千人守西平。〔三〕復申令曰：「敵來，越鎭武一步者，文武將吏誅無赦。敵至廣寧而鎭武、閭陽不夾攻，掠右屯餉道而三路不救援者，亦如之。」

部署甫定，化貞又信諜者言，遽發兵襲海州，旋亦引退。廷弼乃上言：「撫臣之進，及今而五矣。八、九月間屢進屢止，猶未有疏請也。若十月二十五日之役，則拜疏輒行者也。臣疾趨出關，而撫臣歸矣。西平之會，相與協心議守，掎角設營，而進兵之書又以晦日至矣。撫臣以十一月二日赴鎭武，臣即以次日赴杜家屯，比至中途，而軍馬又遣還矣。初五日，撫臣又欲以輕兵襲牛莊，奪馬圈守之，爲明年進兵門戶。時馬圈無一敵兵，即得牛莊，我不能守，敵何損，我何益？會將吏力持不可，撫臣亦怏怏回矣。兵屢進屢退，敵已窺盡伎倆，而臣之虛名亦以輕出而損。願陛下明諭撫臣，愼重舉止，毋爲敵人所笑。」化貞見疏不悅，馳奏辨。且曰：「願請兵六萬，一舉蕩平。臣不敢貪天功，但厚賚從征將士，遼民賜復十年，海內得免加派，臣願足矣。卽有不稱，亦必殺傷相當，敵不復振，保不爲河西憂。」因請便宜行事。

時葉向高復當國，化貞座主也，頗右之。廷臣惟太僕少卿何喬遠言宜專守廣寧，御史夏之令言蒙古不可信，款賞無益，給事中趙時用言永芳必不可信，與廷弼合。餘多右化貞，令毋受廷弼節制。而給事中李精白欲授化貞尙方劍，得便宜操縱。孫杰劾一燝以用出、嘉楝、卜年爲罪，而言廷弼不宜駐關內。廷弼憤，上言：「臣以東西南北所欲殺之人，而適遘事機難處之會。諸臣能爲封疆容則容之，不能爲門戶容則去之，何必內借閣部，外借撫道以相困。」又言：「經、撫不和，恃有言官。言官交攻，恃有樞部。樞部佐鬭，恃有閣臣。臣今無望矣。」帝以兩臣爭言，遣兵部堂官及給事中各一人往諭，抗違不遵者治罪。命既下，廷臣言遣官不便，乃下廷臣集議。

初，廷弼之出關也，化貞慮奪己兵權，佯以兵事委廷弼。廷弼上言：「臣奉命控扼山海，非廣寧所得私。撫臣不宜卸責於臣。」會震孺奏經、撫不和，中有化貞心慵意懶語，廷弼據以刺化貞，化貞益不悅。及化貞請一舉蕩平，廷弼乃言：「宜如撫臣約，亟罷臣以鼓士氣。」

當是時，中外舉知經、撫不和，必悞疆事，章日上。而鶴鳴篤信化貞，遂欲去廷弼。二年正月，員外郎徐大化希指劾廷弼大言罩世，嫉能妬功，不去必壞遼事。疏并下部，鶴鳴乃集廷臣大議。議撤廷弼者數人，餘多請分任責成。鶴鳴獨言化貞一去，毛文龍必不用命，遼人爲兵者必潰，西部必解體，宜賜化貞尙方劍，專委以廣寧，而撤廷弼他用。議上，帝不從，責吏、兵二部再奏。會大清兵逼西平，遂罷議，仍兼任二臣，責以功罪一體。

無何，西平圍急。化貞信中軍孫得功計，盡發廣寧兵，畀得功及祖大壽往會秉忠進戰。廷弼亦馳檄渠撤營赴援。二十二日遇大清兵平陽橋。鋒始交，得功及參將鮑承先等先奔，鎮武、閭陽兵遂大潰，渠、秉忠戰沒沙嶺，大壽走覺華島。西平守將一貫待援不至，與參將黑雲鶴亦戰歿。廷弼已離右屯，次閭陽。參議邢愼言勸急救廣寧，爲僉事韓初命所沮，遂退還。時大清兵頓沙嶺不進。化貞素任得功爲腹心，而得功潛降於大清，欲生縛化貞以爲功，詭言敵已薄城。城中大亂奔走，參政高邦佐禁之，不能止。化貞方闔署理軍書，不知也。參將江朝棟排闥入，化貞怒呵之。朝棟大呼曰：「事急矣，請公速走。」化貞莫知所爲。朝棟掖之出上馬，二僕人徒步從，遂棄廣寧，踉蹌走。與廷弼遇大凌河。化貞哭，廷弼微笑曰：「六萬衆一舉蕩平，竟何如？」化貞慚，議守寧遠及前屯。廷弼曰：「嘻，已晚，惟護潰民入關可耳。」乃以己所將五千人授化貞爲殿，盡焚積聚。二十六日偕初命護潰民入關。化貞、出、嘉棟先後入，獨邦佐自經死。得功率廣寧叛將迎大清兵入廣寧，化貞逃已兩日矣。大清兵追逐化貞等二百里，不得食，乃還。報至，京師大震。鶴鳴恐，自請視師。

二月，逮化貞，罷廷弼聽勘。四月，刑部尙書王紀、左都御史鄒元標、大理寺卿周應秋等奏上獄詞，廷弼、化貞並論死。後當行刑，廷弼令汪文言賄內廷四萬金祈緩，旣而背之。魏忠賢大恨，誓速斬廷弼。及楊漣等下獄，誣以受廷弼賄，甚其罪。已，邏者獲市人蔣應暘，謂與廷弼子出入禁獄，陰謀叵測。忠賢愈欲速殺廷弼，其黨門克新、郭興治、石三畏、卓邁等遂希指趣之。會馮銓亦憾廷弼，與顧秉謙等侍講筵，出市刊遼東傳譖於帝曰：「此廷弼所作，希脫罪耳。」帝怒，遂以五年八月棄市，傳首九邊。已，御史梁夢環謂廷弼侵盜軍資十七萬。御史劉徽請廷弼家資百萬，宜籍以佐軍。忠賢卽矯旨嚴追，罄貲不足，姻族家俱破。江夏知縣王爾玉責廷弼子貂裘珍玩，不獲，將撻之。其長子兆珪自剄死，兆珪母稱冤。爾玉去其兩婢衣，撻之四十。遠近莫不嗟憤。

崇禎元年詔免追贓。其秋，工部主事徐爾一訟廷弼冤，曰：

廷弼以失陷封疆，至傳首陳屍，籍產追贓。而臣考當年，第覺其罪無足據，而勞有足矜也。廣寧兵十三萬，糧數百萬，盡屬化貞。廷弼止援遼兵五千人，駐右屯，距廣寧四十里耳。化貞忽同三四百萬遼民一時盡潰，廷弼五千人，不同潰足矣，尚望其屹然堅壁哉！廷弼罪安在？化貞仗西部，廷弼云「必不足仗」。化貞信李永芳內附，廷弼云「必不足信」。無一事不力爭，無一言不奇中，廷弼罪安在？且屢疏爭各鎮節制不行，屢疏爭原派兵馬不與。徒擁虛器，抱空名，廷弼罪安在？唐郭子儀、李光弼與九節度師同潰，自應收潰兵扼河陽橋，無再往河陽坐待思明縛去之理。今計廣寧西，止關上一門限，不趣扼關門何待？史稱慕容垂一軍三萬獨全，亦無再駐淝水與晉人決戰之理。廷弼能令五千人不散，至大淩河付與化貞，事政相類，寧得與化貞同日道乎！

所謂勞有足矜者：當三路同時陷沒，開、鐵、北關相繼奔潰，廷弼經理不及一年，俄進築奉集、瀋陽，俄進屯虎皮驛，俄迎扼敵兵於橫河上，於遼陽城下鑿河列柵埋礮，屹然樹金湯。令得竟所施，何至舉榆口關外拱手授人！而今俱抹摋不論，乃其所由必死則有故矣。其才既籠蓋一時，其氣又陵厲一世，揭辯紛紛，致攖衆怒，共起殺機，是則所由必殺其軀之道耳。當廷弼被勘被逮之時，天日輒爲無光，足明其冤。乞賜昭雪，爲勞臣勸。

不從。明年五月，大學士韓爌等言：

廷弼遺骸至今不得歸葬，從來國法所未有。今其子疏請歸葬，臣等擬票許之。蓋國典皇仁，並行不悖，理合如此。若廷弼罪狀始末，亦有可言。皇祖朝，戊申己酉間，廷弼以御史按遼東，早以遼患爲慮，請核地界，飭營伍，聯絡南、北關。大聲疾呼，人莫爲應。十年而驗若左券，其可言者一。戊午己未，楊鎬三路喪師，撫順、清河陷沒。皇祖用楊鶴言，召起廷弼代鎬。一年餘，修飭守具，邊患稍寧。會皇祖賓天，廷議以廷弼無戰功，攻使去，使袁應泰代，四閱月而遼亡。使廷弼在，未必至此，其可言者二。遼陽既失，先帝思廷弼言，再起之田間，復任經略。化貞主戰，廷弼主守，羣議皆是化貞。廷弼屢言玩師必敗，奸細當防，莫有聽者。徘徊躑躅，以五千人駐右屯，化貞兵十三萬駐廣寧。廣寧潰，右屯乃與俱潰，其可言者三。

假令廷弼於此時死守右屯，捐軀殉封疆，豈非節烈奇男子。不然，支撐寧、前、錦、義問，扶傷救敗，收拾殘黎，猶可圖桑榆之效。乃倉皇風鶴，偕化貞並馬入關。其意以我固嘗言之，言而不聽，罪當末減。此則私心短見，殺身以此，殺身而無辭公論，亦以此。傳首邊庭，頭足異處，亦足爲臨難鮮忠者之戒矣。然使誅廷弼者，按封疆失陷之條，偕同事諸臣，一體伏法，廷弼九原目瞑。乃先以賄贓拷坐楊漣、魏大中等，作淸流陷阱；旣而刊書惑衆，借題曲殺。身死尙懸坐贓十七萬，辱及妻孥，長子兆珪迫極自刎。斯則廷弼死未心服，海內忠臣義士亦多憤惋竊歎者。特以「封疆」二字，噤不敢訟陳皇上之前。

臣等平心論之，自有遼事以來，誆官營私者何算。廷弼不取一金錢，不通一饋問，焦脣敝舌，爭言大計。魏忠賢盜竊威福，士大夫靡然從風。廷弼以長繫待決之人，屈曲則生，抗違則死，乃終不改其强直自遂之性，致獨膺顯戮，慷慨赴市，耿耿剛腸猶未盡泯。今縱不敢深言，而傳首已踰三年，收葬原無禁例，聖明必當垂仁。臣所以娓娓及此者，以玆事雖屬封疆，而實陰繫朝中邪正本末。皇上天縱英哲，或不以臣等爲大謬也。

詔許其子持首歸葬。五年，化貞始伏誅。

袁崇煥，字元素，東莞人。〔四〕萬曆四十七年進士。授邵武知縣。爲人慷慨負膽略，好談兵。遇老校退卒，輒與論塞上事，曉其阨塞情形，以邊才自許。

天啓二年正月朝覲在都，御史侯恂請破格用之，遂擢兵部職方主事。無何，廣寧師潰，廷議扼山海關，崇煥卽單騎出閱關內外。部中失袁主事，訝之，家人亦莫知所往。已，還朝，具言關上形勢。曰：「予我軍馬錢穀，我一人足守此。」廷臣益稱其才，遂超擢僉事，監關外軍，發帑金二十萬，俾招募。時關外地悉爲哈剌慎諸部所據，崇煥乃駐守關內。未幾，諸部受款，經略王在晉令崇煥移駐中前所，監參將周守廉、遊擊左輔軍，經理前屯衞事。尋令赴前屯安置遼人之失業者。崇煥卽夜行荆棘虎豹中，以四鼓入城，將士莫不壯其膽。在晉深倚重之，題爲寧前兵備僉事。然崇煥薄在晉無遠略，不盡遵其令。及在晉議築重城八里鋪，崇煥以爲非策。爭不得，奏記首輔葉向高。

十三山難民十餘萬，久困不能出。大學士孫承宗行邊，崇煥請：「將五千人駐寧遠，以壯十三山勢，別遣驍將救之。寧遠去山二百里，便則進據錦州，否則退守寧遠，奈何委十萬人置度外？」承宗謀於總督王象乾。象乾以關上軍方喪氣，議發插部護關者三千人往。承宗以爲然，告在晉。在晉竟不能救，衆遂沒，脫歸者僅六千人而已。及承宗駁重城議，集將吏謀所守。閹鳴泰主覺華，崇煥主寧遠，在晉及張應吾、邢愼言持不可，承宗竟主崇煥議。已，承宗鎭關門，益倚崇煥。崇煥內拊軍民，外飭邊備，勞績大著。崇煥嘗核虛伍，立斬一校。承宗怒曰：「監軍可專殺耶？」崇煥頓首謝，其果於用法類此。

三年九月，承宗決守寧遠。僉事萬有孚、劉詔力阻，不聽，命滿桂偕崇煥往。初，承宗令祖大壽築寧遠城，大壽度中朝不能遠守，築僅十一，且疎薄不中程。崇煥乃定規制：高三丈二尺，雉高六尺，址廣三丈，上二丈四尺。大壽與參將高見、賀謙分督之。明年迄工，遂爲關外重鎭。桂，良將，而崇煥勤職，誓與城存亡；又善撫，將士樂爲盡力。由是商旅輻輳，流移駢集，遠近望爲樂土。遭父憂，奪情視事。四年九月偕大將馬世龍、王世欽率水陸馬步軍萬二千，東巡廣寧，謁北鎭祠，歷十三山，抵右屯，遂由水道泛三岔河而還。尋以五防敍勞，進兵備副使，再進右參政。

崇煥之東巡也，請即復錦州、右屯諸城，承宗以爲時未可，乃止。至五年夏，承宗與崇煥計，遣將分據錦州、松山、杏山、右屯及大、小凌河，繕城郭居之。自是寧遠且爲內地，開疆復二百里。十月，承宗罷，高第來代，謂關外必不可守，令盡撤錦、右諸城守具，移其將士於關內。督屯通判金啓倧上書崇煥曰：「錦、右、大凌三城皆前鋒要地。倘收兵退，既安之民庶復播遷，已得之封疆再淪沒，關內外堪幾次退守耶！」崇煥亦力爭不可，言：「兵法有進無退。三城已復，安可輕撤。錦、右動搖，則寧、前震驚，關門亦失保障。今但擇良將守之，必無他慮。」第意堅，且欲幷撤寧、前二城。崇煥曰：「我寧前道也，官此，當死此，我必不去。」第無以難，乃撤錦州、右屯、大、小凌河及松山、杏山、塔山守具，盡驅屯兵入關，委棄米粟十餘萬。而死亡載途，哭聲震野，民怨而軍益不振。崇煥遂乞終制，不許。十二月進按察使，視事如故。

我大清知經略易與，六年正月舉大軍西渡遼河。二十三日抵寧遠。崇煥聞，即偕大將桂、副將左輔、朱梅，〔五〕參將大壽，守備何可剛等集將士誓死守。崇煥更刺血爲書，激以忠義，爲之下拜，將士咸請效死。乃盡焚城外民居，攜守具入城，清野以待。令同知程維楧詰奸，通判啓倧具守卒食，辟道上行人。檄前屯守將趙率教、山海守將楊麒，將士逃至者悉斬，人心始定。明日，大軍進攻，戴楯穴城，矢石不能退。崇煥令閩卒羅立，發西洋巨礮，傷城外軍。明日，再攻，復被却，圍遂解，而啓倧亦以然礮死。

啓倧起小吏，官經歷，主賞功事，勤敏有志介。承宗重之，用爲通判，核兵馬錢糧，督城工，理軍民詞訟，大得衆心。死，贈光祿少卿，世廕錦衣試百戶。

初，中朝聞警，兵部尚書王永光大集廷臣議戰守，無善策。經略第、總兵麒並擁兵關上，不救。中外謂寧遠必不守。及崇煥以書聞，舉朝大喜，立擢崇煥右僉都御史，璽書獎勵，桂等進秩有差。

我大淸初解圍，分兵數萬略覺華島，殺參將金冠等及軍民數萬。崇煥方完城，力竭不能救也。高第鎭關門，大反承宗政務，折辱諸將，諸將咸解體。遇麒若偏裨，麒至，見侮其卒。至是坐失援，第、麒並褫官去，而以王之臣代第，趙率敎代麒。

我大淸舉兵，所向無不摧破，諸將罔敢議戰守。議戰守，自崇煥始。三月復設遼東巡撫，以崇煥爲之。魏忠賢遣其黨劉應坤、紀用等出鎭。崇煥抗疏諫，不納。敍功，加兵部右侍郞，賚銀幣，世廕錦衣千戶。

崇煥旣解圍，志漸驕，與桂不協，請移之他鎭，乃召桂還。崇煥以之臣奏留桂，又與不協。中朝慮僨事，命之臣專督關內，以關外屬崇煥畫關守。崇煥慮廷臣忌己，上言：「陛下以關內外分責二臣，用遼人守遼土，且守且戰，且築且屯。屯種所入，可漸減海運。大要堅壁淸野以爲體，乘間擊瑕以爲用。戰雖不足，守則有餘；守旣有餘，戰無不足。顧勇猛圖敵，敵必讐；奮迅立功，衆必忌。任勞則必召怨，蒙罪始可有功。怨不深則勞不著，罪不大則功不成。謗書盈篋，毀言日至，從古已然，惟聖明與廷臣始終之。」帝優旨褒答。

其冬，崇煥偕應坤、用、率敎巡歷錦州、大、小凌河，議大興屯田，漸復第所棄舊土。忠賢與應坤等並因是廕錦衣，崇煥進所廕爲指揮僉事。崇煥遂言：「遼左之壞，雖人心不固，亦緣失有形之險，無以固人心。兵不利野戰，祇有憑堅城用大礮一策。今山海四城既新，當更修松山諸城，班軍四萬人，缺一不可。」帝報從之。

先是，八月中，我太祖高皇帝晏駕，崇煥遣使弔，且以覘虛實。我太宗文皇帝遣使報之，崇煥欲議和，以書附使者還報。我大清兵將討朝鮮，欲因此阻其兵，得一意南下。七年正月再遣使答之，遂大興兵渡鴨綠江南討。朝議以崇煥、之臣不相能，召之臣還，罷經略不設，以關內外盡屬崇煥，與鎮守中官應坤、用並便宜從事。崇煥銳意恢復，乃乘大軍之出，遣將繕錦州、中左、大凌三城，而再使使持書議和。會朝鮮及毛文龍同告急，朝命崇煥發兵援。崇煥以水師援文龍，又遣左輔、趙率教、朱梅等九將將精卒九千先後逼三岔河，為牽制之勢，而朝鮮已為大清所服，諸將乃還。

崇煥初議和，中朝不知。及奏報，優旨許之，後以為非計，頻旨戒諭。崇煥欲藉是修故疆，持愈力。而朝鮮及文龍被兵，言官因謂和議所致。四月，崇煥上言：「關外四城雖延袤二百里，北負山，南阻海，廣四十里爾。今屯兵六萬，商民數十萬，地隘人稠，安所得食？錦州、中左、大凌三城，修築必不可已。業移商民，廣開屯種。倘城不完而敵至，勢必撤還，是棄垂成功也。故乘敵有事江東，姑以和之說緩之。敵知，則三城已完，戰守又在關門四百里外，金湯益固矣。」帝優旨報聞。

時率教駐錦州，護版築。朝命尤世祿來代，又以輔爲前鋒總兵官，駐大凌河。世祿未至，輔未入大凌，五月十一日大清兵直抵錦州，四面合圍。率教偕中官用嬰城守，而遣使議和，欲緩師以待救。〔六〕使三返不決，圍益急。崇煥以寧遠兵不可動，選精騎四千，令世祿、大壽將，繞出大軍後決戰。別遣水師東出，相牽制。且請發薊鎭、宣、大兵，東護關門。朝廷已命山海滿桂移前屯，三屯孫祖壽移山海，宣府黑雲龍移一片石，薊遼總督閻鳴泰移關城；又發昌平、天津、保定兵馳赴上關；檄山西、河南、山東守臣整兵聽調。世祿等將行，大清已於二十八日分兵趨寧遠。崇煥與中官應坤、副使畢自肅督將士登陴守，列營濠內，用礮距擊。而桂、世祿、大壽大戰城外，士多死，桂身被數矢。大軍亦旋引去，益兵攻錦州。以溽暑不能克，士卒多損傷，六月五日亦引還，因毀大、小凌河二城。時稱寧、錦大捷，桂、率教功爲多。忠賢因使其黨論崇煥不救錦州爲暮氣，崇煥遂乞休。中外方爭頌忠賢，崇煥不得已，亦請建祠，終不爲所喜。七月遂允其歸，而以王之臣代爲督師兼遼東巡撫，駐寧遠。及敘功，文武增秩賜廕者數百人，忠賢孫亦封伯，〔七〕而崇煥止增一秩。尚書霍維華不平，疏乞讓廕，忠賢亦不許。

未幾，熹宗崩。莊烈帝卽位，忠賢伏誅，削諸冒功者。廷臣爭請召崇煥，其年十一月擢右都御史，視兵部添注左侍郎事。崇禎元年四月命以兵部尙書兼右副都御史，督師薊遼、兼督登、萊、天津軍務，所司敦促上道。七月，崇煥入都，先奏陳兵事。帝召見平臺，慰勞甚至，咨以方略。對曰：「方略已具疏中。臣受陛下特眷，願假以便宜，計五年，全遼可復。」帝曰：「復遼，朕不吝封侯賞。卿努力解天下倒懸，卿子孫亦受其福。」崇煥頓首謝。帝退少憩，給事中許譽卿叩以五年之略。崇煥言：「聖心焦勞，聊以是相慰耳。」譽卿曰：「上英明，安可漫對。異日按期責效，奈何？」崇煥憮然自失。頃之，帝出，卽奏言：「東事本不易竣。陛下旣委臣，臣安敢辭難。但五年內，戶部轉軍餉，工部給器械，吏部用人，兵部調兵選將，須中外事事相應，方克有濟。」帝爲飭四部臣，如其言。

崇煥又言：「以臣之力，制全遼有餘，調衆口不足。一出國門，便成萬里。忌能妒功，夫豈無人。卽不以權力掣臣肘，亦能以意見亂臣謀。」帝起立傾聽，諭之曰：「卿無疑慮，朕自有主持。」大學士劉鴻訓等請收還之臣、桂尙方劍，以賜崇煥，假之便宜。帝悉從之，賜崇煥酒饌而出。崇煥以前此熊廷弼、孫承宗皆爲人排搆，不得竟其志，上言：「恢復之計，不外臣昔年以遼人守遼土，以遼土養遼人，守爲正著，戰爲奇著，和爲旁著之說。法在漸不在驟，在實不在虛。此臣與諸邊臣所能爲。至用人之人，與爲人用之人，皆至尊司其鑰。何以任而勿貳，信而勿疑？蓋馭邊臣與廷臣異，軍中可驚可疑者殊多，但當論成敗之大局，不必摘一言一行之微瑕。事任旣重，爲怨實多。諸有利於封疆者，皆不利於此身者也。況圖敵之急，敵亦從而間之，是以爲邊臣甚難。陛下愛臣知臣，臣何必過疑懼，但中有所危，不敢不告。」帝優詔答之，賜蟒玉、銀幣，疏辭蟒玉不受。

是月，川、湖兵戍寧遠者，以缺餉四月大譟，餘十三營起應之，縛繫巡撫畢自肅、總兵官朱梅、通判張世榮、推官蘇涵淳於譙樓上。自肅傷重，兵備副使郭廣初至，躬翼自肅，括撫賞及朋樁二萬金以散，不厭，貸商民足五萬，乃解。自肅疏引罪，走中左所，自經死。崇煥以八月初抵關，聞變馳與廣密謀，宥首惡楊正朝、張思順，〔八〕令捕十五人戮之市；斬知謀中軍吳國琦，責參將彭簪古，黜都司左良玉等四人。發正朝、思順前鋒立功，世榮、涵淳以貪虐致變，亦斥之。獨都司程大樂一營不從變，特爲獎勵。一方乃靖。

關外大將四五人，事多掣肘。後定設二人，以梅鎭寧遠，大壽仍駐錦州。至是梅將解任，崇煥請合寧、錦爲一鎭，大壽仍駐錦州，加中軍副將何可剛都督僉事，代梅駐寧遠，而移薊鎭率教於關門，關內外止設二大將。因極稱三人之才，謂「臣自期五年，專藉此三人，當與臣相終始。屆期不效，臣手戮三人，而身歸死於司敗」。帝可之，崇煥遂留鎭寧遠。自肅既死，崇煥請停巡撫。及登萊巡撫孫國楨免，崇煥又請罷不設。帝亦報可。哈剌愼三十六家向受撫賞，後爲插漢所迫，且歲饑，有叛志。崇煥召至於邊，親撫慰，皆聽命。二年閏四月敍春秋兩防功，加太子太保，賜蟒衣、銀幣，廕錦衣千戶。

崇煥始受事，卽欲誅毛文龍。文龍者，仁和人。以都司援朝鮮，逗留遼東。遼東失，自海道遁回，乘虛襲殺大清鎭江守將，報巡撫王化貞，而不及經略熊廷弼，兩人隙始開。用事者方主化貞，遂授文龍總兵，累加至左都督，掛將軍印，賜尙方劍，設軍鎭皮島如內地。皮島亦謂之東江，在登、萊大海中，綿亙八十里，不生草木，遠南岸，近北岸，北岸海面八十里卽抵大清界，其東北海則朝鮮也。島上兵本河東民，自天啓元年河東失，民多逃島中。文龍籠絡其民爲兵，分布哨船，聯接登州，以爲犄角計。中朝是之，島事由此起。

四年五月，文龍遣將沿鴨綠江越長白山，侵大清國東偏，爲守將擊敗，衆盡殲。八月遣兵從義州城西渡江，入島中屯田。大清守將覺，潛師襲擊，斬五百餘級，島中糧悉被焚。五年六月遣兵襲耀州之官屯寨，敗歸。六年五月遣兵襲鞍山驛，喪其卒千餘。越數日又遣兵襲撤爾河，攻城南，爲大清守將所却。七年正月，大清兵征朝鮮，幷規剿文龍。三月，大清兵克義州，分兵夜擣文龍於鐵山。文龍敗，遁歸島中。時大清惡文龍躡後，故致討朝鮮，以其助文龍爲兵端。

顧文龍所居東江，形勢雖足牽制，其人本無大略，往輒敗衄，而歲縻餉無算；且惟務廣招商賈，販易禁物，名濟朝鮮，實闌出塞，無事則鬻參販布爲業，有事亦罕得其用。工科給事中潘士聞劾文龍糜餉殺降，尙寶卿董茂忠請撤文龍，治兵關、寧。兵部議不可，而崇煥心弗善也，嘗疏請遣部臣理餉。文龍惡文臣監制，抗疏駁之，崇煥不悅。及文龍來謁，接以賓禮，文龍又不讓，崇煥謀益決。

至是，遂以閱兵爲名，泛海抵雙島，文龍來會。崇煥與相燕飲，每至夜分，文龍不覺也。崇煥議更營制，設監司，文龍怫然。崇煥以歸鄉動之，文龍曰：「向有此意，但惟我知東事，東事畢，朝鮮衰弱，可襲而有也。」崇煥益不悅。以六月五日邀文龍觀將士射，先設幄山上，令參將謝尙政等伏甲士幄外。文龍至，其部卒不得入。崇煥曰：「予詰朝行，公當海外重寄，受予一拜。」交拜畢，登山。崇煥問從官姓名，多毛姓。文龍曰：「此皆予孫。」崇煥笑，因曰：「爾等積勞海外，月米止一斛，言之痛心，亦受予一拜，爲國家盡力。」衆皆頓首謝。崇煥因詰文龍違令數事，文龍抗辯。崇煥厲色叱之，命去冠帶縶縛，文龍猶倔強。崇煥曰：「爾有十二斬罪，知之乎？祖制，大將在外，必命文臣監。爾專制一方，軍馬錢糧不受核，一當斬。人臣之罪莫大欺君，爾奏報盡欺罔，殺降人難民冒功，二當斬。人臣無將，將則必誅。爾奏有牧馬登州取南京如反掌語，大逆不道，三當斬。每歲餉銀數十萬，不以給兵，月止散米三斗有半，侵盜軍糧，四當斬。擅開馬市於皮島，私通外番，五當斬。部將數千人悉冒己姓，副將以下濫給札付千，走卒、輿夫盡金緋，六當斬。自寧遠還，剽掠商船，自爲盜賊，七當斬。强取民間子女，不知紀極，部下效尤，人不安室，八當斬。驅難民遠竊人參，不從則餓死，島上白骨如莽，九當斬。輦金京師，拜魏忠賢爲父，塑冕旒像於島中，十當斬。鐵山之敗，喪軍無算，掩敗爲功，十一當斬。開鎮八年，不能復寸土，觀望養敵，十二當斬。」數畢，文龍喪魂魄不能言，但叩頭乞免。崇煥召諭其部將曰：「文龍罪狀當斬否？」皆惶怖唯唯。中有稱文龍數年勞苦者，崇煥叱之曰：「文龍一布衣爾，官極品，滿門封廕，足酬勞，何悖逆如是！」乃頓首請旨曰：「臣今誅文龍以肅軍。諸將中有若文龍者，悉誅。臣不能成功，皇上亦以誅文龍者誅臣。」遂取尚方劍斬之帳前。乃出諭其將士曰：「誅止文龍，餘無罪。」

當是時，文龍麾下健校悍卒數萬，憚崇煥威，無一敢動者，於是命棺斂文龍。明日，具牲醴拜奠曰：「昨斬爾，朝廷大法；今祭爾，僚友私情。」爲下淚。乃分其卒二萬八千爲四協，以文龍子承祚、〔九〕副將陳繼盛、參將徐敷奏、遊擊劉興祚主之。收文龍敕印、尚方劍，令繼盛代掌。犒軍士，檄撫諸島，盡除文龍虐政。還鎮，以其狀上聞，末言：「文龍大將，非臣得擅誅，謹席藁待罪。」時崇禎二年五月也。〔一〇〕帝驟聞，意殊駭，念既死，且方倚崇煥，乃優旨褒答。俄傳諭暴文龍罪，以安崇煥心；其爪牙伏京師者，令所司捕。崇煥上言：「文龍一匹夫，不法至此，以海外易爲亂也。其衆合老稚四萬七千，妄稱十萬，且民多，兵不能二萬，妄設將領千。今不宜更置帥，卽以繼盛攝之，於計便。」帝報可。

崇煥雖誅文龍，慮其部下爲變，增餉銀至十八萬。然島弁失主帥，心漸攜，益不可用，其後致有叛去者。崇煥言：「東江一鎮，牽制所必資。今定兩協，馬軍十營，步軍五，歲餉銀四十二萬，米十三萬六千。」帝頗以兵減餉增爲疑，以崇煥故，特如其請。

崇煥在遼，與率教、大壽、可剛定兵制，漸及登、萊、天津，及定東江兵制，合四鎮兵十五萬三千有奇，馬八萬一千有奇，歲費度支四百八十餘萬，減舊一百二十餘萬。帝嘉獎之。

文龍既死，甫踰三月，我大清兵數十萬分道入龍井關、大安口。崇煥聞，卽督大壽、可剛等入衞。以十一月十日抵薊州，所歷撫寧、永平、遷安、豐潤、玉田諸城，皆留兵守。帝聞其至，甚喜，溫旨褒勉，發帑金犒將士，令盡統諸道援軍。俄聞率教戰歿，遵化、三屯營皆破，巡撫王元雅、總兵朱國彥自盡，大清兵越薊州而西。崇煥懼，急引兵入護京師，營廣渠門外。帝立召見，深加慰勞，咨以戰守策，賜御饌及貂裘。崇煥以士馬疲敝，請入休城中，不許。出與大軍鏖戰，互有殺傷。

時所入隘口乃薊遼總理劉策所轄，而崇煥甫聞變卽千里赴救，自謂有功無罪。然都人驟遭兵，怨謗紛起，謂崇煥縱敵擁兵。朝士因前通和議，誣其引敵脅和，將爲城下之盟。帝頗聞之，不能無惑。會我大清設間，謂崇煥密有成約，令所獲宦官知之，陰縱使去。其人奔告於帝，帝信之不疑。十二月朔再召對，遂縛下詔獄。大壽在旁，戰栗失措，出卽擁兵叛歸。大壽嘗有罪，孫承宗欲殺之，愛其才，密令崇煥救解。大壽以故德崇煥，懼幷誅，遂叛。帝取崇煥獄中手書，往召大壽，乃歸命。

方崇煥在朝，嘗與大學士錢龍錫語，微及欲殺毛文龍狀。及崇煥欲成和議，龍錫嘗移書止之。龍錫故主定逆案，魏忠賢遺黨王永光、高捷、袁弘勳、史𡏖輩謀興大獄，爲逆黨報讎，見崇煥下吏，遂以擅主和議、專戮大帥二事爲兩人罪。捷首疏力攻，𡏖、弘勳繼之，必欲幷誅龍錫。法司坐崇煥謀叛，龍錫亦論死。三年八月遂磔崇煥於市。兄弟妻子流三千里，籍其家。崇煥無子，家亦無餘貲，天下冤之。

崇煥既縛，大壽潰而去。武經略滿桂以趣戰急，與大清兵戰，竟死，去縛崇煥時甫半月。初，崇煥妄殺文龍，至是帝誤殺崇煥。自崇煥死，邊事益無人，明亡徵決矣。

趙光抃，字彥清，九江德化人。父贊化，工部郎中。光抃舉天啓五年進士。鄉人曹欽程父事魏忠賢，驟得太僕少卿。光抃語之曰：「富貴一時，名節千古，君不可不審。」欽程惡之，卽日出贊化爲南寧知府。南寧惡地，贊化侘傺而死，光抃奔喪歸。

崇禎初，服闋，除工部都水主事，歷兵部職方郎中。十年秋，遣閱薊、遼戎務，盡得邊塞形勢，戰守機宜，列十二事以獻。明年冬，大清兵入密雲，總督吳阿衡敗歿，廷議增設巡撫一人，駐密雲，遂擢光抃右僉都御史任之。至卽發監視中官鄧希詔奸謀。帝召希詔還，而令分守中官孫茂霖覈實。茂霖爲希詔解，光抃反得罪，遣戍廣東。

十五年，兵事益棘，廷臣薦光抃復官。光抃家素饒，聞命，持數萬金入都爲軍資。既至，召見德政殿。奏對稱旨，拜兵部右侍郎兼右僉都御史，總督薊州、永平、山海、通州、天津諸鎭軍務。而大清已克薊州，分兵四出，命光抃兼督諸路援軍。諸援軍觀望，河間迤南皆失守。光抃不敢救，尾而南。已，聞塞上警，又驅而北。廷臣交章劾光抃，謂列城被攻不救，退回高陽，坐視淪覆。明年復論光抃及范志完。四月，大清兵北旋，光抃、唐通、白廣恩等八鎭兵邀於螺山，皆敗走。帝聞，大怒。旣解嚴，與志完並獲譴。帝召見雷縯祚，縯祚詆志完，而稱光抃。帝曰：「志完、光抃逗遛河間，獨罪志完，渠服其心乎？」遂并逮光抃。光抃嘗薦廣恩，廣恩抗不赴召，帝以是益惡光抃，卒與志完同日斬西市。

光抃才氣豪邁，而於大慮亦疎。在職方，深爲尙書楊嗣昌所倚，曰：「吾不及光抃。」先是，毛文龍據東江，海疆賴之。文龍死，陳繼盛、黃龍、沈世魁代其部，往往爲亂，中朝又素以糜餉爲憂。及世魁死，島中無帥，光抃慫臾嗣昌撤之。二十年積患一朝而除，而於邊計亦左焉。光抃雖文士，有膽決。嘗遇敵，諸將欲奔，光抃坐地不起，久之，乃引歸。其起戍中也，將士不相習，猝遇大敵，先膽落，故所當輒敗。然受事破軍之餘，身先被創，顧與志完同誅，人咸以爲冤。福王時，太僕萬元吉奏復其官。

范志完，虞城人。崇禎四年進士。授永平推官，專理插漢撫賞，意不欲行。上疏言權輕，請得特疏奏軍事。當事者惡之，謫湖廣布政司檢校。擢寧國推官，歷官分巡關內僉事。十四年冬，超擢右僉都御史，巡撫山西。其座主周延儒當國，遂拜志完兵部右侍郎兼右僉都御史，總督薊州、永平、山海、通州、天津諸鎮軍務，代楊繩武。

繩武者，雲南彌勒人也。由庶吉士改授御史。十一年冬，用楊嗣昌薦召見，吐言如流，畫地成圖。帝偉之，遂超擢右僉都御史，巡撫順天。洪承疇困松山，遂擢繩武總督，尋以志完代之，而令繩武總督遼東寧遠諸軍，出關救松、錦，加銜督師。

明年正月，繩武卒官，贈兵部尚書，廕錦衣世襲百戶。遂進志完左侍郎，督師出關如繩武，而以張福臻督薊鎮，駐關內。自王樸諸軍敗，兵力益單，松、錦相繼失，志完乃築五城寧遠城南，護轉輸，募士著實之。又議修覺華島城，爲掎角勢，帝甚倚之。六月易銜欽命督師，總督薊、遼、昌、通等處軍務，節制登、津撫鎮。遼事急則移駐中後、前屯，關內急則星馳入援，三協有警則會同薊、昌二督幷力策應。時關內外並建二督，而關外加督師銜，地望尤尊，又於昌平、保定設二督，於是千里之內有四督臣。又有寧遠、永平、順天、密雲、天津、保定六巡撫，寧遠、山海、中協、西協、昌平、通州、天津、保定八總兵。星羅棋置，無地不防，而事權反不一。

十五年，給事中方士亮劾福臻昏庸，因言移督師關內，則薊督可裁，福臻可罷。於是召還福臻，令志完兼制關內，移駐關門。志完辭，不許。求去，不許。上疏言不能兼薊，請仍設薊督。踰月，始以趙光抃任之。而大清兵已入自牆子嶺，克薊州而南下矣。兵部劾志完疎防，廷臣亦言志完貪懦。帝以敵兵未退，責令戴罪立功。然志完無謀略，恇怯甚，不敢一戰，所在州縣覆沒，惟尾而呵噪，兵所到剽虜。至德州，僉事雷縯祚劾之，自是論列者益衆。帝猶責志完後效，志完終不敢戰。

明年，大清兵攻下海州、贛榆、沭陽、豐縣，已而北旋。志完、光抃卒觀望，皆不進。事定，議罪，召縯祚廷質，問志完逗遛淫掠狀，志完辨。問御史吳履中，對如縯祚言。時座主延儒督師亦無功，遂命下志完獄，以十一月斬志完。〔一二〕

先是，十二年封疆之案，伏罪者三十有六人。〔一三〕至是，失事甚於前，誅止志完、光抃及巡撫馬成名、潘永圖，總兵薛敏忠，副將柏永鎮，其他悉置不問。而保定巡撫楊進得善去，山東巡撫王永吉反獲遷擢。帝之用刑至是窮矣。

贊曰：三路喪師，收降取敗，鎬與應泰同辜。然君子重繩鎬而寬論應泰，豈不以士所重在節哉！惜乎廷弼以蓋世之材，褊性取忌。功名顯於遼，亦隳於遼。假使廷弼效死邊城，義不反顧，豈不毅然節烈丈夫哉！廣寧之失，罪由化貞，乃以門戶曲殺廷弼，化貞稽誅者且數年。崇煥智雖疎，差有膽略，莊烈帝又以讒間誅之。國步將移，刑章顚覆，豈非天哉！

校勘記

〔一〕御史徐景濂極譽化貞　徐景濂，明史稿傳一一八熊廷弼傳作「楊景濂」。

〔二〕御史蘇琰則言廷弼宜駐廣寧　蘇琰，明史稿傳一一八熊廷弼傳作「蘇述」。

〔三〕又令羅一貫以三千人守西平　羅一貫，明史稿傳一一八熊廷弼傳、熹宗實錄卷一三天啓二年正月丁巳條、國榷卷八五頁五二〇〇都作「羅一貴」。

〔四〕袁崇煥字元素東莞人　東莞，懷宗實錄卷三崇禎三年八月癸亥條、國榷卷九一頁五五四四、明進士題名碑錄萬曆己未科都作「藤縣」，疑作「藤縣」是。

〔五〕副將左輔朱梅　朱梅，原作「朱海」。熹宗實錄天啓六年二月丙子條、國榷卷八七頁五三二〇都作「朱梅」。按本卷下文「朱梅」之名屢見，與此誤作「朱海」者實是一人，據改。

〔六〕欲緩師以待救　緩，原「援」，與上下文義不相應，據明史稿傳一三一袁崇煥傳改。

〔七〕忠賢孫亦封伯　忠賢孫，係指魏忠賢從孫鵬翼，原誤作「忠賢子」。據本書卷二一熹宗紀、又卷三〇五魏忠賢傳改。

〔八〕宥首惡楊正朝張思順　楊正朝，原作「張正朝」，據明史稿傳一三一袁崇煥傳、懷宗實錄卷一崇禎元年七月甲申條、國榷卷八九頁五四五一改。

〔九〕文龍子承祚　承祚，懷宗實錄卷二崇禎二年六月戊午條、國榷卷九〇頁五四八七都作「承祿」。

〔一〇〕時崇禎二年五月也　五月，本書卷二三莊烈帝紀、懷宗實錄卷二崇禎二年六月戊午條、國榷卷九〇頁五四八七作「六月」。

〔一一〕以十一月斬志完　十一月，原作「十二月」，據本書卷二四莊烈帝紀、懷宗實錄卷一六崇禎十六年十一月丁未條、國榷卷九九頁六〇〇三改。

〔一二〕伏罪者三十有六人　三十有六人，本書卷二四莊烈帝紀作「三十三人」，懷宗實錄卷一二崇禎十二年八月庚寅條、國榷卷九七頁五八四六作「三十二人」。

明史卷二百六十

列傳第一百四十八

楊鶴 從弟鶚　陳奇瑜 玄默　熊文燦 洪雲蒸　練國事
丁啓睿 從父魁楚　鄭崇儉 方孔炤　楊一鵬　邵捷春
余應桂　高斗樞　張任學

楊鶴，字修齡，武陵人。萬曆三十二年進士。授雒南知縣，調長安。四十年擢御史，上疏請東宮講學。且言：「頃者，愛女被躪於宮奴，館甥受撻於朝市，叩閽不聞，上書不達，壅蔽極矣。」時壽寧主壻冉興讓爲掌家宮人梁盈女、內官彭進朝等毆辱，公主三奏不達，興讓掛冠長安門去，故鶴言及之。

尋出督兩淮鹽法，〔一〕巡按貴州。貴州接壤烏撒，去川南敍州千里，節制難。土官安雲龍死，其族人與霑益安效良爭印，搆兵三十年，〔三〕後竟爲效良所據，其父紹慶又據霑益州，皆川、雲、貴咽喉地。鶴請割烏撒隸貴州，地近節制便，可弭後患，朝議不決。未幾，效良爲亂，如其言。貴州土官以百數，水西安氏最大，而土地、戶口、貢賦之屬，無籍可稽。鶴乃檄宣慰安位盡著之籍，幷首領目把主名、承襲源委，悉列上有司。自是簿牒始明，奸弊易核。事竣，不候命徑歸。久之，還朝。

楊鎬四路師敗，鶴薦熊廷弼、張鶴鳴、李長庚、薛國用、袁應泰，言：「遼事之失，不料彼己，喪師辱國，誤在經略；不諳機宜，馬上催戰，誤在輔臣；調度不聞，束手無策，誤在樞部。至尊優柔不斷，又至尊自誤。」當事惡其直，將假他事逐之，乃引疾去。丁外艱。天啓初，起太僕少卿，擢右僉都御史，巡撫南、贛。未任，丁內艱，而廣寧又敗。魏忠賢以鶴黨護廷弼，除鶴名。

崇禎元年召拜左僉都御史，進左副都御史。鶴上言：「圖治之要，在培元氣。自大兵大役，加派頻仍，公私交罄，小民之元氣傷。自遼左、黔、蜀喪師失律，暴骨成丘，封疆之元氣傷。自搢紳搆黨，彼此相傾，逆奄乘之，誅鋤善類，士大夫之元氣傷。譬如重病初起，百脈未調，風邪易入，道在培養。」時以爲名言。

先是，遼左用兵，逃軍憚不敢歸伍，相聚剽虜。至是，關中頻歲祲，有司不恤下。白水王二者，鳩衆，墨其面，闖入澄城，殺知縣張耀采。〔三〕由是府谷王嘉胤、漢南王大梁、階州周大旺羣賊蠭起，三邊饑軍應之，流氛之始也。當是時，承平久，卒被兵，人無固志。大吏惡聞賊，曰：「此饑氓，徐自定耳。」

明年，總督武之望死。久之，廷臣莫肯往者，羣推鶴。帝召見鶴，問方略。對曰：「清愼自持，撫恤將卒而已。」遂拜鶴兵部右侍郎，代之望總督陝西三邊軍務。至則大梁、大旺、王二已前誅滅，而繼起者益衆。鶴素有清望，然不知兵。其冬，京師戒嚴，延綏、寧夏、甘肅、固原、臨洮五鎭總兵官悉以勤王行。延綏兵中道逃歸，甘肅兵亦譁，懼誅，並合於賊，賊益張。

三年正月，王左掛等攻宜川，爲知縣成材所却，轉攻韓城。軍中無帥，鶴命參政洪承疇禦之。俘斬三百餘人，圍解，賊走清澗。鶴連疏請諸將還鎭，不果，起故將杜文煥任之。二月，延安知府張輦、都司艾穆蹙賊延川，降其魁王子順、張述聖、姬三兒。別賊王嘉胤掠延安、慶陽，鶴匿不奏，而給降賊王虎、〔四〕小紅狼、一丈青、掠地虎、混江龍等免死牒，安置延綏、河曲間。賊淫掠如故，有司不敢問。寇患成於此矣。

七月，嘉胤陷黃甫、清水、木瓜，遂陷府谷，文煥擊走之，賊流入山西。已撫王左掛以白汝學攻綏德州，謀內應。事覺，巡按李應期與承疇計誅左掛等綏德，五十七人皆死。十二月，賊神一元攻陷新安、寧塞、柳樹澗等堡。寧塞，文煥所居，宗人多死。

明年正月，賊棄寧塞，陷保安。一元死，弟一魁圍慶陽，陷合水。鶴聞，移駐寧州。一魁求撫，送還合水知縣蔣應昌。別賊拓先齡、金翅鵬、過天星、田近菴、獨頭虎、上天龍等亦先後降。鶴設御座於城樓，賊跪拜呼萬歲。鶴宣聖諭，令設誓，或歸伍，或歸農。賊佯應之，則立赦其罪。羣盜自是視總督如兒戲矣。鶴又以一魁最強，致其壻帳中，同臥起，而一魁果至。數以十罪，則稽首謝。卽宣詔赦之，畀以官，處其衆四千餘人於寧塞，使守備吳弘器護焉。文煥聞之，嘆曰：「寧塞之役，賊畏我而逃。今者賊僞降，楊公信之，借名城爲盜資。我宗人，可與賊逼處此土乎！」遂以其族行。

五月，鶴移駐耀州。賊攻破金鎖關，殺都司王廉。七月，別賊李老柴、獨行狼攻陷中部，田近菴以六百人守馬欄山應之。而降渠一魁之黨茹成名者，尤桀驁，鶴令一魁誘殺之於耀州。其黨猜懼，挾一魁以叛。御史謝三賓言：「鶴謂慶陽撫局旣畢，賊散遣俱盡。中部之賊，寧自天降？」疏下巡按御史吳甡覈奏，甡奏鶴主撫誤國。帝怒，逮鶴下獄，戍袁州。

七年秋，子嗣昌擢宣大山西總督，疏辭。言：「臣父鶴以總督蒙譴已三年，臣何心復居此職。」帝優詔答之，而不赦鶴罪。八年冬，鶴卒於戍所，嗣昌請恤。帝復鶴官，而不予恤。鶴初以尤世祿寧夏大捷功，進兵部尚書、太子少保，世廕錦衣千戶。十年敍賀虎臣寧夏破賊功，追加太子少傅。十三年又以甘肅敍功，任一子官。

從弟鶚，崇禎四年進士。官御史，有才名，擢順天巡撫。京師陷，南歸，福王以爲兵部右侍郎，總督川、湖軍務。

陳奇瑜，字玉鉉，保德州人。萬曆四十四年進士。除洛陽知縣。天啓二年擢禮科給事中。楊漣劾魏忠賢，奇瑜亦抗疏力詆。六年春，由戶科左給事中出爲陝西副使，遷右參政，分守南陽。

崇禎改元，加按察使職，尋歷陝西左右布政使。五年擢右僉都御史，代張福臻巡撫延綏。時大盜神一魁、不沾泥等已殲，而餘黨猶衆。歲大凶，民多從賊。明年五月，奇瑜上疏，極言鄜、延逵鎮城千餘里饑荒盜賊狀，詔免延安、慶陽田租。奇瑜乃遣副將盧文善討斬截山虎、柳盜跖、金翅鵬等。尋遣遊擊常懷德斬薛仁貴，參政戴君恩斬一條龍、金剛鑽、開山鷂、黑煞神、人中虎、五閻王、馬上飛，都司賀思賢斬王登槐，巡檢羅聖楚斬馬紅狼、滿天飛，參政張伯鯨斬滿鵝，擒黃參耀、隔溝飛，守備閻士衡斬張聰、樊登科、樊計榮、一塊鐵、青背狼、穿山甲、老將軍、二將軍、滿天星、上山虎，把總白士祥斬埽地虎，守備郭金城斬扒地虎、括天飛，守備郭太斬跳山虎、新來將、就地滾、小黃鶯、房日兔，遊擊羅世勛斬賈總管、逼上天、小紅旗，他將斬草上飛、一隻虎、一翅飛、雲裏手、四天王、薛紅旗、獨尾狼，諸渠魁略盡。奇瑜乃上疏曰：「流寇作難，始於歲饑，而成於元兇之煽誘，致兩郡三路皆盜藪。今未頓一兵，未絕一弦，擒斬頭目百七十七人，及其黨千有奇。頭目既除，餘黨自散。向之斬木揭竿者，今且荷鋤負耒矣。」帝嘉之，令錄有功將士以聞。

延綏羣賊多解，獨鑽天哨、開山斧據永寧關。永寧在鎮城東，前阻山，下臨黃河，數年不下。奇瑜謂是不可以力取，乃陰簡銳士，陽言總制檄發兵，令賀人龍將之而西，身爲後勁，直抵延川。俄策馬東，曰：「視吾馬首所向。」潛師疾走入山。賊不虞大兵至，驚潰。焚其巢，斬首千六百有奇，二賊俱殲。分兵擊斬金翅鵬、一座城，獲首五百五十。延水羣盜盡平，奇瑜威名著關陝。於是羣盜盡萃於山西，流突河北、畿南。冬冰堅，從澠池渡，躪河南、湖廣，窺四川。

明年，廷議諸鎮撫事權不一，宜設大臣統之，多推薦洪承疇。以承疇方督三邊，不可易，乃擢奇瑜兵部右侍郎兼右僉都御史，總督陝西、山西、河南、湖廣、四川軍務，專辦流賊。奇瑜檄諸將會兵陝州。先是，老回回、過天星、滿天星、闖塌天、混世王五大營自楚入蜀，陷夔州。阻險，復走還楚，分爲三：一犯均州，往河南；一犯鄖陽，往淅川；一犯金漆坪，渡漢犯商南。奇瑜乃馳至均州，檄四巡撫會討。陝西練國事駐商南，遏其西北。鄖陽盧象昇駐房、竹，遏其西。河南玄默駐盧氏，遏其東北。湖廣唐暉駐南漳，遏其東南。奇瑜乃偕象昇督將士由竹谿至平利之烏林關，十餘戰，斬賊千七百餘級。越七日，大破之乜家溝，斬千八十餘級，總兵鄧玘功爲多。已，設伏蚋谿，連戰，斬三百餘級。至獅子山，斬七百二十餘級。別將楊化麟、楊世恩、周任鳳、〔三〕楊正芳等分道擊殺賊，擒其魁闖王、翻山虎等。

奇瑜上言：「楚中屢捷，一時大盜幾盡，其竄伏深山者，臣督鄉兵爲嚮道，無穴不搜，楚中漸有寧宇。」帝嘉勞之。乃督副將劉遷等搜竹谿、平利賊，追至五狼河，擒其魁十二人。遣參將賀人龍等追八晝夜至紫陽，賊死者萬餘人。

先是，賊入蜀，復自蜀入秦，由陽平關奔鞏昌，承疇禦之秦州。賊遂越兩當，襲破鳳縣，分爲二：一向漢中，取間道犯城固、洋縣；一由鳳縣奔寶雞、汧陽。於是賊在平利、洵陽間者數萬，自四川入西鄉者二三萬。犯城固、洋縣者，又東下石泉、漢陰，會漢、興，窺商、雒。當是時，奇瑜以湖廣賊盡，鼓行而西，謂賊不足平也。乃遣遊擊唐通防漢中，以護藩封；遣參將賀人龍、劉遷、夏鎬扼略陽、沔縣，防賊西遁；遣副將楊正芳、余世任扼褒城，防賊北遁；自督副將楊化麟、柳國鎭等駐洋縣，防賊東遁。又檄練國事、盧象昇、玄默各守要害，截賊奔逸。

賊見官軍四集，大懼，悉遁入興安之車廂峽，諸渠魁李自成、張獻忠等咸在焉。峽四山巉立，中亙四十里，易入難出。賊誤入其中，山上居民下石擊，或投以炬火，山口纍石塞，路絕，無所得食，困甚。又大雨二旬，弓矢盡脫，馬乏芻，死者過半。當是時，官軍蹙之，可盡殲。自成等見勢絀，用其黨顧君恩謀，以重寶賄奇瑜左右及諸將帥，僞請降。奇瑜無大計，遽許之，先後籍三萬六千餘人，悉勞遣歸農。每百人以安撫官一護之，檄所過州縣具糗糧傳送，諸將無邀撓撫事。諸賊未大創，降非實也。既出棧道，遂不受約束，盡殺安撫官五十餘人，攻掠諸州縣，關中大震。

奇瑜悔失計，乃委罪他人以自解。賊初叛，猝至鳳翔，誘開城。守城知其詐，紿以縋城上，殺其先登者三十六人，餘譟而去。其犯寶雞，亦爲知縣李嘉彥所挫。奇瑜遂劾嘉彥及鳳翔鄉官孫鵬等撓撫局，撫按官亦異心。帝怒，切責撫按，逮嘉彥、鵬及士民五十餘人。奇瑜又請敕陝西、鄖陽、湖廣、河南、山西五巡撫各守要害，有失則治諸臣罪，冀以分己過。又委罪巡撫練國事，國事亦被逮。給事中顧國寶劾奇瑜誤封疆，詔解任候勘。御史傅永淳復劾奇瑜解隴州圍報首功不實，詔除名，錦衣官逮訊。九年六月謫戍邊。

初，奇瑜官南陽，唐王殺其世子，欲并廢世子子聿鍵。賴奇瑜力，聿鍵得爲世孫。後聿鍵自立於閩，召奇瑜爲東閣大學士。道遠，未聞命，卒於家。

玄默，字中象，靜海人。萬曆四十七年進士。除懷慶推官，擢吏科給事中。魏忠賢焰方熾，以鄉里欲招致之，默謝不可。言路承忠賢意，劾罷歸。

崇禎初，復官，歷遷太常卿。六年春，以僉都御史巡撫河南。流賊由均州犯河內，默率左良玉、湯九州、李卑、鄧玘兵待境上；復率九州乘雪夜薄吳城賊營，大破之。嵩、雒以北名城數十，賊避勿敢攻。奇瑜既失李自成於車箱峽，默自汝州移駐盧氏，檄良玉、九州各陳兵守要害，得稍寧者數月。當是時，賊勢張，良玉等承督師檄，守備尚固。默率諸將斬獲多，賊多趨秦、楚境。已，分爲三，自潁州犯鳳陽皇陵，中州所在告急。八年夏，默被逮去。久之，得釋，歸八年卒。

熊文燦，貴州永寧衞人。萬曆三十五年進士。授黃州推官，〔六〕遷禮部主事，歷郎中。出封琉球還，擢山東左參政，山西按察使，山東右布政使。憂歸，自是徙家蘄水。

崇禎元年起福建左布政使。三月就拜右僉都御史，巡撫其地。海上故多劇盜，袁進、李忠既降，楊六、楊七及鄭芝龍繼起。總兵官俞咨皐招六、七降，芝龍猖獗如故。然芝龍常敗都司洪先春，釋不追；獲一遊擊，不殺；沓皐戰敗，縱之走。當事知其可撫，遣使諭降之。文燦至，善遇芝龍，使爲己用。其黨李魁奇再降，再叛去，芝龍擊擒之。海警漸息，而鍾斌又起。斌初亦就撫，後復叛，寇福州。文燦誘斌往泉州，令芝龍擊敗之。旣而蹙之大洋，斌投海死。閩中屢平巨寇，皆芝龍力，文燦亦敍功增秩焉。

五年二月擢文燦兵部右侍郎兼右僉都御史，總督兩廣軍務，兼巡撫廣東。先是，海寇鍾凌秀旣降復叛，〔七〕爲芝龍所擒，其黨潰入長汀，轉掠江西屬邑，文燦檄芝龍屢敗賊。而福建有紅夷之患，海盜劉香乘之，連犯閩、廣沿海邑，帝以責文燦。文燦不能討，乃議招撫，賊佯許之。參政洪雲蒸，長沙人，初官廣西參政，嘗搜凌秀餘黨，斬三十餘級，盡毀其巢。文燦乃令雲蒸與副使康承祖，參將夏之本、〔八〕張一傑入賊舟宣諭，俱被執。文燦懼罪，奏諸臣信賊自陷。給事中朱國棟劾之，詔貶秩，戴罪自效。八年，芝龍合廣東兵擊香於田尾遠洋。香脅雲蒸止兵，雲蒸大呼曰：「我矢死報國，急擊勿失。」遂遇害。香勢蹙，自焚溺死，承祖等脫還。賊黨千餘人詣浙江歸款，海盜盡平。

文燦官閩、廣久，積貲無算，厚以珍寶結中外權要，謀久鎭嶺南。會帝疑劉香未死，且不識文燦爲人，遣中使假廣西采辦名，往覘之。旣至，文燦盛有所贈遺，留飲十日。中使喜，語及中原寇亂。文燦方中酒，擊案罵曰：「諸臣悞國耳。若文燦往，詎令鼠輩至是哉！」

中使起立曰：「吾非往廣西采辦也，銜上命覘公。公信有當世才，非公不足辦此賊。」文燦出不意，悔失言，隨言有五難四不可。中使曰：「吾見上自請之，若上無所吝，即公不得辭矣。」文燦辭窮，應曰「諾」。中使還朝，具言之帝。初，文燦徙蘄水，與邑人姚明恭爲姻婭，明恭官詹事，又與楊嗣昌善。嗣昌握兵柄，承帝眷，以帝急平賊，冀得一人自助。明恭因薦文燦，且曰：「此有內援可引也。」嗣昌喜，遂薦之。

十年四月拜文燦兵部尚書兼右副都御史，代王家禎總理南畿、河南、山西、陝西、湖廣、四川軍務。文燦拜命，即請左良玉所將六千人爲己軍，而大募粵人及烏蠻精火器者一二千人以自護，弓刀甲胄甚整。次廬山，謁所善僧空隱。僧迎謂曰：「公誤矣。」文燦屏人問故，僧曰：「公自度所將兵足制賊死命乎？」曰：「不能。」曰：「諸將有可屬大事、當一面、不煩指揮而定者乎？」曰：「未知何如也。」曰：「二者既不能當賊，上特以名使公，厚責望，一不效，誅矣。」文燦却立良久，曰：「撫之何如？」僧曰：「吾料公必撫。然流寇非海寇比，公其愼之。」文燦去，抵安慶。帝所遣中官劉元斌、盧九德監勇衛營軍者亦至。良玉宿將桀驁，不受文吏節制，會其下與粵軍不和，大詬。文燦不得已，遣還南兵，然良玉軍實不爲用。嗣昌言於帝，乃以邊將馮舉、苗有才兵五千人隸焉。有才敗於眞陽。而京營將黃得功連破賊兵，威甚振。

當是時，嗣昌建「四正六隅」之策，增兵餉大半，期滅賊，賊頗懼。及文燦至，京軍屢捷，益懼。文燦顧決計招降。初抵安慶，卽遣人招張獻忠、劉國能，二人聽命。乃益刊招降檄，布通都。又請盡遷民與粟閉城中，賊無所掠，當自退。帝怒，譙讓文燦。嗣昌亦心非之，旣已任之，則曲爲文燦解。因其請，畀以畿輔、山西兵各三千。明年，國能果降，而獻忠襲據穀城。會得功又大破賊舞陽，馬士秀、杜應金夜半降，信陽城下。獻忠爲左良玉所創，幾被擒，其下饑困多散去。獻忠窮蹙，亦因陳洪範以降。於是嗣昌議功罪，絀洪承疇、曹變蛟等，而稱文燦功焉。

已而京軍解遂平圍，斬獲三千有奇。時文燦在裕州，馬進忠、羅汝才十三家賊聚南陽。文燦下令，殺賊者償死。賊不肯從，則齎金帛酒牢犒之，名曰「求賊」。帝詗得狀，曰：「文燦大言無實。」文燦恐。孫傳庭出關擊賊，文燦不救，而嗣昌已入政府掌中樞矣。九月，文燦次襄陽，賊分踞鄖、襄諸險。諸將請戰，文燦議分兵。盧九德曰：「兵分則力弱，一失利，全軍搖矣。莫若厚集其力而合擊之。」衆曰：「善。」乃以僉事張大經監大將左良玉、陳洪範軍，以通判孔貞會監副將龍在田軍，戰於雙溝，大破之，斬首二千餘級。羅汝才、惠登相率九營走均州，李萬慶率三營走光、固。

十一月，京師戒嚴，召洪承疇、孫傳庭入衛。汝才等以爲討己也，懼而叩太和山提督中官，求撫於文燦，許之。處汝才及一丈青、小秦王、一條龍四營於鄖縣，處登相及王國寧、常德安、〔九〕楊友賢、王光恩五營於均州。上言：「臣於李萬慶、賀一龍、馬光玉及順天王主剿，他皆主撫。請赦汝才等罪，授之官。」可之。時京軍、良玉軍皆以入衞行，馬士秀、杜應金遂叛於許州。初，士秀等降，良玉以其衆處許之郊外。許，大州也，良玉諸將寄孥與賄焉。良玉久征不歸，士秀、應金在文燦軍中，僞請急，假良玉軍號入城。夜半，兵從府第出，燒城南樓，劫庫，殺官吏，挈其貲投萬慶。萬慶者，賊魁射塌天也。

十二年三月，良玉還，破降馬進忠，使劉國能擊降萬慶，士秀、應金亦再降。順天王已前死，其黨順義王爲其下所殺。文燦遂上言：「臣兵威震慴，降者接踵。十三家之賊，惟革、左及馬光玉三部尙稽天誅，〔一〇〕可歲月平也。」帝優詔報之。

初，張獻忠之降也，擁兵萬人踞穀城，索十萬人餉。文燦及中外要人曰與之。爲請官，請地，請關防矣，獻忠列軍狀曰請備遣。既而三檄其兵不應，朝野知獻忠必叛也。其後，汝才降，不肯釋甲。及進忠、萬慶等並降，文燦以爲得策，謂天下且無賊也。五月，獻忠遂反於穀城，劫汝才於房縣，於是九營俱反。初，均州五營懼見討，自疑，相與歃血拒獻忠，無何亦叛去。帝聞變，大驚，削文燦官，戴罪視事。七月，良玉擊獻忠羅猴山，敗績。帝大怒，命嗣昌來代。嗣昌已至軍，即遣使逮文燦下獄，坐大辟，所親姚明恭柄國而不能救也。十三年十月，文燦竟棄市。

練國事，字君豫，永城人。萬曆四十四年進士。授沛縣知縣，調山陽。天啓二年徵授御史。廣寧失守，國事請薊州、宣府、大同及山東、山西、河南撫臣各練兵萬，以壯山海聲援。又請捕誅殺大同妖人。又疏論魏忠賢使羣閹辱尙書鍾羽正，索冬衣，傷國體。國事在諫垣，匡救多。給事中趙興邦，忠賢私人也，以國事爲趙南星黨，劾之，削籍。

崇禎元年復官，擢太僕少卿，進右僉都御史，巡撫陝西。關中頻歲饑，盜賊蠭起。四年正月，神一元陷保安。國事遣賀虎臣援延安，而身率副將張全昌連破點燈子於中部、郃陽、韓城，又破別部於宜君、雒川，降其魁李應蟄。諸將張全昌、趙大胤、王承恩、杜文煥、賀虎臣等分剿賊澄城、宜川、耀州、白水、郃陽，斬首千九百有奇。總督楊鶴旣受羣賊降，已，復相繼叛，田近菴、李老柴陷中部。國事偕承恩攻圍五月，克之。而所部亦頻失事，楊鶴被徵，國事亦戴罪自贖。

五年，紅軍友、李都司等將犯平涼。國事自涇趨固原，檄大帥楊嘉謨殺賊塘馬，斷其偵探。賊乃走慶陽西壕，嘉謨、曹文詔邀擊，大敗之。自三月至五月，大小數十戰，賊迄破滅。國事免戴罪。

當是時，關中五鎭，大帥曹文詔、楊嘉謨、王承恩、楊麟、〔一〕賀虎臣各督邊軍協討，總督洪承疇尤善調度。賊魁多殲，餘盡走山西，關中稍靖。

六年冬，賊旣從澠池渡，入盧氏。明年，賊遂由河南、湖廣入漢南。總督陳奇瑜檄國事駐商州，協勦商南、盧氏賊。漢南賊遂由寧羌至兩當，掠鳳縣，出棧道，陷寶雞，關中賊復熾。旣而奇瑜受賊降，檄諸軍勿擊。賊出險，遂大掠鳳翔、麟游、寶雞、扶風、汧陽、乾州、涇陽、醴泉。奇瑜委罪國事以自解，國事上言：「漢南賊盡入棧道，奇瑜檄止兵。臣未知所撫實數。及見奇瑜疏，八大王部萬三千餘人，蠍子塊部萬五百餘人，張妙手部九千一百餘人，八大王又一部八千三百餘人，臣不覺仰天長嘆。夫一月內，撫强寇四萬餘，盡從棧道入內地，食飲何自出，安得無剽掠。且一大帥將三千人，而一賊魁反擁萬餘衆，安能受紀律。即藉口回籍，延安州縣驟增四萬餘人，安集何所。合諸征勦兵不滿二萬，而降賊踰四萬，豈內地兵力所能支，宜其連陷名城而不可救也。若咎臣不堵勦，則先有止兵檄矣。若云賊已受撫，因誤殺使人致然，則未誤殺之先，何爲破麟游、永壽。今事已至此，惟急調大軍致討。若仍以願回原籍，禁兵勿勦，三秦之禍安所終極哉！」疏入，事已不可爲，遂逮下獄。九年正月遣戍廣西。久之，敍前功，赦還，復冠帶。福王時，召爲戶部左侍郎，尋改兵部。十二月加尚書，仍涖侍郎事。明年二月致仕，未幾卒。

丁啓睿，永城人。萬曆四十七年進士。崇禎初，歷山東右參政，坐事謫陝西副使。九年，寧夏兵變，啓睿捕斬殺巡撫王楫者首惡六人，軍中大定。再遷右布政使，分守關南，從巡撫孫傳庭討賊。

十一年冬，就拜右僉都御史，代傳庭巡撫陝西。歲頻旱，民益爲盜，長武、環、白水、長安、臨潼、咸陽賊起如蝟毛。十三年用督師楊嗣昌薦，擢兵部右侍郎兼右僉都御史，代鄭崇儉總督陝西三邊軍務討賊。明年，嗣昌死，加啓睿兵部尚書，改稱督師，代嗣昌盡督陝西、湖廣、河南、四川、山西及江南、北諸軍，仍兼總督陝西三邊軍務，賜劍、敕、印如嗣昌。

啓睿自謫河西副使，數遷皆在陝西，然實庸才。爲督、撫，奉督師期會，謹愼無功過；及督師任重專制，卽莫知爲計。啓睿已受命出潼關，將由承天赴嗣昌軍於荆州。湖廣巡按汪承詔言大寇在河南，荆、襄幸息警，無煩大軍，盡匿漢津船。啓睿至，五日不得渡，折而向鄧州，州人閉門詬；過內鄉，長吏閉之糴。軍行荒山間，割馬贏，燎以野草，士啗不得飽。是時李自成已陷洛陽，圍開封，有衆七十萬。啓睿憚不敢援。聞張獻忠在光山、固始間，少弱，乃謀於諸將曰：「上命我剿豫賊，此亦豫賊也。」遂檄左良玉破之於麻城，斬首千二百。開封日告急，則曰：「我方有事於獻忠，不赴矣。」聞傳宗龍將入關督秦師，啓睿曰「三邊已置總督矣」，乞帝更敕書，乃更敕書宗龍辦自成。九月，宗龍敗歿於項城，啓睿不能救。賊乘勝陷南陽，殺唐王，開、汝二郡望風下。十二月，自成再圍開封。河南巡撫高名衡飛檄至，啓睿督兵赴之，避賊入城，部下大淫掠。總兵陳永福射自成，中其左目。明年正月，賊解圍去。

啓睿之在許州也，畏賊逼，始赴開封。離城三十里，而城即破。其抵開封，啓門入，賊乘之，幾陷。四月，自成合羣賊復攻開封。六月，帝釋侯恂於獄，命督援剿諸軍救開封。未至，開封圍益急。帝數詔切責啓睿。啓睿不得已，乃大集良玉、虎大威、楊德政、方國安之軍，偕保定總督楊文岳，以七月會於朱仙鎮，與賊壘相望。賊衆百萬。啓睿欲戰，良玉曰：「賊鋒銳，未可擊也。」啓睿曰：「圍已急，必擊之。」諸將皆懼。良玉歸營，即先走，諸營俱走。啓睿、文岳聯騎奔汝寧。賊渡河逐之，追奔四百里。喪馬贏七千，將士數萬，啓睿敕書、印、劍俱失。事聞，詔褫職候代。九月，賊決馬家口河灌開封，開封遂陷。乃徵下吏，久之釋歸。自嗣昌死二年而啓睿敗，啓睿敗又二年而明亡矣。

福王時，啓睿夤緣馬士英充爲事官，督河南勸農、剿寇諸務。尋以擒斬歸德僞官，拜兵部尚書，加太子太保，官其一子。事敗，脫身旋里，久之卒。

從父魁楚，崇禎四年春，以右僉都御史巡撫保定。七年擢兵部右侍郎，代傅宗龍總督薊、遼、保定軍務。九年七月，畿輔被兵，魁楚坐下吏，久之放還。福王時，起故官，總督河南、湖廣，兼巡撫承天、德安、襄陽。未赴，會兩廣總督沈猶龍入爲侍郎，魁楚竟代其任。尋加兵部尚書。唐王自立於福州，命以故官協理戎政。靖江王亨嘉反桂林，下梧州，執巡撫瞿式耜。魁楚檄思恩參將陳邦傅等襲走之，獲於桂林。封魁楚平粵伯，仍留鎭兩廣。閩中事敗，與式耜擁立桂王於肇慶，進東閣大學士，兼理戎政。大清兵下廣州，漸迫肇慶。魁楚奉王走梧州，復棄之，走岑溪。輜重多，舳艫相屬，爲大將李成棟追獲，魁楚遂降。成棟與有隙，籙其家數百人殺之。魁楚乞一子，成棟笑曰：「汝身且莫保，尚求活人耶？」並殺之。

鄭崇儉，字大章，鄉寧人。〔二〕萬曆四十四年進士。授河南府推官，歷濟南兵備副使。崇禎初，遷陝西右參政。屢遷右僉都御史，巡撫寧夏。數敗套寇，賚銀幣，世廕錦衣副千戶。十二年正月擢兵部右侍郎，代洪承疇總督陝西三邊軍務。五月，張獻忠反穀城，羅汝才等九營皆反，興安告警。總理熊文燦請敕楚撫方孔炤防荊門、當陽，鄖撫王鰲永防江陵、遠安，陝撫丁啓睿、蜀撫邵捷春各嚴兵於其境，而崇儉主提兵合擊。時固原、臨洮、寧夏三總兵左光先、曹變蛟、馬科隨承疇入衞，柴時華中道還甘肅，徵之不應。崇儉乃檄副將賀人龍、李國奇等軍發西安。國奇至略陽，卒大譟，剽瑞王租。〔三〕國奇已擢陝西總兵官，坐停新命，崇儉亦貶一秩。

獻忠既叛，大敗左良玉軍於房縣之羅猴山，謀入陝。崇儉率人龍、國奇軍扼之興安。賊還走興山、太平，處楚、蜀交。是時，楊嗣昌已出師，入文燦軍而代之矣。先是，尚書傅宗龍議令崇儉兼督蜀軍，而嗣昌亦檄秦軍入蜀。崇儉乃以十三年二月率人龍、國奇會良玉大敗賊於瑪瑙山，獲首功千三百三十有三，降賊將二十有五人，獲馬鸁、甲仗無算。是役也，崇儉身在行，而嗣昌遠處襄陽。及論功，所賜半嗣昌，但增一秩，復先所降一秩而已。

獻忠既敗，竄柯家坪，蜀將張令追之，被圍。崇儉遣兵擊走賊，人龍、國奇等復追敗之寒溪寺、鹽井，先後斬首千五百級。其黨順天王、一條龍、一隻龍皆降。崇儉軍五日三捷，威名甚振。以年衰乞骸骨，不許，令率總兵鄭家棟還關中，留人龍、國奇討賊。

當是時，獻忠竄伏興、歸山中。秦、楚師俱集於夔，諸將協心窮搜深箐，千餘殘寇可盡殲。崇儉既去，未幾，人龍軍亦自開縣譟而西歸，楚師遂敗績於土地嶺，蜀中由是大亂。嗣昌因言崇儉撤兵太早，致賊猖獗。帝初以崇儉不能馭軍，不悅，及是命削籍，以啓睿赴軍前代理，而疑崇儉託疾，令按臣核實。明年春，獻忠陷襄陽，嗣昌死，帝益恨崇儉不掎角平賊也，逮下獄，責以縱兵擅還，失悞軍律。不俟秋後，以五月棄市。

帝自即位以來，誅總督七人，崇儉及袁崇煥、劉策、楊一鵬、熊文燦、范志完、趙光抃也。帝憤寇日熾，用法益峻，功罪不假貸，而疆事寖壞，卒至於亡。福王時，給事中李清言：「崇儉未失一城，喪一旅，因他人巧卸，遂服上刑。羣臣微知其冤，無敢訟言者，臣甚痛之。」崇儉冤始白。

方孔炤，字潛夫，桐城人。萬曆四十四年進士。天啓初，爲職方員外郎。忤崔呈秀，削籍。崇禎元年，起故官。憂歸。定桐城民變，還朝。十一年以右僉都御史巡撫湖廣，擊賊李萬慶、馬光玉、羅汝才於承天，八戰八捷。時文燦納獻忠降，處之穀城。孔炤條上八議，言主撫之誤，不聽，而陰厲士馬備戰守。已而賊果叛，如孔炤言。賊故畏孔炤，不敢東，文燦乃檄孔炤防荆門、當陽，鰲永防江陵、遠安，秦、蜀各嚴兵。崇儉主合擊，孔炤乃請專斷德、黃，守承天，護獻陵；而江、漢以南責鰲永。會嗣昌代文燦，令孔炤仍駐當陽。惠王常潤言：「孔炤遏獻忠，有來家河、神通堡之捷，射中賊魁馬光玉，陵寢得無虞。請增秩久任。」章下部，未奏，而部將楊世恩、羅安邦奉調，會川、沅兵剿竹山寇。兩將深入，至香油坪而敗。嗣昌既以孔炤撫議異己也，又忮其言中，遂因事獨劾孔炤，逮下詔獄。子檢討以智，國變後棄家爲僧，號無可者也，伏闕訟父冤，膝行沙塸者兩年。帝爲心動，下議，孔炤護陵寢功多，減死戍紹興。久之，用薦復官，以右僉都御史屯田山東、河北。馳至濟南，復命兼理軍務，督大名、廣平二監司禦賊。命甫下而京師陷，孔炤南奔。馬、阮亂政，歸隱十餘年而終。

先是，有以陵寢失守獲重譴者，爲楊一鵬。一鵬，臨湘人。歷官大理寺丞，削籍。崇禎六年以兵部左侍郎拜戶部尚書兼右僉都御史，總督漕運，巡撫江北四府。鳳陽軍民素疾守陵太監楊澤貪虐，引賊來寇。八年正月，賊遂攻陷鳳陽，焚皇陵，燒龍興寺，燔公私邸舍二萬二千六百五十，戮中都留守朱國相、指揮使程永寧等四十有一員，殺軍民數萬人。

先是，賊漸逼江北，兵部尚書張鳳翼請敕一鵬移鎮鳳陽，溫體仁格其議。賊驟至，一鵬在淮安，遠不及救。帝聞變大驚，素服避殿，親祭告太廟，遂逮一鵬及巡按御史吳振纓、守陵官澤。澤先自殺，一鵬棄市，振纓戍邊。

邵捷春，字肇復，侯官人。萬曆四十七年進士。累官稽勳郎中。

崇禎二年出爲四川右參政，分守川南，撫定天全六番高、楊二氏。遷浙江按察使。大計，坐貶。久之，起四川副使，以十年秋抵成都。時秦賊已入蜀，巡撫王維章、總兵侯良柱悉衆北拒，城中惟屯田軍及蜀府護衞軍，人情恇懼。捷春啓門納鄉民避賊者。中尉奉鐕勾賊抵城下，捷春與御史陳廷謨擒繫奉鐕，而募市人、起廢將固守。賊去，蜀王疏其功。會維章罷，傅宗龍代，命捷春監軍，偕總兵羅尚文擊賊。明年，尚文及安綿副使吳麟徵大破賊過天星等。〔一四〕捷春進右參政，仍監軍。

十二年五月，宗龍入掌中樞，卽擢捷春右僉都御史代之。時張獻忠、羅汝才已叛，謀入秦。秦兵扼之興安，乃犯興山及蜀太平，遂窺大寧。捷春遣副將王之綸、方國安分道扼之。國安連破賊，賊遂還入秦、楚。十月朔，楊嗣昌誓師襄陽，檄蜀軍受節度。嗣昌以楚地廣衍，賊難制，驅使入蜀，蜀險阻，賊不得逞，蹙之可全勝。又慮蜀重兵扼險，賊將還毒楚，調蜀精銳萬餘爲己用，蜀中卒自是益罷弱不足支矣。捷春憤曰：「令甲失一城，巡撫坐。今以蜀委賊，是督師殺我也。」爭之，不能得。於是汝才、惠登相遂自興山、遠安犯大寧、大昌，獻忠亦西至太平。明年二月，左良玉大破獻忠瑪瑙山，他將張應元、張令等復數敗之。獻忠乃逃興、歸山中。久之復振，由汝才入寧昌故道走而西。

初，汝才在寧昌阻江，爲諸將劉貴、秦良玉、秦翼明、楊茂選等所拒，不得渡。會獻忠西，遂與合。貴等戰皆却，賊乃渡江，營萬頃山、苦桃灣，其別部營紅茨崖、青平砦，歸、巫間大震。嗣昌乃上夷陵，而檄捷春扼夔門。蜀大寧、大昌界楚竹溪、房縣，有三十二隘口，嗣昌欲厚集兵力專守夔，棄寧、昌啗賊，官軍環攻之。捷春曰：「棄隘口不守，是延賊入戶也。」乃遣茂選及覃思岱等出關分守。二將不相得，思岱譖殺茂選，〔一五〕捷春令兼統其衆，其衆相率去。賊入隘，守者潰。賊夜斬夔關，將士大驚潰，新寧、大竹皆陷。而汝才、登相越巴霧河，陷開縣，爲鄭嘉棟、賀人龍所破。汝才乃與小秦王、混世王東奔。而登相獨過開縣西。人龍及李國奇又西追之。汝才等遁還興山，屢挫。會嗣昌下招降令，小秦王、混世王皆降，惟汝才逸去。嗣昌見楚地無賊，以八月終率師入蜀，於是羣賊盡萃蜀中。

當是時，捷春提弱卒二萬守重慶，所倚惟秦良玉、張令軍。無何，秦師譟而西歸，楚將張應元等敗績於夔州之土地嶺。於是捷春以大昌上、中、下馬渡水淺地平，難與持久，乃扼水寨觀音巖爲第一隘，以部將邵仲光守之，而夜叉巖、三黃嶺、磨子巖、魚河洞、下涌諸處，各分兵三四百人以守。萬元吉以兵分力弱爲憂，捷春不聽。九月，獻忠突敗仲光軍，破上馬渡。元吉急檄諸將分邀之，復令張奏凱屯淨壁。〔一六〕捷春遣二將羅洪政、沈應龍爲助。十月，獻忠突淨壁，遂陷大昌，屯開縣。良玉、令兩軍皆覆。賊行則哨探，止則息馬抄糧。闗隘偵候不明，防軍或遠離戍所，賊乘隙而過無人之境。嗣昌遂收斬仲光，上疏劾捷春失事。捷春收兵扼梁山。時登相已歸正，而汝才復與獻忠合，以梁山河深不能渡，乃自開縣西走達州。捷春退保綿州，扼涪江。賊疾走，陷劍州，遂趨廣元。將由間道入漢中，爲秦兵所扼，乃復走巴西。應元諸軍邀之梓潼，戰小利，既而衄，蜀將曹志耀等力戰却之。降將張一川、〔一七〕張載福陷陣死，涪江師遂潰，賊屠綿州。捷春歸成都，賊逼成都。十一月逮捷春使者至，遂以軍事付代者廖大亨而去。

捷春爲人清謹，治蜀有惠政。士民哭送者載道，舟不得行，競逐散官旗。蜀王爲疏救，不聽。敕巡按御史遣官送京師，下獄論死。捷春知不可脫，明年八月仰藥死獄中。福王時，復官，贈兵部右侍郎。

余應桂，字二磯，都昌人。萬曆四十七年進士。歷知武康、龍巖、海澄三縣。

崇禎四年徵授御史。劾戶部尚書畢自嚴朋比。殿試讀卷，取陳于泰第一。于泰者，首輔周延儒姻也。劾延儒納孫元化參、貂，受楊鶴重賂。帝方眷延儒，責應桂。未幾，賊陷登州，元化被執，應桂再疏劾延儒。帝怒，貶三秩視事，應桂引疾歸。

七年還朝，出按湖廣，居守承天。捐贖鍰十餘萬募壯士，繕城治器，賊不敢逼獻陵。帝聞而嘉之。期滿，命再巡一年。貽贖鍰萬五千助盧象昇軍需，而奏報屬城失事，具以實聞。帝以是知巡撫王夢尹詐，而益信應桂。期滿，命再巡一年。十年卽擢應桂右僉都御史，代夢尹。

當是時，諸監司袁繼咸、包鳳起、高斗樞輩已削平湖南羣賊，而江北賊勢日熾，諸將雖奏捷，不能大創也。帝命熊文燦爲總理，文燦主撫。明年降其渠劉國能、張獻忠。馬進忠西走潼關，馬光玉、賀一龍、李萬慶、順義王、九條龍衆十餘萬萃麻城、黃安。應桂諭降光玉、一龍，未至，而遣將擊順天王等於黃福店，賊遂走黃安。會文燦至麻城，應桂請協擊，不從。賊復東走江北，爲左良玉所遏，折而走廣濟、蘄水。文燦檄諸道兵合擊賊於茶山，賊逸於應桂所分地，文燦遂劾其後期悞軍。兵部尚書楊嗣昌以應桂曾劾其父鶴也，奏逮之。應桂乃陳撫剿始末，白己無罪，而詆文燦，言：

正月初，議撫劉國能，其黨李萬慶等諸大賊盡走泌陽、棗陽。時文燦、良玉並在德安。臣以爲兵勢方盛，宜乘此追剿，而文燦調良玉諸軍盡赴信陽剿馬進忠。臣謂進忠小寇，勝之不武，文燦不聽。自此機一失，賊走西，而文燦東，致張獻忠攻陷穀城以要撫。李萬慶五部收餘燼，勢復振。而豫、楚之患，遂自文燦之愎諫貽之矣。迨賊西潰之後，遮飾上聞，妄報斬級。其自恃所長惟火礮火攻，經過州縣用夫至八百，死亡載道，未見其一試也。

且文燦辦賊之策曰「先撫後剿」。乃茶山不效，麻城又不效，第見招撫之旗絡繹於道。一遣使招賀一龍，而使者被殺，一遣使招李萬慶，而餽鹽椒運魚肉與通市，賊反因之焚掠，未見一賊歸順也。天下有如是撫法乎！其一切軍需，悉取於所歷之有司，名曰「借辦」，致城市空虛，才遺盡絕。三月至麻城，民不堪淫掠，欲焚其署，始踉蹌而走。麻城，文燦壻家也，戚里如是，餘可知矣。三月在蘄水，其兵殺鄉民報捷。民家環哭，竟不敢治一兵。蘄水，文燦家園也，鄉里如是，餘可知矣。是以捷報日張，寇勢愈熾。十三家之賊蹂躪南陽、汝寧，如履無人之境。文燦駐宛、汝已久，調度不聞，天下有如是剿法乎！

獻忠在穀城招納亡命，買馬置器，人人知其叵測。文燦顧欲借之爲前茅，遣官調之。非惟不應，復留解餉之官，求總兵湖廣。今已造浮橋跨漢水矣。文燦前既誇張而敍功，後復掩匿而不報，可不謂之欺君乎！以總理之大柄畀之顚蹶之耄夫，臣不知其可也。

帝不納。逮至，下獄。

初，應桂貽書文燦，言獻忠必反，可先未發圖之。其書爲獻忠邏者所得，獻忠騰牒鄖陽巡撫戴東旻，言「撫軍欲殺我」。東旻聞之文燦，文燦再糾應桂。應桂再疏辨，帝亦不納。應桂竟遣戍。無何，獻忠果反，廷臣交章薦應桂。

十六年起應桂兵部右侍郎。十月，潼關陷，帝召問大臣。陳演言：「賊入關中，必戀子女玉帛，猶虎入陷穽。」應桂叱之曰：「壯士健馬咸出關西。賊得之，必長驅橫行，大臣安得面謾！」演股栗失色。十一月，督師孫傳庭戰歿，命應桂兼右僉都御史往代之。應桂以無兵無餉，入見帝而泣。帝但遣京軍千人護行，給御用銀萬兩、銀花四百、銀牌二百、蟒幣二百、雜幣倍之，爲軍前賞功之用而已。應桂旣受命，日夜悲疑，將至山西，則僞官充斥，逡巡不得前。帝責以逗遛，奪職，命新擢陝西巡撫李化熙代之，化熙亦不能進也。未幾，京師陷，應桂家居不出。久之，死於難。

高斗樞，字象先，鄞人。崇禎元年進士。授刑部主事。坐議巡撫耿如杞獄，與同列四人下詔獄。尋復官，進員外郎。

五年遷荆州知府。久之，擢長沙兵備副使。楚郡之在湖北者，盡罹賊禍，勢且及湖南，臨、藍、湖、湘間土寇蠭起。長沙止老弱衞卒五百，又遣二百戍攸縣，城庫雉堞盡圮。斗樞至，建飛樓四十，大修守具。臨、藍賊艘二百餘，由衡、湘抵城下。相拒十餘日乃却去，轉攻袁州。遣都司陳上才躡其後，賊亦解去。尋擊殺亂賊劉高峰等，撫定餘衆。詔錄其功。巡撫陳睿謨大征臨、藍寇，斗樞當南面，大小十餘戰，賊盡平。詔賚銀幣。

十四年六月進按察使，移守鄖陽。鄖被寇且十載，屬邑有六，居民不四千，數百里荆榛。撫治王永祚以襄陽急，移師鎭之。斗樞至甫六日，張獻忠自陝引而東。斗樞與知府徐啓元遣遊擊王光恩及弟光興分扼之，戰頻捷，賊不敢犯。光恩者，均州降渠小秦王也。初與張獻忠、羅汝才輩爲賊。獻忠、汝才降而復叛，均州五營懼見討自疑。又以獻忠强，慮爲所併，光恩斂衆，據要害以拒獻忠。居久之，乃有稍稍颺去者，光恩亦去，已而復降。光恩善用其下，下亦樂爲之用。斗樞察其誠，招入郡守。當是時，斗樞、啓元善謀，光恩善戰，鄖城危而復全。

十五年冬，李自成陷襄陽、均州，攻鄖陽四日而去。明年春，復來攻。十餘日不克，乃退屯楊溪。五月，斗樞召遊擊劉調元入城，旬日間殺賊三千餘。自成將來攻，卒不克而去。乃令光恩復均州，調元下光化，躬率將士復穀城。將襲襄陽，聞孫傳庭敗，旋師，均州復爲賊有。

十七年正月，自成遣將路應標等以三萬人攻鄖。斗樞遣人入均州，燒其蓄積，賊乏食而退。當是時，湖南、北十四郡皆陷，獨鄖在。自十五年冬，撫治王永祚被逮，連命李乾德、郭景昌代之，路絕不能至，中朝謂鄖已陷，不復設撫治。十六年夏，斗樞上請兵疏，始知鄖存，衆議卽任斗樞。而陳演與之有隙，乃擢啓元右僉都御史任之，加斗樞太僕少卿，路阻亦不能達。是年二月，朝議設漢中巡撫，兼督川北軍務，擢斗樞右副都御史以往，朝命亦不達。至三月始聞太僕之命，卽以軍事付啓元。七月而北都變聞，幷聞漢中之命。地已失，不可往。福王立，移斗樞巡撫湖廣，代何騰蛟。復以道路不通，改用王驥，斗樞皆不聞也。國變後數年卒。啓元、光恩亦皆以功名終。

張任學，安岳人。天啓五年進士。授太原知縣，以才調榆次。

崇禎四年舉治行卓異，入爲御史。陳蜀中私稅、催科、訟獄三大苦，帝爲飭行。出視兩浙鹽法，數條奏利弊。八年，流賊陷鳳陽，詔逮巡按吳振纓，命任學往代。還朝，復按河南，監軍討賊。時羣盜縱橫，而諸將縮朒不敢擊。任學慨然曰：「事不辭難，臣職也。賊勢如此，我輩可雍容坐鎭耶！」

十一年二月遂上疏極詆諸將。請易武階，親執干戈，爲國平賊。帝壯之，下吏、兵二部及都察院議。諸臣以文吏無改武職者，請仍以監軍御史兼總兵事。帝不從，命授署都督僉事，爲河南總兵官。河南舊無總兵，左良玉、陳永福並以客兵備援剿，至是大將特設。而麾下無一官，兵部乃以署鎭許定國兵授之，使參將羅岱爲中軍。岱，健將，屢著戰功，任學倚以自强。時熊文燦專主撫，劉國能、張獻忠俱降，羅汝才、馬進忠、李萬慶等躪中原如故。河南人據塢壁自保者數十，賊悉摧破之，踞息縣、光州，礫人投汝水，水爲赤。任學不能大創也。進忠勢衰，佯求撫。文燦及巡撫常道立許之，乘間逸去。事聞，任學與文燦、道立並鐫秩。

七月，任學督岱等赴羅山，合左良玉軍擊汝才、萬慶及紫微星、順義王，大敗之，追奔五十里，斬首一千四百有奇，獲黑虎狼、滿天星，賊奔遂平。九月，進忠寇開封，至瓦子坡。岱奮擊，賊盡棄輜重遁入大隗山，獲其妻子。

其冬，京師戒嚴，任學入衞，道謁文燦，言：「獻忠狼子野心，終爲國患，我以勤王爲名，出其不意，可立縛也。」文燦不能用。抵畿南，有詔却還。巡撫道立調良玉兵於陝州。賊乘盧氏虛，遁入內鄉、淅川，爲文燦所劾。明年除道立名，任學亦鐫一秩。遊擊宋懷智、都司孔道與再破賊陳州，部將王應龍、尤之龍等破賊襄城，五戰皆勝。副將岱與應龍、懷智等復破賊葉縣，十日奏八捷。帝詔所司核實。已，又挫賊裕州。而是時總兵孫應元、黃得功統京軍討賊，屢奏大捷，凱旋錄功，任學亦敍復二秩。

尋與左良玉、陳洪範蹙李萬慶於內鄉。萬慶方降，獻忠已叛，文燦盡調河南軍援剿，獨任學留汝南。川貴總督李若星論文燦主撫之謬，請復任學原官，攝行大將，督察軍事。不從。七月，獻忠合汝才自房縣西走，岱偕良玉追之。良玉令岱爲前鋒，己隨其後。至羅猴山，軍乏食。賊伏兵要害，岱與副將劉元捷鼓勇直上，伏四起。岱馬足絓於藤，抽刀斷之，蹶而復進，乃棄馬步鬭。久之矢盡，陷於賊，良玉軍亦大敗。事聞，任學坐褫職。十五年，言官請起廢，任學與焉，未及用而卒。

贊曰：流賊之肆毒也，禍始於楊鶴，成於陳奇瑜，而熾於熊文燦、丁啓睿。然練國事、鄭崇儉先罹其罰，而邵捷春、兪應桂亦或死或戍。疆場則勦撫乖方，廟堂則賞罰不當，僨師玩寇，賊勢日張，謂非人謀不臧實使之然乎！

校勘記

〔一〕尋出督兩淮鹽法　兩淮，明史稿傳一三八楊鶴傳作「兩浙」。

〔二〕搆兵三十年　本書卷三一一烏蒙烏撒東川鎭雄四軍民府傳作「仇殺者二十年」。

〔三〕殺知縣張耀采　張耀采，本書卷二二熹宗本紀、熹宗實錄卷七七天啓七年三月戊子條、國榷卷八八頁五三六五都作「張斗耀」。

〔四〕降賊王虎　王虎，崇禎實錄卷三崇禎三年三月條、國榷卷九一頁五五四〇、綏寇紀略卷一、懷陵流寇始終錄卷三都作「黃虎」。

〔五〕周任鳳　明史稿傳一三七陳奇瑜傳、懷陵流寇始終錄卷七作「周仕鳳」。

〔六〕授黃州推官　黃州，原作「貴州」，據明史稿傳一三七熊文燦傳改。

〔七〕海寇鍾淩秀既降復叛　鍾淩秀，原作「鍾靈秀」，明史稿傳一三七熊文燦傳作「鍾凌秀」。按下文作「淩秀」，據改。

〔八〕參將夏之本　懷宗實錄卷七崇禎七年十二月壬寅條、國榷卷九三頁五六八三都作「夏之木」。

〔九〕常德安　明史稿傳一三七熊文燦傳作「常國安」。

〔一〇〕惟革左及馬光玉三部尚稽天誅　馬光玉，原作「馬光裕」，據本卷鄭崇儉傳附方孔炤傳、佘應桂傳及明史稿傳一三七熊文燦傳、綏寇紀略卷六改。

〔一一〕楊麟　明史稿傳一三七練國事傳、國榷卷九二頁五五九三作「楊麒」。

〔一二〕鄉寧人　鄉寧，原作「寧鄉」，據明史稿傳一三七鄭崇儉傳、明進士題名碑錄萬曆丙辰科改。

〔一三〕國奇至略陽卒大譟剽瑞王租　略陽，原作「洛陽」，綏寇紀略卷六、懷陵流寇始終錄卷一二都作「略陽」。按瑞王封國在漢中府，略陽其屬縣，亦李國奇應援入蜀道經之地，據改。

〔一四〕尚文及安綿副使吳麟徵大破賊過天星等　安綿副使，原作「安錦副使」，據明史稿傳一三七邵捷春傳改。按本書卷七五職官表按察司屬整飭兵備道在四川者有「安綿道」，無「安錦道」。又，吳麟徵，同上明史稿作「吳麟瑞」。按本書卷二六六有吳麟徵傳，事蹟與此異。

〔一五〕思岱譖殺茂選　譖殺，原作「潛殺」，據明史稿一三七邵捷春傳改。

〔一六〕淨壁　明史稿傳一三七邵捷春傳作「淨壁」，國榷卷九七頁五八七六、懷陵流寇始終錄卷一三作「淨堡」。

〔一七〕降將張一川　張一川，原作「張一州」，據明史稿傳一三七邵捷春傳、國榷卷九七頁五八八〇、綏寇紀略卷七、懷陵流寇始終錄卷一三、明史紀事本末卷七五改。

明史卷二百六十一

列傳一百四十九

盧象昇 弟象晉 象觀 從弟象同 劉之綸 丘民仰 丘禾嘉

盧象昇，字建斗，宜興人。祖立志，儀封知縣。象昇白晳而臞，膊獨骨，負殊力。舉天啓二年進士，授戶部主事。歷員外郎，稍遷大名知府。崇禎二年，京師戒嚴，募萬人入衞。明年進右參政兼副使，整飭大名、廣平、順德三府兵備，號「天雄軍」。又明年舉治行卓異，進按察使，治兵如故。象昇雖文士，善射，嫺將略，能治軍。

六年，山西賊流入畿輔，據臨城之西山。象昇擊卻之，與總兵梁甫、參議寇從化連敗賊。賊走還西山，圍游擊董維坤冷水村。象昇設伏石城南，大破之。又破之青龍岡，又破之武安。連斬賊魁十一人，殲其黨，收還男女二萬。三郡之民，安堵者數歲。象昇每臨陣，身先士卒，與賊格鬬，刃及鞍勿顧，失馬即步戰。逐賊危崖，一賊自巔射中象昇額，又一矢僕夫斃馬下，象昇提刀戰益疾。賊駭走，相戒曰：「盧廉使遇即死，不可犯。」象昇以是有能兵名。賊懼，南渡河。

明年，賊入楚，陷鄖陽六縣。命象昇以右僉都御史，代蔣允儀撫治鄖陽。時蜀寇返楚者駐鄖之黃龍灘。象昇與總督陳奇瑜分道夾擊，自烏林關、乜家溝、石泉壩、康寧坪、獅子山、太平河、竹木砭、箐口諸處，連戰皆捷，斬馘五千六百有奇，漢南寇幾盡。因請益鄖主兵，減稅賦，繕城郭，貸鄰郡倉穀，募商採銅鑄錢，鄖得完輯。

八年五月擢象昇右副都御史，代唐暉巡撫湖廣。八月命總理江北、河南、山東、湖廣、四川軍務，兼湖廣巡撫。總督洪承疇辦西北，象昇辦東南。尋解巡撫任，進兵部侍郎，加督山西、陝西軍務，賜尙方劍，便宜行事。汝、洛告警，象昇倍道馳入汝。賊部衆三十餘萬，連營百里，勢甚盛。象昇督副將李重鎭、雷時聲等擊高迎祥於城西，用强弩射殺賊千餘人。迎祥、李自成走，陷光州，象昇復大破之確山。先是，大帥曹文詔、艾萬年陣亡，尤世威敗衄，諸將率畏賊不敢前。象昇每慷慨灑泣，激以忠義。軍中嘗絕三日餉，象昇亦水漿不入口。以是得將士心，戰輒有功。

九年正月大會諸將於鳳陽。象昇乃上言曰：「賊橫而後調兵，賊多而後增兵，是爲後局。兵至而後議餉，兵集而後請餉，是爲危形。況請餉未敷，兵將從賊而爲寇，是八年來所請之兵皆賊黨，所用之餉皆盜糧也。」又言「總督、總理宜有專兵專餉。請調咸寧、甘、固之兵屬總督，薊、遼、關、寧之兵屬總理」。又言「各直省撫臣，俱有封疆重任。毋得一有賊警卽求援求調。不應則吳、越也，分應則何以支」。又言臺諫諸臣，不問難易，不顧死生，專以求全責備。雖有長材，從何展布。「臣與督臣，有剿法無堵法，有戰法無守法」。言皆切中機宜。

於是迎祥圍廬州，不克，分道陷含山、和州，進圍滁州。象昇率總兵祖寬、遊擊羅岱救滁州，大戰於城東五里橋，斬賊首搖天動，奪其駿馬。賊連營俱潰，逐北五十里。朱龍橋至關山，積屍塡溝委塹，滁水爲不流。賊乃北趨鳳陽，圍壽州，突潁、霍、蕭、碭、靈璧、虹，窺曹、單。總兵劉澤淸拒河，乃掠考城、儀封而西。其犯亳者，折入歸德。永寧總兵官祖大樂邀擊之，賊乃北向開封。陳永福敗之朱仙鎭，賊遂走登封，與他賊合，分趨裕州、南陽。象昇合寬、大樂、岱兵大破之七頂山，殲自成精騎殆盡。已，次南陽，令大樂備汝寧，寬備鄧州，而躬率諸軍蹙賊。遣使告湖廣巡撫王夢尹、鄖陽撫治宋祖舜曰：「賊疲矣，東西邀擊，前阻漢江，可一戰殲也。」兩人竟不能禦，賊遂自光化潛渡漢入鄖。象昇遣總兵秦翼明、副將雷時聲由南漳、穀城入山擊賊。寬等騎軍，不利阻險，副將王進忠軍譁，羅岱、劉肇基兵多逃，追之則彎弓內嚮。象昇乃調四川及筸子土兵，搜捕均州賊。是時，楚、豫賊及迎祥等俱在秦、楚、蜀之交萬山中，象昇自南陽趨襄陽進兵。賊多兵少，而河南大饑，餉乏，邊兵益洶洶。承疇、象昇議，關中平曠，利騎兵，以寬、重鎮軍入陝。而襄陽、均、宜、穀、上津、南漳，環山皆賊。七月，象昇渡淅河而南。九月追賊至鄖西。

京師戒嚴，有詔入衞，再賜尚方劍。既行，賊遂大逞，駸駸乎不可復制矣。既解嚴，詔遷兵部左侍郎，總督宣、大、山西軍務。大興屯政，穀熟，畝一鍾，積粟二十餘萬。天子諭九邊皆式宣、大。

明年春，聞宣警，卽夜馳至天城。矢檄旁午，言二百里外乞炭馬蹄闊踏四十里。象昇曰：「此大舉也。」問：「入口乎？」曰：「未。」象昇曰：「殆欲右窺雲、晉，令我兵集宣，則彼乘虛入耳。」因檄雲、晉兵勿動，自率師次右衞，戒邊吏毋輕言戰。持一月，象昇曰：「懈矣，可擊。」哨知三十六營離牆六十里，潛召雲師西來，宣師東來，自督兵直子午，出羊房堡，計日鏖戰。乞炭聞之遂遁。象昇在陽和，乞炭不敢近邊。五月丁外艱，疏十上，乞奔喪。時楊嗣昌奪情任中樞，亦起陳新甲制中，而令象昇席喪候代。進兵部尚書。新甲在遠，未卽至。

九月，大清兵入牆子嶺、青口山，殺總督吳阿衡，毀正關，至營城石匣，駐於牛蘭。召宣、大、山西三總兵楊國柱、王樸、虎大威入衞。三賜象昇尚方劍，督天下援兵。象昇麻衣草履，誓師及郊。馳疏報曰：「臣非軍旅才。愚心任事，誼不避難。但自臣父奄逝，長途慘傷，潰亂五官，非復昔時；兼以草土之身踞三軍上，豈惟觀瞻不聳，尤虞金鼓不靈。」已聞總監中官高起潛亦衰絰臨戎，象昇謂所親曰：「吾三人皆不祥之身也。人臣無親，安有君。樞輔奪情，亦欲予變禮以分僭耶？處心若此，安可與事君。他日必面責之。」

當是時，嗣昌、起潛主和議。象昇聞之，頓足歎曰：「予受國恩，恨不得死所，有如萬分一不幸，寧捐軀斷脰耳。」及都，帝召對，問方略。對曰：「臣主戰。」帝色變，良久曰：「撫乃外廷議耳，其出與嗣昌、起潛議。」出與議，不合。明日，帝發萬金犒軍，嗣昌送之，屏左右，戒毋浪戰，遂別去。師次昌平，帝復遣中官齎帑金三萬犒軍。明日又賜御馬百，太僕馬千，銀鐵鞭五百。象昇曰：「果然外廷議也，帝意銳甚矣。」決策議戰，然事多爲嗣昌、起潛撓。疏請分兵，則議宣、大、山西三帥屬象昇，關、寧諸路屬起潛。象昇名督天下兵，實不及二萬。次順義。

先是，有瞽而賣卜者周元忠，善遼人，時遣之爲媾。會嗣昌至軍，象昇責數之曰：「文弱，子不聞城下盟春秋恥之，而日爲媾。長安口舌如鋒，袁崇煥之禍其能免乎？」嗣昌頳赤，曰：「公直以尚方劍加我矣。」象昇曰：「既不奔喪，又不能戰，齒劍者我也，安能加人。」嗣昌辭遁。象昇卽言：「元忠講款，往來非一日，事始於薊門督監，受成於本兵，通國聞之，誰可諱也。」嗣昌語塞而去。又數日會起潛安定門，兩人各持一議。新甲亦至昌平，象昇分兵與之。當是時，象昇自將馬步軍列營都城之外，衝鋒陷陣，軍律甚整。

大清兵南下，三路出師：一由淶水攻易，一由新城攻雄，一由定興攻安肅。象昇遂由涿進據保定，命諸將分道出擊，大戰於慶都。編修楊廷麟上疏言：「南仲在內，李綱無功；潛善秉成，宗澤殞恨。國有若人，非封疆福。」嗣昌大怒，改廷麟兵部主事，贊畫行營，奪象昇尚書，侍郎視事。命大學士劉宇亮輔臣督師，巡撫張其平閉闉絕餉。俄又以雲、晉警，趣出關，王樸徑引兵去。

象昇提殘卒，次宿三宮野外。畿南三郡父老聞之，咸叩軍門請曰：「天下洶洶且十年，明公出萬死不顧一生之計為天下先。乃奸臣在內，孤忠見嫉。三軍捧出關之檄，將士懷西歸之心。棲遲絕野，一飽無時。脫巾狂噪，雲帥其見告矣。明公誠從愚計，移軍廣順，召集義師。三郡子弟喜公之來，皆以昔非公死賊，今非公死兵，同心勠力，一呼而裹糧從者可十萬，孰與隻臂無援，立而就死哉！」象昇泫然流涕而謂父老曰：「感父老義。雖然，自予與賊角，經數十百戰未嘗衄。今者，分疲卒五千，大敵西衝，援師東隔，事由中制，食盡力窮，旦夕死矣，無徒累爾父老為也。」衆號泣雷動，各攜粎頭斗粟餉軍，或貽棗一升，曰：「公資為糧。」

十二月十一日進師至鉅鹿賈莊。起潛擁關、寧兵在雞澤，距賈莊五十里而近，象昇遣廷麟往乞援，不應。師至蒿水橋，遇大清兵。象昇將中軍，大威帥左，國柱帥右，遂戰。夜半，觱篥聲四起。旦日，騎數萬環之三匝。象昇麾兵疾戰，呼聲動天，自辰迄未，礮盡矢窮。奮身鬬，後騎皆進，手擊殺數十人，身中四矢三刃，遂仆。掌牧楊陸凱懼衆之殘其屍而伏其上，背負二十四矢以死。僕顧顯者殉，一軍盡覆。大威、國柱潰圍乃得脫。

起潛聞敗，倉皇遁，不言象昇死狀。嗣昌疑之，有詔驗視。廷麟得其屍戰場，麻衣白網巾。一卒遙見，卽號泣曰：「此吾盧公也。」三郡之民聞之，哭失聲。順德知府于潁上狀，〔二〕嗣昌故靳之，八十日而後殮。明年，象昇妻王請恤。又明年，其弟象晉、象觀又請，不許。久之，嗣昌敗，廷臣多爲言者，乃贈太子少師、兵部尙書，賜祭葬，世廕錦衣千戶。福王時，追謚忠烈，建祠奉祀。

象昇少有大志，爲學不事章句。居官勤勞倍下吏，夜刻燭，雞鳴盥櫛，得一機要，披衣起，立行之。暇卽角射，箭鏃花，五十步外，發必中。愛才惜下如不及，三賜劍，未嘗戮一偏裨。

高平知縣侯弘文者，奇士也，僑寓襄陽，散家財，募滇軍隨象昇討賊。象昇移宣、大，弘文率募兵至楚，巡撫王夢尹以擾驛聞。象昇上疏救，不得，弘文卒遣戍。天下由是惜弘文而多象昇。

象昇好畜駿馬，皆有名字。嘗逐賊南漳，敗。追兵至沙河，水闊數丈，一躍而過，即所號五明驥也。

方象昇之戰歿也，嗣昌遣三邏卒察其死狀。其一人兪振龍者，歸言象昇實死。嗣昌怒，鞭之三日夜，且死，張目曰：「天道神明，無枉忠臣。」於是天下聞之，莫不欷歔，益恚嗣昌矣。其後南都亡，象觀赴水死，象晉爲僧，一門先後赴難者百餘人。從弟象同及其部將陳安死尤烈。

象觀，崇禎十五年，鄉薦第一，成進士。官中書。象晉、象同皆諸生。

象昇死時，年三十九。

劉之綸，字元誠，宜賓人。家世務農。之綸少從父兄力田，間艾薪樵，賣之市中。歸而學書，銘其座曰「必爲聖人」。里中由是號之綸劉聖人。天啓初，舉鄉試。奢崇明反，以策干監司扼賊歸路，監司不能用。

崇禎元年第進士，改庶吉士。與同館金聲及所客申甫三人者相與爲友，造單輪火車、偏廂車、獸車，刳木爲西洋大小礮，不費司農錢。

明年冬，京師戒嚴。聲上書得召見，薦之綸及甫。帝立召之綸、甫。之綸言兵，了了口辨。帝大悅，授甫京營副總兵，資之金十七萬召募；改聲御史，監其軍；授之綸兵部右侍郎，副尙書閔夢得協理京營戎政。於是之綸賓賓以新進驟躋卿貳矣。

初，正月元日有黑氣起東北亙西方。甫見之大驚，趨語之綸、聲曰：「天變如此，汝知之乎？今年當喋血京城下，可畏也。」聞者皆笑。及冬十一月三日，大淸兵破遵化。十五日至壩上。二十日薄都城，自北而西。都人從城上望之，如雲萬許片馳風，須臾已過。遂克良鄉，還至盧溝，夜殺甫一軍七千餘人，黎明掩殺大帥滿桂、孫祖壽，生擒黑雲龍、麻登雲以去。之綸曰：「元日之言驗矣。」請行，無兵，則請京營兵，不許，則請關外川兵，不許，則議召募，召募得萬人，遂行。抵通州，時永平已陷，天大雨雪。之綸奏軍機，七上，不報。

明年正月，師次薊。〔二〕當是時，大淸兵蒙古諸部號十餘萬，駐永平；諸勤王軍數萬在薊。之綸乃與總兵馬世龍、吳自勉約，由薊趨永平，牽之無動，而自率兵八路進攻遵化。旣由石門至白草頂，距遵化八里娘娘山而營，世龍、自勉不赴約。二十二日，大淸兵自永平趨三屯營，驍騎三萬，望見山上軍，縱擊之。之綸發礮，礮炸，軍營自亂。左右請結陣徐退，以爲後圖。之綸叱曰：「毋多言！吾受國恩，吾死耳！」嚴鼓再戰，流矢四集。之綸解所佩印付家人，「持此歸報天子」，遂死。一軍皆哭，拔營野戰，皆死之。尸還，矢飲於顱，不可拔。聲以齒嚙之出，以授其家人。

初，講官文震孟入都，之綸、聲往見之。震孟敎以持重。之綸既受命視師，驟貴，廷臣抑之。震孟使人諷之，謂宜辭侍郎而易科銜以行，不聽。既行，通州守者不納，雨雪宿古廟中，御史董羽宸劾其行留。之綸曰：「小人意忌，有事則委卸，無事則議論，止從一侍郎起見耳。乞削臣今官，賜骸骨。」不許。及戰死，天子嘉其忠，從優卹，贈兵部尚書。震孟止之曰：「死綏，分也，侍郎非不尊。」遂不予贈，賜一祭半葬，任一子。之綸母老，二子幼，貧不能返柩，請於朝，給驛還。久之，贈尚書。後十五年，聲死難。

丘民仰，字長白，渭南人。萬曆中舉於鄉。以敎諭遷順天東安知縣，釐宿弊十二事。河齧，歲旱蝗，爲文祭禱。河他徙，蝗亦盡。調繁保定之新城。

崇禎二年，縣被兵，晨夕登陴守。四方勤王軍畢出其地，民仰調度有方，民不知擾。擢御史，號敢言。時四方多盜，鎭撫率怯懦不敢戰，釀成大亂。吳橋兵變，列城多陷，巡撫余大成、孫元化皆主撫。流賊擾山西，巡撫宋統殷下令，殺賊者抵死。民仰先後疏論其非，後皆如民仰言。遭妻喪，告歸。出爲河間知府，遷天津副使，調大同，監軍汝寧，遷永平右參政，移督寧前兵備。民仰善理劇，以故所移皆要地。

十三年三月擢右僉都御史，代方一藻巡撫遼東，按行關外八城，駐寧遠。十四年春，錦州被圍，塡壕毁塹，聲援斷絕。有傳其帥祖大壽語者：「逼以車營，毋輕戰。」總督洪承疇集兵，民仰轉餉，未發。帝憂之。朝議兩端。命郎中張若麒就行營計議，若麒至，則趣進師。七月，師次乳峯，去錦州五六里而營。旦日，楊國柱之軍潰。踰月，王樸軍亦潰。未幾，馬科等五將皆潰。大淸兵掘松山，斷我歸路，遂大敗，蹂躪殺溺無算，退保松山。圍急，外援不至，芻糧竭。至明年二月，且半年矣。城破，承疇降，民仰死，若麒跳從海上蕩漁舟而還，寧遠、關門勁旅盡喪。事聞，帝驚悼甚，設壇都城，承疇十六，民仰六，賜祭盡哀。贈民仰右副都御史，官爲營葬，錄其一子。尋命建祠都城外，與承疇並列，帝將親臨祭焉。將祭，聞承疇降，乃止。

丘禾嘉，貴州新添衞人。舉萬曆四十一年鄉試，好談兵。天啓時，安邦彥反，捐資製器，協擒其黨何中蔚。選祁門教諭，以貴州巡撫蔡復一請，遷翰林待詔，參復一軍。崇禎元年有薦其知兵者，命條上方略。帝稱善，即授兵部職方主事。三年正月，薊遼總督梁廷棟入主中樞，銜總理馬世龍違節制，命禾嘉監紀其軍。時永平四城失守，樞輔孫承宗在關門，聲息阻絕。薊遼總督張鳳翼未至，而順天巡撫方大任老病不能軍，惟禾嘉議通關門聲援，率軍入開平。二月，大清兵來攻，禾嘉力拒守，乃引去。已，分略古治鄉，禾嘉令副將何可綱、張洪謨、金國奇、劉光祚等迎戰，抵灤州。甫還，而大清兵復攻牛門、水門，又督參將曹文詔等轉戰，抵遵化而返。無何，四城皆復。

寧遠自畢自肅遇害，遂廢巡撫官，以經略兼之，至是議復設。廷棟力推禾嘉才，超拜右僉都御史，巡撫其地，兼轄山海關諸處。禾嘉初涖鎮，大清兵以二萬騎圍錦州。禾嘉督諸將赴救，城獲全。登萊巡撫孫元化議徹島上兵於關外，規復廣寧及金、海、蓋三衞。禾嘉議用島兵復廣寧、義州、右屯。廷棟慮其難，以咨承宗。承宗上奏曰：「廣寧去海百八十里，去河百六十里，陸運難。義州地偏，去廣寧遠，必先據右屯，聚兵積粟，乃可漸逼廣寧。」又言：「右屯城已隳，修築而後可守。築之，敵必至，必復大、小凌河，以接松、杏、錦州。錦州繞海而居敵，難陸運。而右屯之後即海，據此則糧可給，兵可聚，始得爲發軔地。」奏入，廷棟力主之，於是有大凌築城之議。

會禾嘉訐祖大壽，大壽亦發其贓私。承宗不欲以武將去文臣，抑使弗奏，密聞於朝，請改禾嘉他職。四年五月命調南京太僕卿，以孫穀代。穀未至，部檄促城甚急。大壽以兵四千據其地，發班軍萬四千人築之，護以石砫土兵萬人。禾嘉往視之，條九議以上。工垂成，廷棟罷去。廷議大凌荒遠不當城，撤班軍赴薊，責撫鎮矯舉，令回奏。禾嘉懼，盡撤防兵，留班軍萬人，輸糧萬石濟之。

八月，大清兵抵城下，掘濠築牆，四面合圍，別遣一軍截錦州大道。城外堠臺皆下，城中兵出，悉敗還。禾嘉聞之，馳入錦州，與總兵官吳襄、宋偉合兵赴救。離松山三十餘里，與大清兵遇，大戰長山、小凌河間，互有傷損。九月望，大清兵薄錦州，分五隊直抵城下。襄、偉出戰不勝，乃入城。二十四日，監軍張春會襄、偉兵，過小凌河東五里，築壘列車營，爲大凌聲援。大清兵扼長山，不得進。禾嘉遣副將張洪謨、祖大壽、靳國臣、孟道等出戰五里莊，亦不勝。夜趨小凌河，至長山接戰，大敗。春及副將洪謨、楊華徵、薛大湖等三十三人俱被執，副將張吉甫、滿庫、王之敬等戰歿。大壽不敢出，凌城援自此絕。敗書聞，舉朝震駭。孫穀代禾嘉，未至而罷，改命謝璉。璉畏懼，久不至。後兵事亟，召璉駐關外，禾嘉留治中。及是聞敗，移駐松山，圖再舉，言官以推委詆之。帝以禾嘉獨守松山，非卸責，戒飭而已。

大凌糧盡食人馬。大清屢移書招之，大壽許諾，獨副將可綱不從。十月二十七日，大壽殺可綱，與副將張存仁等三十九人投誓書約降。是夕出見，以妻子在錦州，請設計誘降錦州守將，而留諸子於大清。禾嘉聞大凌城礮聲，謂大壽得脫，與襄及中官李明臣、高起潛發兵往迎。適大壽僞逃還，遂俱入錦州。大凌城人民商旅三萬有奇，僅存三之一，悉爲大清所有，城亦被毀。十一月六日，大清復攻杏山。明日攻中左所。城上用礮擊，乃退。大壽入錦州，未得間，而禾嘉知其納款狀，具疏聞於朝。因初奏大壽突圍出，前後不讐，引罪請死。於是言官交劾，嚴旨飭禾嘉。而帝於大壽欲羈縻之，弗罪也。

新撫璉已至，禾嘉猶在錦州。會廷議山海別設巡撫，詔罷璉，令方一藻撫寧遠，禾嘉仍以僉都御史巡撫山海、永平。尋論築城召釁罪，貶二秩，巡撫如故。禾嘉請爲監視中官設標兵。御史宋賢詆其諂附中人，帝怒，貶賢三秩。禾嘉持論每與承宗異，不爲所喜，時有詆諆。既遭喪敗，廷論益不容，遂堅以疾請。五年四月詔許還京，以楊嗣昌代。令其妻代陳病狀，乃命歸田，未出都卒。

明世舉於鄉而仕至巡撫者，隆慶朝止海瑞，萬曆朝張守中、艾穆。莊烈帝破格求才，得十人：丘民仰、宋一鶴、何騰蛟、張亮以忠義著，劉可訓以武功聞，劉應遇、孫元化、徐起元皆以勤勞致位，而陳新甲官最顯。

贊曰：危亂之世，未嘗乏才，顧往往不盡其用。用矣，或掣其肘而驅之必死。若是者，人實爲之，要之亦天意也。盧象昇在莊烈帝時，豈非不世之才，乃困抑之以至死，何耶！至忠義激發，危不顧身，若劉之綸、丘民仰之徒，又相與俱盡，則天意可知矣。

校勘記

〔一〕順德知府于潁上狀　于潁，原作「于穎」，據明史稿傳一三九盧象昇傳、懷宗實錄卷十一崇禎十一年十二月丁未條、國榷卷九六頁五八二七改。

〔二〕時永平已陷天大雨雪之綸奏軍機七上不報明年正月師次薊　明年，承上文爲崇禎三年，則永平之陷爲崇禎二年事。按三年正月甲申，永平陷，見本書卷二三莊烈帝紀、懷宗實錄卷三、國榷卷九一頁五五一二，是「明年正月」四字應在永平陷前。

明史卷二百六十二

列傳第一百五十

傅宗龍　汪喬年 張國欽等　楊文岳 傅汝爲等　孫傳庭

傅宗龍，字仲綸，昆明人。萬曆三十八年進士。除銅梁知縣，調巴縣，行取，入爲戶部主事。久之，授御史。

天啓元年，遼陽破，帝下募兵之令，宗龍請行。一月餘，得精卒五千。明年，安邦彥反，圍貴陽，土寇蜂起。請發帑金濟滇將士，開建昌，通由蜀入滇之路，別設偏沅巡撫，罷湖廣退怯總兵薛來胤。帝多採納之。又上疏自請討賊，言：「爲武定、尋甸患者，東川土酋祿千鍾。爲霑益、羅平患者，賊婦設科及其黨李賢輩。攻圍普安，爲滇、黔門戶患者，龍文治妻及其黨尹二。困安南，據關索嶺者，沙國珍及羅應魁輩。困烏撒者，安效良。臣皆悉其生平，非臣敵。臣願以四川巡按兼貴州監軍，滅此羣醜。」帝大喜，下所司議。會宗龍以疾歸，不果行。

四年正月，貴州巡撫王三善爲降賊陳其愚所紿，敗歿。其夏卽家起宗龍巡按其地，兼監軍。初，部檄滇撫閔洪學援黔，以不能過盤江而止。宗龍旣被命，洪學令參政謝存仁、參將袁善及土官普名聲、沙如玉等以兵五千送之。宗龍直渡盤江，戰且行，寇悉破。乃謝遣存仁、善，以名聲等土兵七百人入貴陽，擒斬其愚。軍民大快。宗龍盡知黔中要害及土酋逆順，將士勇怯。巡撫蔡復一倚信之，請敕宗龍專理軍務，設中軍旗鼓，裨將以下聽賞罰，可之。宗龍乃條上方略，又備陳黔中艱苦，請大發餉金，亦報可。初，三善令監軍道臣節制諸將，文武不和，進退牽制。宗龍反其所爲，令監軍給芻糧，覈功罪，不得專進止。由是諸將用命，連破賊汪家沖、蔣義寨，直抵織金。

五年正月，總理魯欽敗績於陸廣河。宗龍上言：「不合滇、蜀，則黔不能平賊；不專總督任，則不能合滇、蜀兵。請召還朱燮元，以復一兼督四川，開府遵義，而移蜀撫駐永寧，滇撫駐霑益，黔撫駐陸廣，沅撫駐偏橋，四面並進，發餉二百萬金給之。更設黔、蜀巡撫。」帝以復一新敗，令解官，卽以燮元代，而命尹同皐撫蜀，王瑊撫黔，沅撫閔夢得移鎭，一如宗龍議。

陸廣敗後，諸苗復蠢動。復一、宗龍謀，討破烏粟、螺螄、長田諸叛苗，大破平越賊，毀其砦百七十，賊黨漸孤。宗龍乃條上屯守策，言：

蜀以屯爲守，黔則當以守爲屯。蓋安酋土地半在水外，仡佬、龍仲、蔡苗諸雜種，緩急與相助。賊有外藩，我無邊蔽，黔兵所以分力愈詘。臣謂以守爲屯者，先發兵據河，奪賊所恃。然後撫剿諸種，隨渡口大小，置大小寨，深溝高壘，置烽墩礮臺。小渡則塞以木石，使一粟不入水內，一賊不出水外，賊無如我何。又令沿河兵習水戰，當賊耕耨時，頻出奇兵，渡河擾之。賊不敢附河而居，而後我可以議屯也。

屯之策有二：一曰清衞所原田，一曰割逆賊故壤，而以衞所之法行之。蓋黔不患無田，患無人。客兵聚散無常，不能久駐。莫若倣祖制，盡舉屯田以授有功。因功大小，爲官高下，自指揮至總、小旗，畀以應得田爲世業，而禁其私賣買。不待招徠，戶口自實。臣所謂以守爲屯者如此。然兵當用四萬八千人，餉當歲八十餘萬，時當閱三年，如此而後賊可盡滅也。

部議從之。

復一卒，王瑊代，事悉倚辦。宗龍乃漸剪水外逆黨，將大興屯田。邦彥懼，謀沮之。六年三月大舉渡河入寇。宗龍擊破邦彥趙官屯，斬老蟲添，威名大著。當是時，大帥新亡，全黔震動，燮元遠在蜀，瑊擁虛位，非宗龍，黔幾殆。詔加太僕少卿。憂歸。

崇禎三年起故官。用孫承宗薦，擢右僉都御史，巡撫順天。未幾，拜兵部右侍郎兼僉都御史，總督薊、遼、保定軍務。

用小故奪官矣，居久之，十年十月流寇大入蜀，陷蜀三十餘州縣，帝拊髀而思宗龍曰：「使宗龍撫蜀，賊安至是哉！」趣即家起宗龍。宗龍至蜀，代王維章與總兵羅尚文禦却賊。十二年五月以楊嗣昌薦，召爲兵部尚書，去蜀。宗龍自定黔亂後，凡十有四年，輒起用，用不久輒遷去。八月至京，入見帝。宗龍爲人伉直任氣，不能從諛承意。帝憤中樞失職，嗣昌以權詭得主知。宗龍樸忠，初入見，即言民窮財盡。帝頗然之，顧猥言不已，遂怫然曰：「卿當整理兵事爾。」既退，語嗣昌曰：「何哉？宗龍善策黔，而所言卑卑，皆他人唾餘，何也？」自是所奏請，多中格。

熊文燦既罷，宗龍乃言：「向者賊流突東西，嗣昌故建分剿之策。今則流突者各止其所，臣請收勢險節短之效。總理止轄楚、豫，秦督兼轄四川，鳳督兼轄安慶，各率所轄撫鎮，期十二月成功。」因薦湖廣巡撫方孔炤堪代文燦。帝不用，用嗣昌督師。

嗣昌既督師，上章請兵食，不悉應，劾中樞不任。宗龍亦劾嗣昌徒耗斂國家，不能報效，以氣凌廷臣。會薊遼總督洪承疇請用劉肇基爲團練總兵官，中官高起潛又揭肇基恇怯，宗龍不即覆。帝遂發怒，責以抗旨，令對狀。奏上，復以戲視封疆下吏。法司擬戍邊，不許，欲置之死。在獄二年矣，十四年春，嗣昌死，尚書陳新甲薦其才，帝未有以應也，良久曰：「樸忠，吾以夙負用之，宜盡死力。」遂釋之出獄，以兵部右侍郎兼右僉都御史代丁啓睿，總督陝西三邊軍務。

當是之時，李自成有衆五十萬，自陷河、洛，犯開封，羅汝才復自南陽趨鄧、淅，與合兵。帝命宗龍專辦自成。議盡括關中兵餉以出，然屬郡旱蝗，已不能應。

九月四日以川、陝兵二萬出關，次新蔡，與保督楊文岳兵會。賀人龍、李國奇將秦兵，虎大威將保兵，共結浮橋，東渡汝，合兵趨項城。五日，兩軍畢渡，走龍口。自成、汝才亦結浮橋於上流，將趨汝寧。覘兩督兵至，盡伏精銳於林中，陽驅諸賊自浮橋西渡。人龍使後騎覘賊，還報曰：「賊向汝矣，結浮橋將渡矣。」宗龍、文岳夜會諸將於龍口，詰朝將戰。

六日，兩軍並進，中道一騎馳而告曰：「賊畢渡矣。」復進，一騎馳而告曰：「賊半渡矣，三分渡其二矣。」宗龍、文岳曰：「驅之。」走三十里，至於孟家莊，日卓午。人龍、大威曰：「馬力乏矣，詰朝而戰，止兵爲營。」諸軍弛馬甲，植戈錞，散行墟落求芻牧。賊覘之，塵起於林中，伏甲並出搏我兵。人龍有馬千騎不戰，國奇以麾下兵迎擊之，不勝。秦兵、保兵俱潰，人龍、大威奔沈丘，國奇從之，三帥師潰。宗龍、文岳合兵屯火燒店，賊以步兵攻其營。諸軍鳴大礮，震死賊百餘。日暮，賊引去。宗龍軍西北，文岳軍東南，晝塹而守。保兵宵潰，保督副將挾文岳騎而馳，夜奔於項城。宗龍復分秦兵立營於東南，諸將分壁當賊壘。

九日，檄人龍、國奇還兵救，二帥不應。宗龍曰：「彼避死，宜不來，吾豈避死哉！」語其麾下曰：「宗龍老矣，今日陷賊中，當與諸軍決一死戰，不能效他人捲甲走也。」召裨校李本實，卽文岳壁穿塹築壘以拒賊。賊亦穿壕二重以圍之。

十一日，秦師食盡，宗龍殺馬騾以享軍。明日，營中馬騾盡，殺賊取其屍分噉之。十八日，營中火藥、鉛子、矢並盡。宗龍簡士卒，夷傷死喪之餘，有衆六千。夜半，潛勒諸軍突賊營，殺千餘人，潰圍出。諸軍星散，宗龍徒步率諸軍且戰且走。十九日，日卓午，未至項城八里，賊追及之，執宗龍，呼於門曰：「秦督圍隨官丁也，請啓門納秦督。」宗龍大呼曰：「我秦督也，不幸墮賊手，左右皆賊耳。」賊唾宗龍。宗龍罵賊曰：「我大臣也，殺則殺耳，豈能爲賊賺城以緩死哉！」賊抽刀擊宗龍，中其腦而仆，劓其耳鼻死城下。事聞，帝曰：「若此，可謂樸忠矣。」復官兵部尚書，加太子少保，謚忠壯，廕子錦衣世百戶，予祭葬。

人龍、國奇兵潰歸陝，賊遂屠項城。分兵屠商水、扶溝，遂攻葉縣。

汪喬年，字歲星，遂安人。天啓二年進士。授刑部主事，歷郎中。母憂歸。

崇禎二年起工部，遷青州知府。以治行卓異，遷登萊兵備副使，乞終養歸。父喪除，起官平陽，遷陝西右參政，提督學校。再以卓異，就遷按察使。喬年清苦自勵，惡衣菲食，之官，攜二僕，不以家自隨。爲青州，行廊置土銼十餘，訟者自炊候鞫，吏無敢索一錢。自負才武，休沐輒馳騎，習弓刀擊刺，寢處風露中。

十四年擢右僉都御史，巡撫陝西。時李自成已破河南，聲言入關。喬年疾驅至商、洛，不見賊。賊圍開封，而三邊總督傅宗龍亦至陝，議抽兵括餉，則關中兵食已盡，無以應。宗龍、喬年握手欷歔而別。未幾，宗龍敗歿於項城，喬年流涕歎曰：「傅公死，討賊無人矣。」已，又聞詔擢喬年兵部右侍郎，總督三邊軍務，代宗龍。部檄踵至，趣出關。是時，關中精銳盡沒於項城。喬年曰：「兵疲餉乏，當方張之寇。我出，如以肉餧虎耳。然不可不一出，以持中原心。」乃收散亡，調邊卒，得馬步三萬人。

十五年正月率總兵賀人龍、鄭嘉棟、牛成虎出潼關。先是，臨潁爲賊守，左良玉破而屠之，盡獲賊所擄。自成聞之怒，舍開封而攻良玉。良玉退保郾城，賊圍之急。喬年諸將議曰：〔一〕「郾城危在旦夕。吾趨郾，賊方銳，難與爭鋒。吾聞襄城距郾四舍，賊老砦咸在。吾舍郾而以精銳攻其必應，賊必還兵救，則郾城解矣。郾城解，我擊其前，良玉乘其背，賊可大破也。」諸將皆曰：「善。」乃留步兵火器於洛陽，簡精騎萬人兼程進。次郟縣，襄城人張永祺等迎喬年。

二月二日，喬年入襄城，分人龍、嘉棟、成虎軍三路，駐城東四十里，逼郾城而軍，而自勒兵駐城外。賊果解郾城而救襄城。賊至，三帥奔，良玉救不至，軍大潰。喬年歎曰：「此吾死所也。」率步卒千餘入城守。〔三〕賊穴地實火藥攻城，喬年亦穿阱，視所鑿，長矛刺之。賊礮擊喬年坐纛，雉堞盡碎。左右環泣請避之，喬年怒，以足蹴其首曰：「汝畏死，我不畏死也。」十七日，城陷，〔三〕巷戰，殺三賊，自剄不殊，爲賊所執，大罵。賊割其舌，磔殺之。襄城人建祠而祀之。

時張國欽、張一貫、黨威、李萬慶及監紀西安同知孫兆祿、材官李可從、襄城知縣曹思正從喬年，皆死之。萬慶者，降將射塌天也。又有馬帥某者，逸其名。兆祿，鹽山人。可從，盩厔人，黨威，神木人。餘莫考。黨威則嘗擊賊於西雒峪，擒賊首竇阿婆者也。

自成購永祺不得，屠其族，劓刖諸生劉漢臣等百九十人。自成數月之間再敗秦師，獲馬二萬，降秦兵又數萬，威震河雒。

初，喬年之撫陝西也，奉詔發自成先塚。米脂令邊大受，河間靜海舉人，健令也，詗得其族人爲縣吏者，掠之。言：「去縣二百里曰李氏村，亂山中，十六塚環而葬，中其始祖也。相傳，穴，仙人所定，壙中鐵燈檠，鐵燈不滅，李氏興。」如其言發之，螻蟻數石，火光熒熒然。

斵棺，骨青黑，被體黄毛。腦後穴大如錢，赤蛇盤，三四寸，角而飛，高丈許，咋咋呑日光者六七，反而伏。喬年函其顱骨、腊蛇以聞。焚其餘，雜以穢，棄之。自成聞之，嚙齒大恨曰：「吾必致死於喬年。」既殺喬年，由西華攻陳州。

楊文岳，字斗望，南充人。萬曆四十七年進士。授行人。天啓五年擢兵科給事中，屢遷禮科都給事中。崇禎二年出爲江西右參政，歷湖廣、廣西按察使，雲南、山西左右布政使，以右副都御史巡撫登、萊。十二年擢兵部右侍郎，總督保定、山東、河北軍務，代孫傳庭。

十四年正月，李自成陷洛陽，犯開封。文岳率總兵虎大威以衆二萬赴救。渡河，賊先遁，追擊於鳴臯。還，駐兵開封。疫作，乃頓兵於汝寧，出屯西平、新蔡間。七月，自成走內鄉、淅川，與羅汝才合。文岳趨鄧州，自成還攻之。文岳戰三捷，斬其魁一條龍、一隻龍，賊遁去。

九月會陝西總督傅宗龍於新蔡，與賊遇，大潰於孟家莊，再潰於火燒店。部將挾文岳夜入於項城。明日奔陳州，宗龍遂覆沒。事聞，文岳革職，充爲事官，戴罪自贖。乃收集散亡，率所部就巡撫高名衡防杞。賊遂破葉縣，拔泌陽，乘勝陷南陽，殺唐王，下鄧州等十四城，再圍開封。

明年正月，文岳馳救開封，論功復官。臨潁爲賊守，左良玉破而屠之，退保郾城。自成圍郾城。二月，督師丁啓睿及文岳、大威救郾城。賊潰，距官軍數里而營。文岳、啓睿相掎角，持十一晝夜。總督汪喬年出關，賊引去，再攻開封。六月詔起侯恂兵部右侍郎，總督保定、山東、河南、湖北軍務，代文岳。命所司察文岳罪狀。七月朔，文岳、啓睿合良玉、大威及楊德政、方國安四總兵之師，次朱仙鎭。諸軍盡潰，啓睿、文岳奔汝寧。賊渡河，追奔四百里，官軍失亡數萬。詔褫官候勘。

九月，文岳在汝寧，夜襲賊營有功。賊旣灌開封，旋敗孫傳庭兵，以閏十一月悉衆薄汝寧，老回回、革裏眼、左金王等畢會。文岳遣都司康世德以輕騎偵賊。世德走還汝，將其步騎五百，夜縱火噪而奔。十三日，羣賊並至，壓汝寧五里而軍。監軍僉事孔貞會以川兵屯城東，文岳以保兵屯城西。賊兵進攻，相持一晝夜。川兵潰，殺傷數百。賊奪其馬騾，悉衆攻保兵，漸不支。僉事王世琮、知府傅汝爲、通判朱國寶，縋將士入城。副將賈悌、參將馮名聖亦掖文岳、貞會登城。

明日，賊四面環攻，戴扉以陣，矢石雲梯堵牆而立。城頭矢礮擂石雨集，賊死傷山積，而攻不休。一鼓百道並登，執文岳及世琮、國寶、悌、名聖於城頭，殺汝陽知縣文師頤於城上。汝爲聞變，赴水死。賊擁文岳等見自成，大罵。賊怒，縛之城南三里鋪，以大礮擊之，洞胸糜骨而死。士民屠戮數萬，焚公私廨舍殆盡。貞會執去，不知所終。自成以文岳死忠，備禮斂之。遂拔營走確山、信陽、泌陽，嚮襄陽，虜崇王由樻、崇世子、諸王妃及河南懷安諸王以行。

汝爲，字于宣，江陵人。崇禎七年進士。世琮，字仲發，達州人。國寶，成都人。師頤，全州人。皆舉人。世琮嘗爲汝寧推官，討土寇，流矢貫耳不爲動，時號王鐵耳者也。師頤涖任甫三日。

孫傳庭，字百雅，代州振武衞人。自父以上，四世舉於鄉。傳庭儀表頎碩，沈毅多籌略。萬曆四十七年成進士，授永城知縣，以才調商丘。天啓初，擢吏部驗封主事，屢遷稽勳郎中，請告歸。家居久不出。

崇禎八年秋，始還驗封郎中，超遷順天府丞。陝西巡撫甘學濶不能討賊，秦之士大夫譁於朝，乃推邊才用傳庭，以九年三月受代。傳庭蒞秦，嚴徵發期會，一從軍興法。秦人愛之不如總督洪承疇，然其才自足辦賊。賊首整齊王據商、雒，諸將不敢攻，檄副將羅尙文擊斬之。

當是時，賊亂關中，有名字者以十數，高迎祥最強，拓養坤黨最衆，所謂闖王、蝎子塊者也。傳庭設方略，親擊迎祥於盩厔之黑水峪，擒之，及其僞領哨黃龍、總管劉哲，獻俘闕下。錄功，增秩一等。而賊黨自是乃共推李自成爲闖王矣。明年，養坤及其黨張耀文來降。已而養坤叛去，諭其下追斬之。擊賊惠登相於涇陽、三原，登相西走。河南賊馬進忠、劉國能等十七部入渭南，追之出關，復合河南兵夾擊之，先後斬首千餘級。進忠等復擾商、雒、藍田，叛卒與之合，將犯西安。遣左光先、曹變蛟追走之渭南，降其渠一條龍，招還脅從。募健兒擊餘賊，斬聖世王、瓦背王、一翅飛，〔四〕降鎭天王、上山虎。又殲白桿賊渠魁數人。關南稍靖。遣副將盛略等敗賊大天王於寶雞。賊走入山谷，傳庭追之鳳翔。他賊出棧道，謀越關犯河南，還軍擊。賊走伏斜谷，復大敗之，降其餘衆。西安四衞，舊有屯軍二萬四千，田二萬餘頃，其後田歸豪右，軍盡虛籍。傳庭釐得軍萬一千有奇，歲收屯課銀十四萬五千餘兩，米麥萬三千五百餘石。帝大喜，增秩，賚銀幣。

會楊嗣昌入爲本兵，條上方略。洪承疇以秦督兼勦務，而用廣撫熊文燦爲總理，分四正六隅，馬三步七，計兵十二萬，加派至二百八十萬，期百日平賊。傳庭移書爭之，曰：「無益。且非特此也，部卒屢經潰蹶，民力竭矣，恐不堪命。必欲行之，賊不必盡，而害中於國家。」累數千言。嗣昌大忤。部議，秦撫當一正面，募土著萬人，給餉銀二十三萬，以商、雒等處爲汛守。傳庭知其不可用也，乃核帑藏，覈贖鍰，得銀四萬八千，市馬募兵，自辦滅賊具，不用部議。會諸撫報募兵及額，傳庭疏獨不至。嗣昌言軍法不行於秦，自請白衣領職，以激帝怒。傳庭奏曰：「使臣如他撫，籍郡縣民兵上之，遂謂及額，則臣先所報屯兵已及額矣。況更有募練馬步軍，數且踰萬，何嘗不遵部議。至百日之期，商、雒之汛守，臣皆不敢委。然使賊入商、雒，而臣不能禦，則治臣罪。若臣扼商、雒，而踰期不能滅賊，誤剿事者必非臣。」嗣昌無以難，然銜之彌甚。傳庭兩奉詔進秩，當加部銜，嗣昌抑弗奏。十一年春，賊破漢陰、石泉，則坐傳庭失援，削其所加秩。

傳庭出扼商、雒。大天王等犯慶陽、寶雞，還軍戰合水，破走之，獲其二子，追擊之延安。過天星、混天星等從徽、秦趨鳳翔，逼澄城。傳庭分兵五道擊之楊家嶺、黃龍山，大破之，斬首二千餘級。大天王知二子不殺，遂降。賊引而北，犯延安。傳庭策鄜州西、合水東三四百里，荒山邃谷，賊入當自斃。乃率標兵中部遏其東，檄變蛟慶陽拒其西，伏兵三水、淳化間。賊饑，出掠食，則大張旗幟，鳴鼓角以邀之，一日夜馳二百五十里。賊大驚，西奔，至職田莊，遇伏而敗。復走寶雞，取棧道，再中伏大敗。折而走隴州關山道，又爲伏兵所挫。三敗，賊死者無算，過天星、混天星並降。又逐賊邠、寧間，陷陣，獲其渠。河南賊馬進忠、馬光玉驅宛、洛之衆，箕張而西。傳庭擊之，賊還走。又設伏於潼關原，變蛟逐賊入伏。而闖王李自成者，爲洪承疇所逐，盡亡其卒，以十八騎潰圍遁。關中羣盜悉平，是爲崇禎之十一年春也。捷聞，大喜，先敍澄城之捷，命加傳庭部銜。嗣昌仍格不奏。

當是時，總理熊文燦主撫。湖廣賊張獻忠已降，惟河南賊如故。羅汝才、馬進忠、賀一龍、左金王等十三部西窺潼關，聯營數十里。傳庭計曰：「天下大寇盡在此矣。我出擊其西，總理擊其東，賊不降則滅。此賊平，天下無賊矣。獻忠即狙伏，無能爲也。」乃遂引兵東，大敗賊閿鄉、靈寶山間，貫其營而東，復自東以西。賊窘甚，以文燦招降手諭上，言旦夕且降。傳庭曰：「爾曹日就熊公言撫，而日攻堡屠寨不已，是僞也。降卽解甲來，有說卽非眞降，吾明日進兵矣。」明日擐甲而出，得文燦檄於途中曰：「毋妬吾撫功。」又進，得本兵嗣昌手書，亦云。傳庭怏怏撤兵還。然賊迄不就撫，移瞰商、雒。文燦悔，期傳庭夾擊。屬吏王文清等三戰三敗之，賊奔內鄉、淅川而去。傳庭旣屢建大功，其將校數奉旨優敍，嗣昌務抑之不爲奏。傳庭懇請上其籍於部，嗣昌曰：「需之。」

十月，京師戒嚴，召傳庭及承疇入衞，擢兵部右侍郎兼右僉都御史，代總督盧象昇督諸鎭援軍，賜劍。當是時，傳庭提兵抵近郊，與嗣昌不協，又與中官高起潛忤，降旨切責，不得朝京師。承疇至，郊勞，且命陛見，傳庭不能無觖望。無何，嗣昌用承疇以爲薊督，欲盡留秦兵之入援者守薊、遼。傳庭曰：「秦軍不可留也。留則賊勢張，無益於邊，是代賊撤兵也。秦軍妻子俱在秦，兵日殺賊以爲利，久留於邊，非譁則逃，不復爲吾用，必爲賊用，是驅民使從賊也。安危之機，不可不察也。」嗣昌不聽。傳庭爭之不能得，不勝鬱鬱，耳遂聾。

傳庭初受命，疏言：「年來疆事決裂，由計畫差謬。事竣，當面請決大計。」明年，帝移傳庭總督保定、山東、河南軍務。旣解嚴，疏請陛見。嗣昌大驚，謂傳庭將傾之，斥來役賫疏還之傳庭。傳庭慍，引疾乞休。嗣昌又劾其託疾，非眞聾。帝遂發怒，斥爲民，下巡撫楊一儁覈眞僞。一儁奏言：「眞聾，非託疾。」幷下一儁獄。傳庭長繫待決，舉朝知其冤，莫爲言。在獄三年，文燦、嗣昌相繼敗。而是時，闖王李自成者，已攻破河南矣，犯開封，執宗龍，殺唐王，兵散而賊益橫。帝思傳庭言，朝士薦者益衆。

十五年正月起傳庭兵部右侍郎，親御文華殿問勦賊安民之策，傳庭侃侃言。帝嗟歎久之，燕勞賞賚甚渥，命將禁旅援開封。開封圍已解，賊殺陝督汪喬年，帝卽命傳庭往代。大集諸將於關中，縛援勦總兵賀人龍，坐之麾下，數而斬之。謂其開縣噪歸，猛帥以孤軍失利而獻、曹出柙也；又謂其遇敵先潰，新蔡、襄城連喪二督也。諸將莫不洒然動色者。

傳庭既已誅殺人龍，威讋三邊，日夜治軍爲平賊計，而賊遂已再圍開封。詔御史蘇京監延、寧、甘、固軍，趣傳庭出關。傳庭上言：「兵新募，不堪用。」帝不聽。傳庭不得已出師，以九月抵潼關。大雨連旬，自成決馬家口河灌開封。開封已陷，傳庭趨南陽。自成西行逆秦師。傳庭設三覆以待賊：牛成虎將前軍，左勷將左，鄭嘉棟將右，高傑將中軍。成虎陽北以誘賊，賊奔入伏中，成虎還兵而鬭，高傑、董學禮突起翼之，左勷、鄭嘉棟左右橫擊之。賊潰東走，斬首千餘。追三十里，及之郟縣之冢頭。賊棄甲仗軍資於道，秦兵趨利。賊覘我軍囂，反兵乘之，左勷、蕭愼鼎之師潰，諸軍皆潰。副將孫枝秀躍馬以追賊，擊殺數十騎。賊兵圍之，馳突不得出，馬蹶被執，植立不撓。以刃臨之，瞠目不答。一人曰：「此孫副將也。」遂殺之。參將黑尙仁亦被執不屈而見殺，覆軍數千。材官小將之歿者，張暎奎、李棲鳳、任光裕、戴友仁以下七十有八人。賊倍獲其所喪馬。傳庭走鞏，由孟入關，執斬愼鼎；罰勷馬以二千，以勷父光先故，貸勷。是役也，天大雨，糧不至，士卒採青柿以食，凍且餒，故大敗。豫人所謂「柿園之役」也。

傳庭既已敗歸陝西，計守潼關，扼京師上游。且我軍新集，不利速戰，乃益募勇士，開屯田，繕器，積粟，三家出壯丁一。火車載火礮甲仗者三萬輛，〔五〕戰則驅之拒馬，止則環以自衞。督工苛急，夜以繼日，秦民不能堪。而關中頻歲饑，駐大軍餉乏，士大夫厭苦傳庭所爲，用法嚴，不樂其在秦。相與譁於朝曰：「秦督翫寇矣。」又相與危語恫脅之曰：「秦督不出關，收者至矣。」

明年五月命兼督河南、四川軍務，尋進兵部尚書，改稱督師，加督山西、湖廣、貴州及江南、北軍務，賜劍。趣戰益急。傳庭頓足歎曰：「奈何乎！吾固知往而不返也。然大丈夫豈能再對獄吏乎！」頃之，不得已遂再議出師。總兵牛成虎將前鋒，高傑將中軍，王定、官撫民將延、寧兵爲後勁，白廣恩統火車營，檄左良玉赴汝寧夾擊。當是時，自成已據有河南、湖北十餘郡，自號新順王，設官置戍，營襄陽而居之。將由內、淅窺商、雒，盡發荊、襄兵會於汜水、滎澤，伐竹結筏，人佩三葫蘆，將謀渡河。傳庭分兵防禦。八月十日，傳庭出師潼關，次於閿鄉。二十一日，師次陜州，檄河南諸軍渡河進剿。九月八日，師次汝州，僞都尉四天王李養純降。養純言賊虛實：諸賊老營在唐縣，僞將吏屯寶豐，自成精銳盡聚於襄城。遂破賊寶豐，斬僞州牧陳可新等。遂擣唐縣，破之，殺家口殆盡，賊滿營哭。轉戰至郟縣，遂擒僞果毅將軍謝君友，斫賊坐纛，尾自成幾獲。賊奔襄城，大軍遂進逼襄城。賊懼謀降，自成曰：「無畏！我殺王焚陵，罪大矣，姑決一死戰。不勝，則殺我而降未晚也。」而大軍時皆露宿與賊持，久雨道濘，糧車不能前。士饑，攻郟破之，獲馬贏噉之立盡。雨七日夜不止，後軍譁於汝州。賊大至，流言四起，不得已還軍迎糧，留陳永福爲後拒。前軍既移，後軍亂，永福斬之不能止。賊追及之南陽，官軍還戰。賊陣五重，饑民處外，次步卒，次馬軍，又次驍騎，老營家口處內。戰，破其三重。賊驍騎殊死鬬，我師陣稍動。廣恩軍將火車者呼曰：「師敗矣！」脫輓輅而奔，車傾塞道，馬絓於衡不得前，賊之鐵騎淩而騰之，步賊手白棓遮擊，中者首兜鍪俱碎。自成空壁躡我。一日夜，官兵狂奔四百里，至於孟津，死者四萬餘，失亡兵器輜重數十萬。傳庭單騎渡垣曲，由閿鄉濟。賊獲督師坐纛，乘勝破潼關，大敗官軍。傳庭與監軍副使喬遷高躍馬大呼而歿於陣，廣恩降賊。傳庭屍竟不可得。傳庭死，關以內無堅城矣。

初，傳庭之出師也，自分必死，顧語繼妻張夫人曰：「爾若何？」夫人曰：「丈夫報國耳，毋憂我。」及西安破，張率二女三妾沉於井，揮其八歲兒世寧亟避賊去之。兒踰牆墮民舍中，一老翁收養之。長子世瑞聞之，重趼入秦，得夫人屍井中，面如生。翁歸其弟世寧，相扶攜還。道路見者，知與不知皆泣下。傳庭死時，年五十有一矣。傳庭再出師皆以雨敗也。或言傳庭未死者，帝疑之，故不予贈廕。傳庭死而明亡矣。

贊曰：流賊蔓延中原，所恃以禦賊者獨秦兵耳。傅宗龍、孫傳庭遠近相望，倚以辦賊。

汪喬年、楊文岳奮力以當賊鋒，而終於潰僨。此殆有天焉，非其才之不任也。傳庭敗死，賊遂入關，勢以愈熾。存亡之際，所係豈不重哉！

校勘記

〔一〕喬年諸將議曰　「喬年」二字下當脫一「與」字，應作「喬年與諸將議曰」，下文稱「諸將皆曰善」，即承喬年與諸將的議論而言。

〔二〕率步卒千餘入城守　千餘，懷宗實錄卷一五崇禎十五年二月壬子條、國榷卷九八頁五九一七、綏寇紀略卷九都作「數百人」，罪惟錄傳一二中汪喬年傳作「五百人」。

〔三〕十七日城陷　十七日，原作「二十七日」，「二」字衍，據明史稿傳一三九汪喬年傳刪。按國榷卷九八頁五九一八作「丁巳」城陷，二月辛丑朔，丁巳正是十七日。

〔四〕斬聖世王瓦背王一翅飛　瓦背王，原作「瓦背」，脫「王」字，據懷陵流寇始終錄卷九崇禎九年八月壬申條補。

〔五〕火車載火礮甲仗者三萬輛　三萬，本書卷三〇九李自成傳、罪惟錄傳十二中孫傳庭傳都作「二萬」。

明史卷二百六十三

列傳第一百五十一

宋一鶴，宛平人。爲諸生，見天下大亂，即究心兵事。崇禎三年舉於鄉。授教諭，以薦遷丘縣知縣，復以薦加東昌同知，仍知縣事。

巡按御史禹好善以一鶴知兵，薦之，授兵部員外郎，尋擢天津兵備僉事，改飭汝南兵備，駐信陽。

時熊文燦總理南畿、河南、山西、陝西、湖廣、四川軍務，主撫議。一鶴降其盜魁黃三耀，又降其死賊順天王之黨劉喜才。一鶴先後剿劇賊，斬首七百有奇。從副將龍在田破賊固始，一鶴毒殺其賊千人。左良玉降其賊李萬慶，一鶴撫而定之數萬。文燦屢上其功，薦之，進副使，調鄖陽。

文燦誅，楊嗣昌代，以一鶴能，薦之，擢右僉都御史，代方孔炤巡撫湖廣。時湖廣賊爲諸將所逼，多竄入四川。一鶴以雲南軍移鎭當陽，中官劉元斌以京軍移鎭荊門，相犄角。左良玉等大破賊於瑪瑙山，一鶴敍功增俸。遣副將王允成、孫應元等大破賊汝才五大營於豐邑坪，斬首三千餘級。嗣昌署一鶴荊楚第一功。獻忠陷襄陽，與革裏眼、左金王等東萃黃州、汝寧間。一鶴移駐蘄州，焚舟，遏賊渡。賊移而北，一鶴又斷横江，賊不敢渡。

嗣昌卒，丁啓睿代。啓睿破獻忠於麻城，會一鶴及鳳陽總督朱大典、安慶巡撫鄭二陽蹙賊左金王、老回回等於潛山、懷寧山中。一鶴又督參將王嘉謨等追破左金王、爭世王、治世王於燈草坪，斬首千八百級。十五年遣部將陳治等合江北兵，破賊於桐城、舒城。

一鶴起鄉舉，不十年秉節鉞，廷臣不能無忮。御史衞周胤上疏醜詆一鶴。一鶴屢建功，然亦往往蒙時詬。嗣昌父名鶴，一鶴投揭，自署其名曰「一鳥」，楚人傳笑之。一鶴亦連疏引疾，帝疑其僞，下所司嚴核。先以襄陽陷，奪職戴罪，至是許解官候代。

趨救汝寧，汝寧城已陷。十二月，襄陽、德安、荆州連告陷，一鶴趨承天護獻陵。陵軍柵木爲城。賊積薪燒之，烟罶純德山。城穿，一鼓而登。犯獻陵，毁祾殿。守陵巡按御史李振聲、總兵官錢中選皆降，遂攻承天。歲除，明年正月二日，有以城下賊者。城陷，一鶴自經，故留守沈壽崇、鍾祥知縣蕭漢俱死，分巡副使張鳳翥走入山中。先是左良玉軍擾襄、樊，一鶴疏糾之。既，良玉自襄走承天，軍饑而掠，乞餉於一鶴，不許。良玉銜之。至是，一鶴謀留良玉兵，良玉走武昌，故及於難。

壽崇，宣城人，都督有容子。崇禎初武進士。忤巡按，被劾罷，未行而賊至，遂及於難。贈都督僉事，廕子錦衣百戶。

漢，字雲濤，南豐人。崇禎十年進士。秩滿將行，賊薄城，卽辭家廟，授帨於妾滕曰："男忠女烈，努力自盡。"遂出登陴，拒守五晝夜。元旦，突圍出，趨獻陵。賊騎環之，漢大呼"鍾祥令在，誰敢驚陵寢者！"賊挾之去，不殺，說降，不聽。明日，城陷，送漢吉祥寺，謹視之，求死不得。越三日，從僧榻得剃刀藏之，取敝紙書楊繼盛絶命詞，紙盡，投筆起，復拾土塊畫"鍾祥縣令蕭漢願死此寺"十字於壁。卽對壁自刭，血正濺字上，死矣。賊嘉其義，用錦衣斂而瘗之。賊退，其門人改斂之以時服，曰："嗚呼，大白其無讟乎！吾師肯服賊服乎！」悉易之。詔贈漢大理寺丞。

振聲，米脂人。與自成同縣而同姓。自成呼之爲兄，後復殺之。將發獻陵，大聲起山谷，若雷震虎嘷，懼，乃止。

馮師孔，字景魯，原武人。萬曆四十四年進士。授刑部主事，歷員外郎、郎中。恤刑陝西，釋疑獄百八十人。天啓初，出爲眞定知府，遷井陘兵備副使，憂歸。崇禎二年起臨鞏兵備，改固原，再以憂歸。服闋，起懷來兵備副使，移密雲。忤鎭守中官鄧希詔。希詔摭他事劾之，下吏，削籍歸。

十五年詔舉邊才，用薦起故官，監通州軍。勤王兵集都下，剽劫公行，割婦人首報功。師孔大怒，以其卒抵死。明年舉天下賢能方面官，鄭三俊薦師孔。六月擢右僉都御史，代蔡官治巡撫陝西，調兵食，趣總督孫傳庭出關。

當是之時，賊十三家七十二營降，師殆盡，惟李自成、張獻忠存。自成尤强，據襄陽。以河洛、荆襄四戰之地，關中其故鄉，士馬甲天下，據之可以霸，決策西向。憚潼關天險，將自淅川龍車寨間道入陝西。傳庭聞之，令師孔率四川、甘肅兵駐商、雒爲犄角，而師孔趣戰。無何，我師敗績於南陽，賊遂乘勝破潼關，大隊長驅，勢如破竹。師孔整衆守西安，人或咎師孔趣師致敗也。賊至，守將王根子開門入之。十月十一日，城陷，師孔投井死。同死者，按察使黃絅，長安知縣吳從義，秦府長史章尚絅，指揮崔爾達。

絅，字季侯，光州人。天啓二年進士。崇禎中，以淮海兵備副使憂歸。流賊陷州城，絅方廬墓山中，子彝如死於賊，其妹亦被難。服除，起臨鞏兵備副使，調番兵，大破李自成潼關原。尋以右參政分守洮岷，擢陝西按察使。自成勸之降，叱曰：「潼關之役，汝，我戮餘也，今日肯降汝耶？」妻王赴井，絅得間亦赴井，皆死。贈太常卿，謚忠烈。

尚絅，會稽人。聞城陷，投印井中，冠服趨王府端禮門雉經。贈按察司副使。

從義，山陰人。兒時夢一人拊其背曰：「歲寒松柏，其在斯乎。」崇禎十三年成進士，之官。兵荒，從義練丁壯三百人殺賊。賊破秦，從義曰：「嗟乎，豈非天哉！吾唯昔夢是踐矣。」遂投井死。贈按察司僉事。

爾達，不知何許人，亦投井死之。自是長安多義井。

賊遂執秦王存樞，處其宮署，置百官，稱王西安。坐王府中，日執士大夫拷掠，索金錢，分兵四出攻抄。有小吏丘從周者，長不及三尺，乘醉罵自成曰：「若一小民無賴，妄踞王府，將僭僞號，而所爲暴虐若此，何能久！」賊怒，斫殺之。而布政使平湖陸之祺及里居吏部郎乾州宋企郊、提學僉事眞寧鞏焴皆降賊，得寵用。

先是，戶部尙書倪元璐奏曰：「天下諸藩，孰與秦、晉。秦、晉山險，用武國也。請諭二王，以剿賊保秦責秦王，以遏賊不入責晉王。王能殺賊，假王以大將軍權；不能殺賊，悉輸王所有餉軍，與其賣盜。〔二〕賊平，益封王各一子如亲王，亦足以明報矣。二王獨不鑒十一宗之禍乎？賢王忠而熟於計，必知所處矣。」書上，不報。至是賊果破秦，悉爲賊有焉。

林日瑞，字浴元，詔安人。萬曆四十四年進士。崇禎初，以江西右參政憂歸。服闋，起故官，分守湖東。屬縣鉛山界閩，〔三〕妖人聚山中謀不軌，圍鉛山。日瑞擊敗之，搗其巢。屢遷陝西左、右布政使。

十五年夏，遷右僉都御史，代呂大器巡撫甘肅。明年十一月，李自成屠慶陽。其別將賀錦犯蘭州，蘭州人開城迎賊。賊遂渡河。涼州、莊浪二衞降，卽進逼甘州。日瑞聞賊急，結西羌，嚴兵以待，而自率副將郭天吉等扼諸河干。十二月，賊踏冰過，直抵甘州城下。日瑞入城，戰且守。大雪深丈許，樹盡介，角幹折，手足皸瘃，守者咸怨。賊乘夜坎雪而登，城陷，執日瑞。誘以官，不從，磔於市。

初，日瑞撫甘肅，廷議以其不任也，遣楊汝經代之。未至，日瑞遂及於難。天吉及總兵官馬爌，撫標中軍哈維新、姚世儒，監紀同知藍臺，里居總兵官羅俊傑、趙宦，並死之。賊殺居民四萬七千餘人。三邊既陷，列城望風降，惟西寧衞固守不下。賊無後顧，乃長驅而東。福王時，贈日瑞兵部尚書，臺太僕寺少卿，皆賜祭葬。

蔡懋德，字維立，崑山人。少慕王守仁爲人，著管見，宗良知之說。舉萬曆四十七年進士，授杭州推官。天啓間，行取入都。同鄉顧秉謙柄國，懋德不與通。秉謙怒，以故不得顯擢。授禮部儀制主事，進祠祭員外郎。尚書率諸司往謁魏忠賢祠，懋德託疾不赴。

崇禎初，出爲江西提學副使，好以守仁拔本塞源論敎諸生，大抵釋氏之緒論。遷浙江右參政，分守嘉興、湖州。劇盜屠阿丑有衆千餘，出沒太湖。懋德曰：「此可計擒也。」悉召瀕湖豪家，把其罪，簡壯士與同發，遂擒阿丑。皆曰：「懋德知兵。」內艱，服除，起井陘兵備。旱，懋德禱，卽雨。他鄉爭迎以禱，又輒雨。調寧遠，以守松山及修臺堡功，數敍賚。會災異求言，懋德上省過、治平二疏，規切君相，一時咸笑爲迂。

懋德好釋氏，律身如苦行頭陀。楊嗣昌謂其淸修弱質，不宜處邊地，改濟南道。濟南新殘破，大吏多缺人，懋德攝兩司及三道印。遷山東按察使、河南右布政使。田荒穀貴，民苦催科，賊復以先服不輸租相煽誘。懋德亟檄州縣停徵，上疏自劾，詔鐫七級視事。十四年冬，擢右僉都御史，巡撫山西。召對，賜酒饌、銀幣。明年春，抵任，討平大盜王冕。十月統兵入衞京師，詔扼守龍泉、固關二關。李自成已陷河南，懋德禦之河上。

十六年冬，自成破潼關，據西安，盡有三秦。十二月，懋德師次平陽，遣副將陳尚智扼守河津。山西，京師右背，蒲州北抵保德，悉隣賊，依黃河爲險。然窮冬冰合，賊騎得長驅。懋德連章告急，請禁旅及保定、宣府、大同兵疾赴河干合拒。中朝益積憂山西，言防河者甚衆，然無兵可援。懋德以疲卒三千，當百萬狂寇。時太原洶洶，晉王手敎趣懋德還省。十八日，懋德去平陽。二十日，賊抵河津，自船窩東渡，尚智走還平陽。二十二日，賊攻平陽，拔之。尚智奔入泥源山中。二十八日，懋德還太原。

明年正月，自成稱王於西安。賊既渡河，轉掠河東，列城皆陷。於是山西巡按御史汪宗友上言曰：「晉河二千里，平陽居其半。撫臣懋德不待春融冰泮，遽爾平陽返旆，賊卽於明日報渡矣。隨行馬步千人，卽時倍道西向，召集陳尚智叛卒，移檄各路防兵援勦，乃不發一兵。歲終至省，臣言宜提一旅，星馳而前，張疑聲討，尙冀桑榆之收，無如不聽何。賊日遣僞官，匝月，餘郡皆失，是誰之過歟！」有詔奪官候勘，以郭景昌代之。

二十三日，尙智叛降於賊。於是懋德誓師於太原，布政使趙建極，監司毛文炳、藺剛中、畢拱辰，太原知府孫康周，署陽曲縣事長史范志泰等官吏軍民咸在。懋德哭，衆皆哭。罷官命適至，或請出城候代。懋德不可，曰：「吾已辦一死矣，景昌卽至，吾亦與俱死。」調陽和兵三千協守東門。剛中慮其內應，移之南關之外。遣部將張雄分守新南門，召中軍副總兵應時盛入參謀議。懋德等登城。

二月五日，賊至城下。遣部將牛勇、朱孔訓、王永魁出戰，死之。明日，自成具鹵簿，督衆攻城，陽和兵叛降賊。又明日，晝晦，懋德草遺表。須臾大風起，拔木揚砂。調張雄守大南門，雄已縋城出降，語其黨曰：「城東南角樓，火器火藥皆在，我下卽焚樓。」夜中火起，風轉烈，守者皆散。賊登城，懋德北面再拜，出遺表付友人賈士璋間道達京師，語人曰：「吾學道有年，已勘了死生，今日吾致命時也。」卽自刭，麾下持之。時盛請下城巷戰，顧懋德曰「上馬」。懋德上馬，時盛持矛突殺賊數十人。至炭市口，賊騎充斥，時盛呼曰「出西門」。懋德遽下馬曰：「我當死封疆，諸君自去。」衆復擁懋德上馬，至水西門。懋德叱曰：「諸君欲陷我不忠耶！」復下馬，據地坐。時盛已出城，殺妻子，還顧不見，復斫門入，語懋德曰：「請與公俱死。」遂偕至三立祠。懋德就縊未絕，時盛釋甲加其肩，乃絕。時盛取弓弦自經。建極危坐公堂，賊擁之見自成。不屈，將斬之。下皆呼萬歲者再，曰：「臣失守封疆，死有餘罪。」自成以爲呼已也，曳還。建極瞋目曰：「我呼大明皇帝，寧呼賊耶？」立射殺之。時自成執晉王，據王宮云。文炳被殺，妻趙、妾李亦投井死；子兆夢甫數歲，賊掠去。士民以其忠臣子也，贖而歸之。欲降剛中，不從，殺之。首既墮，復躍起丈餘，賊皆辟易。賊適得新刀，拱辰睨之。問：「何睨？」曰：「欲得此斫頭耳。」遂取斬之。康周巷戰死，志泰不食死。自懋德而下，太原死事凡四十有六人，賊皆尸之城上。自成恨懋德之不降也，驗其尸，以刃斷頸而去。福王時，以懋德不守河爲失策，乃諡忠襄，賜祭葬而不予贈廕，餘賜恤有差。間考四十六人，行事多缺，姓名不傳，莫得而次云。

建極，河南永寧人。賊掠永寧時，建極五子皆死，後生三子又夭，至是趙氏一門竟絕。

文炳，字夢石，鄭州人。以吏科給事中出爲山西兵備副使。爲給事時，楊嗣昌督師，議調民兵討賊。文炳言：「民兵可守不可調，不若官軍乘馬便殺賊。」又言：「當大計，主計者喜奔競，抑廉靜，宜令官得互糾不公者。」帝皆納其言。

剛中，字坦生，陵縣人。爲南京給事中，奏保護留都六事，又陳漕事救弊之要。山東饑，疏言：「民死而丁存，田荒而賦在，安得不爲盜！宜淸戶口幷里甲。」皆切時病。遷山西副使。

拱辰，字星伯，掖縣人。知朝邑、鹽城二縣，數遷數貶。歷淮徐兵備僉事，督漕侍郎史可法謂其不任，移之冀寧。

建極、文炳、剛中、拱辰由進士。康周，字晉侯，安丘人，由鄉舉。時盛，遼陽諸生。爲懋德所知，拔隸幕下，至都督僉事。志泰，虞城人。餘莫考。

太原既破，賊移檄遠近，所至郡縣望風結寨以拒官兵。而其仗義死難，陷胸斷脰而甘心者，則有若安邑知縣房之屛，宛平人，起家鄉舉。城陷，北向拜天子，入署拜其母，命妻子各自盡，遂投井，賊曳出斬之。忻州知州楊家龍，字惕若，曲陽人。爲寧鄉知縣，凡七年，流亡復其業。遷忻，賊卽至，曰：「此城必不守，我出，爾民可全也。」出城罵賊而死。州人祠祀之。代州參將閻夢夔，鹿邑人，汾州知州侯君昭，皆城亡與亡。汾陽知縣劉必達袖出罵賊文，賊誦而殺之。其義勇范奇芳，刺殺一僞都尉而自剄。寧武兵備副使王孕懋，字有懷，由太原知府遷。自成既陷太原，遣使說降，孕懋斬之，與總兵官周遇吉共守，城陷自殺。妻楊投井殉之。孕懋，霸州人，進士。遇吉自有傳。寧武失，賊破三關，犯大同。

衞景瑗，字仲玉，韓城人。天啓五年進士。授河南推官。崇禎四年徵授御史，劾首輔周延儒納賄行私數事，復劾吏部侍郎曾楚卿憸邪。帝不納。出按眞定諸府。父喪，不俟命竟歸。服闋，起故官。疏救給事中傅朝佑、李汝璨以論溫體仁下吏，故帝不懌，左遷行人司正。歷尚寶、大理丞，進少卿。十五年春，擢右僉都御史，巡撫大同。歲饑疫，疏乞振濟。蒐軍實，練火器，戢豪宗，聲績甚著。

十七年正月，李自成將犯山西，宣大總督王繼謨檄大同總兵官姜瓖扼之河上，瓖潛使納款而還。景瑗不知其變也，及山西陷，景瑗邀瓖歃血守。瓖出告人曰：「衞巡撫，秦人也，將應賊矣。」代王疑之，不見景瑗，永慶王射殺景瑗僕。會景瑗有足疾，不時出。兵事，瓖主之。瓖兄瑄，故昌平總兵也，勸瓖降賊。瓖慮其下不從，人犒之銀，言勵守城將士，代王信之。諸郡王分門守，瓖每門遣卒二百人助守。

至三月朔，賊抵城下。瓖卽射殺永慶王，開門迎賊入。紿景瑗計事，景瑗乘馬出，始知其變也，自墜馬下。賊執之見自成，自成欲官之。景瑗據地坐，大呼皇帝而哭。賊義之，曰「忠臣也」，不殺。景瑗猝起，以頭觸階石，血淋漓。賊引出，顧見瓖，罵曰：「反賊，與我盟而叛，神其赦汝耶！」賊使景瑗母勸之降。景瑗曰：「母年八十餘矣，當自爲計。兒，國大臣，不可以不死。」母出，景瑗謂人曰：「我不罵賊者，以全母也。」初六日自縊於僧寺。賊歎曰：「忠臣。」移其妻子空舍，戒毋犯。殺代王傳𤅪及其宗室殆盡。

分巡副使朱家仕，盡驅妻妾子女入井，而已從之，死者十有六人。督儲郎中徐有聲、山陰知縣李倬亦死之。諸生李若蔡自題其壁曰「一門完節」，一家九人自經。家仕，河州人。福王時，贈景瑗兵部尚書，謚忠毅。
賊既陷大同，以兵徇陽和，長驅向宣府。

朱之馮，字樂三，大興人。天啓五年進士。授戶部主事，榷稅河西務。課羸，貯公帑無所私。以外艱去。

崇禎二年起故官，進員外郎。坐罣誤，謫浙江布政司理問，稍遷行人司副，歷刑部郎中，浙江驛傳僉事，青州參議。盜劫沂水民，株連甚衆。之馮捕得眞盜，大獄盡解。擒治樂安土豪李中行。權貴爲請，不聽。進副使，齎表入都，寄家屬濟南。濟南破，妻馮匿姑及子於他所，而自沉於井。姑李聞之，爲絕粒而死。柩還，之馮廬墓側三年。起河東副使。河東大猾朱全宇潛通秦賊，之馮至則執殺之，部內以寧。之馮自妻死不再娶，亦不置妾媵，一室蕭然。

十六年正月擢右僉都御史，巡撫宣府。司餉主事張碩抱以剋餉激變，羣縛碩抱。之馮出撫諭，貸商民貲給散，而密捕誅首惡七人，劾碩抱下吏。軍情帖然。

明年三月，李自成陷大同。之馮集將吏於城樓，設高皇帝位，歃血誓死守，懸賞格勵將士。而人心已散，監視中官杜勛且與總兵王承胤爭先納款矣，見之馮叩頭，請以城下賊。之馮大罵曰：「勛，爾帝所倚信，特遣爾，以封疆屬爾，爾至卽通賊，何面目見帝！」勛不答，笑而去。俄賊且至，勛蟒袍鳴騶，郊迎三十里之外，將士皆散。之馮登城太息，見大礮，語左右：「爲我發之！」默無應者。自起爇火，則礮孔丁塞，或從後掣其肘。之馮撫膺歎曰：「不意人心至此！」仰天大哭。賊至城下，承胤開門入之，訛言賊不殺人，且免徭賦，則舉城譁然皆喜，結綵焚香以迎。左右欲擁之馮出走，之馮叱之，乃南向叩頭，草遺表，勸帝收人心，厲士節，自縊而死。賊棄屍濠中，濠旁犬日食人屍，獨之馮無損也。

同日死者，督糧通判朱敏泰、諸生姚時中、副將甯龍及繫獄總兵官董用文、副將劉九卿及里居知縣申以孝。其他婦女死義者又十餘人。福王時，贈之馮兵部尚書，謚忠壯。

勛既降賊，從攻京師，射書於城中。城中初聞勛死宣府，帝爲予贈廕立祠，至是以爲鬼。守城監王承恩倚女牆而與語，縋勛入見帝，盛稱自成，「上可自爲計」。復縋之出，笑語諸守監曰：「吾輩富貴自在也。」

陳士奇，字平人，漳浦人也。好學，有文名，不知兵。舉天啓五年進士，授中書舍人。崇禎四年考選，授禮部主事，擢廣西提學僉事。父憂歸。服闋，起重慶兵備，尋改貴州，復督學政。母憂闋，起贛州兵備參議，進副使，督四川學政。廷臣交章薦士奇知兵。

十五年秋，擢右僉都御史，代廖大奇巡撫四川。松潘兵變，衆數萬，士奇諭以禍福，咸就撫。搖、黃賊十三家，縱橫川東北十餘年，殺掠軍民無算；執少壯，文其面爲軍，至數十萬。士奇檄副使陳其赤、葛徵奇，參將趙榮貴等進討，屢告捷。而賊狡，迄不能制。士奇本文人，再督學政，好與諸生談兵，朝士以士奇知兵。及秉節鉞，反以文墨爲事，軍政廢弛。石砫女將秦良玉嘗圖全蜀形勢，請益兵分守十三隘，扼賊奔突。置不問，蜀以是擾。

明年十二月，朝議以其不任，命龍文光代之。士奇方候代，而陽平將趙光遠擁兵二萬，護瑞王常浩自漢中來奔，士民避難者又數萬，至保寧，蜀人震駭。士奇馳責光遠曰：「若退守陽平關，爲吾捍衞，不惜二萬金犒軍。如頓此，需厚餉，吾頭可斷，餉不可得也。」光遠退屯陽平，王以三千騎奔重慶。明年四月，文光受代，士奇將行，京師告變。士奇自以知兵也，曰：「必報國仇。」遂留駐重慶，遣水師參將曾英擊賊於忠州，焚其舟；遣趙榮貴禦賊於梁山。獻忠由葫蘆壩左步右騎，翼舟而上，二將敗奔，遂奪佛圖關，陷涪州。士奇徵石砫援兵不至。或勸：「公已謝事，宜去。」士奇不可。賊抵城下，擊以滾礮，賊死無數。二十日夜，黑雲四布，賊穴地轟城。城陷，〔四〕王、士奇及副使陳纁、知府王行儉、知縣王錫俱被執。士奇大罵，賊縛於教場，將殺之。忽雷雨晦冥，咫尺不見。獻忠仰而詬曰：「我殺人，何與天事！」用大礮向天叢擊。俄晴霽，遂肆僇。士奇罵不絕口而死，王亦遇害。賊集軍民三萬七千餘人，斫其臂。〔五〕遂犯成都。

纁，本關南兵備副使，護瑞王入蜀，及於難。行儉，字質行，宜興人。崇禎十年進士，守重慶，善撫馭，爲賊臠死。錫，新建人。崇禎十三年進士。除巴縣知縣。嘗從士奇殲土寇彭長庚之黨，又斬搖、黃賊魁馬超。至是，賊蒙巨板穴城，錫灌以熱油，多死。及被執，大罵。抉其齒，罵不已。捶膝使跪，益仡立。舁至教場，縛樹上射之，又臠而烙之。旣死，復煅其骨。指揮顧景聞城陷，入瑞王府，以己所乘馬乘王，鞭而走，遇賊呼曰：「賊寧殺我，無犯帝子。」賊刺殺王，景遂死之。

龍文光，馬平人。天啓二年進士。崇禎十七年以川北參政擢右僉都御史，代陳士奇巡撫四川。聞命，與總兵官劉佳引率兵三千，由順慶馳赴之。部署未定，數日而城陷。賊盡驅文武將吏及軍民男婦於東門之外，將戮之，忽有龍尾下垂。賊以爲瑞，遂停刑。文光、佳引卒不屈，賊殺文光於濯錦橋，佳引自投於浣花溪。

劉之勃，字安侯，鳳翔人。崇禎七年進士。授行人，擢御史。上節財六議，言：「先朝馬萬計，草場止五六所。今馬漸少，場反增二倍，可節省者一。水衡工役費，歲幾百萬。近奉明旨，朝廷不事興作，而節愼庫額數襲爲常，可節省者二。諸鎭兵馬時敗潰而餉額不減，虛伍必多，可節省者三。光祿宴享賜賚，大抵從簡，而監局廚役多宂濫，可節省者四。三吳織造，澤、潞機杼，以及香蠟、藥材、陶器，無歲不貢，積之內爲廢物，輸之下皆金錢，可節省者五。軍前監紀、監軍、贊畫之官，不可勝紀。平時則以一人而糜千百人之餉，臨敵又以千百人而衞一人之身，耗食兼耗兵，可節省者六。」又疏陳東廠三弊，言：「東廠司緝訪，而內五城，外巡按，以及刑部、大理皆不能舉其職，此不便於官守。奸民千里首告，假捏姓名，一紙株連，萬金立罄，此不便於民生。子弟訐父兄，奴僕訐家主，部民訐官長，東廠皆樂聞，此不便於國體。」帝皆納其言。

十五年出按四川。十六年秋，頻報災異，請緩賦省刑，亦弭災一術，時不能用。明年正月，張獻忠大破川中郡邑。四月聞都城失守，人心益恟懼。舉人楊鏘、劉道貞等謀擁蜀王至澍監國，之勃不可，躍入池中，議乃寢。八月，賊逼成都，之勃與巡撫龍文光、建昌兵備副使劉士斗等分陴拒守。總兵官劉鎮藩出戰而敗。賊穴城，實以火藥；又刳大木長數丈者合之，纏以帛，貯藥，向城樓。之勃厲衆奮擊，賊却二三里，皆喜，以爲將去也。初九日黎明，火發，北樓陷，木石飛蔽天，守陴者皆散，賊遂入城。蜀王率妃妾自沉於菊井。鎮藩突圍出，赴浣花溪死之。之勃等被執，賊以之勃同鄉，欲用之。之勃勸以不殺百姓，輔立蜀世子。不從，遂大罵，賊攢箭射殺之。時福王立於南京，擢之勃右僉都御史，巡撫四川，已不及聞矣。

贊曰：潼關既破，李自成乘勝遂有三秦。渡河而東，勢若燎原。宣、大繼覆，明亡遂決。一時封疆諸臣後先爭死，可不謂烈哉！然平陽之旆甫東，船窩之警旋告。死非難，所以處死爲難，君子不能無憾於懋德焉已。若夫一鶴之死潁陵，士奇之死夔州，劉之勃、龍文光之死成都，不亦得死所者歟！

校勘記

〔一〕黄炯等　黄炯，原作「黄絅」，據本書卷二四莊烈帝紀、明進士題名碑録天啓二年壬戌科改。下同。

〔二〕不能殺賊悉輸所有餉軍與其賫盗　按此句文義不通順。國榷卷九九頁五九九六作「如不知兵，宜悉輸所有。與其賫盗，何如享軍。」

〔三〕分守湖東屬縣鉛山界閩　湖東，原作「湖廣」，據明史稿傳一四〇林日瑞傳改。按本書卷七五職官志有湖東道，爲江西諸道之一，鉛山縣隸湖東道。

〔四〕二十日夜至穴地轟城城陷　二十日，承上文爲四月二十日。按國榷卷一〇二頁六一二一繫「城陷」於六月丁丑（二十一日），明通鑑附編卷一上考異稱「轟城則六月二十日丙子」，「城陷則二十一日丁丑」，是「二十日」上脱「六月」二字。

〔五〕賊集軍民三萬七千餘人斫其臂　國榷卷一〇二頁六一二二作「又驅丁壯萬餘，劓耳鼻斷一手以徇各縣，謂抗者如之」。與此異。

明史卷二百六十四

列傳第一百五十二

賀逢聖傅冠 尹如翁　南居益族父企仲 族弟居業　周士樸

呂維祺弟維祜　王家禎　焦源溥兄源清　李夢辰

宋師襄　麻僖　王道純　田時震朱崇德 崇德子國棟

賀逢聖，字克繇，江夏人。與熊廷弼少同里閈，而不相能。爲諸生，同受知於督學熊尚文。尚文並奇二生，曰：「熊生，干將、莫邪也；賀生，夏瑚、商璉也。」舉於鄉。家貧，就應城教諭。萬曆四十四年，殿試第二人，授翰林編修。

天啓間，爲洗馬。當是時，廷弼已再起經略遼東矣。廣寧之敗，同鄉官將揭白廷弼之冤，意逢聖且沮之。逢聖作色曰：「此乃國家大事，吾安敢小嫌介介，不以明！」即具草上之。

湖廣建魏忠賢生祠，忠賢聞上梁文出逢聖手，大喜，即日詣逢聖。逢聖曰：「誤，借銜陋習耳。」忠賢咈然去，翌日削逢聖籍。

莊烈帝即位，復官，連進秩。九年六月以禮部尚書兼東閣大學士，入閣輔政，加太子太保，改文淵閣。十一年致政。十四年再入閣。明年再致政。

逢聖爲人廉靜，束修砥行。帝頗事操切，逢聖終無所匡言。其再與周延儒同召，帝待之不如延儒。及予告，宴餞便殿，賜金，賜坐蟒。感激大哭，伏地不能起，帝亦汍瀾動容焉。是時，湖廣賊大擾。明年春，張獻忠連陷蘄、黃，逼江夏。有大冶人尹如翁，逢聖門生，走三百里，持一僧帽、一袈裟來貽逢聖。逢聖反其衣曰：「子第去，毋憂我。」如翁去。五月壬戌晦，賊陷武昌，執逢聖。叱曰：「我朝廷大臣，若曹敢無禮！」賊麾使去，遂投墩子湖死也。賊來自夏，去以秋云。大吏望衍而祭，有神夢於湖之人，「我守賀相殊苦，汝受而視之，有黑子在其左手，其徵是。」覺而異之，竢於湖，赫然而尸出，驗之果是，蓋沉之百有七十日，面如生。以冬十一月壬子殮，大吏揮淚而葬之。

初，城之陷也，逢聖載家人以其舳艫，出墩子，鑿其舩艡，皆溺。賀氏死者，妻危氏，子覲明，子婦曾氏、陳氏，孫三人，次子光明自他所來，凡二十餘人。福王時，贈少傅，諡文忠，祭葬廕子如制。

如翁去，歸大冶。大冶城破，其慷慨而死者，如翁也。

其後有傅冠。冠，字元甫，進賢人。祖烱，南京刑部尚書。天啓二年，冠舉進士第二，授翰林編修。崇禎十年秋，由禮部右侍郎拜尚書兼東閣大學士。性簡易，有章奏發自御前，冠以爲揭帖，援筆判其上。既知悞，惶恐引罪，帝卽放歸。唐王時，命以原官督師江西。嗜酒，或劾之，乃致仕。大清下江西，冠走匿門人泰寧汪亨龍家。亨龍執而獻之有司，殺之汀州，血漬地，久而猶鮮。

南居益，字思受，渭南人，尚書企仲族子、師仲從子也。曾祖從吉與曾伯祖大吉皆進士。兩人子姓，科第相繼。

企仲，大吉孫，萬曆八年進士。以祖母年高，請終養。祖母既歿，授刑部主事。客寓貲其家，夫婦並歿，企仲呼其子還之。吏部尚書孫丕揚以爲賢，調爲己屬，歷文選郎，擢太僕少卿，進太僕卿。三十年，帝以疾詔免礦稅，釋繫囚，錄建言貶斥諸臣。既而悔之，命礦稅如故，餘所司議行。吏、刑二部尚書李戴、蕭大亨遲數日未奏，企仲請亟罷二人，而赦二部亟如詔奉行。帝大恚，傳諭亟停二事，落企仲一官。給事中蕭近高、御史李培、余懋衡亦請信明詔。帝益怒，並奪其俸，且命益重前貶謫官鄒元標等罰，欲以鉗言者。諸閣臣力爭，乃止。而給事中張鳳翔迎帝意，劾企仲他事，遂削籍。天啓初，起太常卿，累遷南京吏部尚書，以老致仕。師仲父軒，吏部郎中，嘗著通鑑綱目前編。師仲至南京禮部尚書。

居益少厲操行，舉萬曆二十九年進士，授刑部主事。三遷廣平知府，擢山西提學副使，雁門參政，歷按察使、左右布政使，並在山西。

天啓二年入爲太僕卿。明年擢右副都御史，巡撫福建。紅毛夷者，海外雜種，紺眼，赤鬚髮，所謂和蘭國也，自昔不通中土，由大泥、咬𠺕吧二國通閩商。萬曆中，奸民潘秀引其人據彭湖求市，巡撫徐學聚令轉販之二國。二國險遠，商舍而之呂宋。夷人疑呂宋邀商舶，攻之，又寇廣東香山澳，皆敗，不敢歸國，復入彭湖求市，且築城焉。巡撫商周祚拒之，不能靖。會居益代周祚，賊方犯漳、泉，招日本、大泥、咬𠺕吧及海寇李旦等爲助。居益使人招旦，說攜大泥、咬𠺕吧。賊帥高文律懼，遣使求款，斬之。築城鎮海港，逼賊風櫃。賊窮蹙，泛舟去，遂擒文律，海患乃息。五年遷工部右侍郎，總督河道。魏忠賢銜居益敍功不及己，格其賞。給事中黃承昊復論居益倚傍門戶，躐躋通顯，遂削籍去。閩人詣闕訟之，不聽。乃立祠以祀，勒碑於彭湖及平遠臺。

崇禎元年起戶部右侍郞，總督倉場。陝西鎭缺餉至三十餘月，居益請以陝賦當輸關門者，留三十萬，紓其急，報可。畿輔戒嚴，居益在通州，爲城守計甚備。會工部尚書張鳳翔坐軍械不具下吏，四司郞中瘐死者三，遂詔居益代鳳翔。未幾，試礮而炸，兵部尚書梁廷棟劾郞中王守履失職。守履懼，詆兵部郞中王建侯誣己。廷議不如守履言，遂下獄。居益疏救，帝以爲徇私，削籍歸。廷杖守履六十，斥爲民。尋敍城守功，復居益冠帶。

十六年，李自成陷渭南，責南氏餉百六十萬。企仲年八十三矣，遇害。誘降居益及企仲子禮部主事居業，皆不從。明年正月，賊遣兵擁之去，加炮烙。二人終不屈，絕食七日而死。

周士樸，字丹其，商丘人。萬曆四十一年進士。除曲沃知縣。泰昌元年徵授禮科給事中。中官王添爵選淨身男子，索賄激變。守陵劉尙忠鼓陵軍挾賞。劉朝等假齎送軍器名，出行山海外，勢洶洶。織造李實訐周起元。羣璫索冬衣，辱尙書鍾羽正。士樸皆疏爭。士樸性剛果，不能委蛇隨俗，尤好與中官相搘柱，深爲魏忠賢所惡。會當擢京卿，忠賢持不下，士樸遂謝病歸。

崇禎元年起太常少卿，歷戶部左、右侍郞，拜工部尚書。帝命中官張彝憲監戶、工二部出納，士樸恥之，數與齟齬。彝憲訐於帝，士樸疏對辭直，帝無以難。未幾，駙馬都尉齊贊元以遂平長公主塋價，士樸不引瑞安大長公主例，而壽寧大長公主薨，則引瑞安例，上疏醜詆之，遂削其籍。

十五年，廷臣交薦，不召。其年八月，李自成陷商丘，與妻曹、妾張、子舉人業熙、子婦沈同日縊死。

呂維祺，字介孺，新安人。祖母牛氏以守節被旌。父孔學，事母孝，捐粟千二百石振饑，兩旌孝義。維祺舉萬曆四十一年進士，授兗州推官，擢吏部主事，更歷四司。光宗崩，皇長子未踐阼，內侍導幸小南城。維祺謁見慈慶宮，言梓宮在殯，乘輿不得輕動，乃止。天啓初，歷考功、文選員外郎，進驗封郎中，告歸。開封建魏忠賢生祠，遺書士大夫戒勿預。忠賢毀天下書院，維祺立芝泉講會，祀伊、洛七賢。

崇禎元年起尙寶卿，遷太常少卿，督四夷館。明年四月，廷議軍餉，維祺陳奏十五事。其冬，奏防微八事，言：「陛下初勤批答，今或留中，留中多則疑慮起，當防一。初虛懷商榷，及擬旨一不當，改擬徑行，豈無當執奏，當防二。初無疑厭，疑厭諸臣自取，今且共、夔並進，當防三。初日御講筵，今始傳免，當防四。初寡嗜慾，愼宴游，今或偶涉，當防五。初愼刑獄，今有下詔獄者。且登聞頻擊，恐長囂訟風，當防六。初重廷推，今間用陪，非常典，當防七。初樂讜言，今或譴訶時及，當防八。」帝優旨報之。

三年，擢南京戶部右侍郎，總督糧儲。設會計簿，鉤考隱沒侵欺，及積逋不輸，各數十百萬；大者彈奏，小者捕治。立法嚴督屯課，倉庾漸充。條上六議，曰稽出入以杜侵漁，增比較以完積案，設本科以重題覆，時會計以覈支收，定差序以杜營私，禁差假以修職業。帝稱善，卽行之。

六年拜南京兵部尙書，參贊機務。淸冒伍八千餘名。請申飭江防，鳳陵單外爲憂，弗省。八年正月，賊犯江北，遣參將薛邦臣防全椒，趙世臣戍浦口。世臣潰走，南京震動，鳳陽亦旋告陷。大計拾遺，言官復劾他事，遂除名。時維祺父孔學避賊洛陽，維祺乃歸留洛，立伊洛會，及門二百餘人。著孝經本義成，上之。

十二年，洛陽大饑。維祺勸福王常洵散財餉士，以振人心，王不省。乃盡出私廩，設局振濟。事聞，復官。然饑民多從賊者，河南賊復大熾。無何，李自成大舉來攻，維祺分守洛陽北城。夜半，總兵王紹禹之軍有騎而馳者，周呼於城上，城外亦呼而應之，於是城陷。賊有識維祺者曰：「子非振饑呂尙書乎？我能活爾，爾可以間去。」維祺弗應，賊擁維祺去。

時福王常洵匿民舍中，賊跡而執之，遇維祺於道。維祺反接，望見王，呼曰：「王，綱常至重。等死耳，毋屈膝於賊！」王瞠不語。見賊渠於周公廟，按其項使跪，不屈，延頸就刃而死。時十四年之正月某日也。維祺年五十有五，贈太子少保，祭葬，廕子如制。而維祺之家在新安者，十六年城陷，家亦破。

弟維祜，字泰孺，由選貢生爲樂平知縣者也。至是解職歸，亦抗節死。贈按察僉事。福王立南京，加贈維祺太傅，諡忠節。

王家禎，長垣人。萬曆三十五年進士。天啓間，歷官左僉都御史，巡撫甘肅。松山部長銀定、歹成擾西鄙二十餘年。家禎至，三犯三却之，先後斬首五百四十。擢戶部右侍郎，轉左。崇禎元年攝部事，邊餉不以時發。秋，遼東兵鼓譟，巡撫畢自肅自縊死。帝大怒，削家禎籍。已，敍甘肅功，復其冠帶。

九年七月，京師被兵，起兵部左侍郎，尋以本官兼右僉都御史，總理河南、湖廣、山西、陝西、四川、江北軍務，代盧象昇討賊。會河南巡撫陳必謙罷，卽命兼之。督將士會剿賊馬進忠等於南陽，復遣兵救襄陽，大戰牌樓閣。其冬，家丁鼓譟，燒開封西門。家禎夜自外歸，慰諭犒賞，詰旦，發往南陽討土寇楊四以去。楊四者，舞陽劇盜也。初，四與其黨郭三海、侯馭民等降於必謙，至是復叛，故家禎有是遣。其後南陽同知萬年策與監紀推官湯開遠，諸將左良玉、牟文綬等連破四。四焚死，其黨亦爲諸將所擒誅云。

當是時，流賊盡趨江北，留都震驚。言者謂家禎奉命討安慶賊，未嘗一出中州。帝亦以家丁之變心輕之。明年四月乃以總理授熊文燦，令家禎專撫河南。文燦未至，詔遣左良玉援安慶，家禎不遣。秋，劉國能犯開封，裨將李春貴等戰歿。議罪，家禎落職閒住。久之，李自成陷京師，遣兵據長垣，設僞官。家禎與其子元炌並自經死。

焦源溥，字涵一，三原人。萬曆四十一年進士。歷知沙河、濬二縣，考最，召爲御史。熹宗嗣位，移宮議起，刑部尚書黄克纘請寬盜寶諸奄。源溥折之曰：「光宗，神宗元子也，爲元子者爲忠，則爲福藩者非忠。孝元、孝和，光宗后也，爲二后者爲忠，則爲鄭貴妃者非忠。孝端、孝靖，神宗后也，爲二后者爲忠，則爲李選侍者非忠。貴妃三十年心事，人誰不知。張差持梃，危在呼吸，尚忍言哉！況當先帝御極之初，忽傳皇祖封后之命。請封不得，治容進矣。張差之梃不中，則投以女優之惑；崔文昇之藥不速，則促以李可灼之丸。痛哉！先帝欲諱言進御之事，遂甘蒙不白之冤。今卽厚待貴妃，始終恩禮，而鄭養性之都督不可不奪也，崔文昇不可不磔也。若竟置弗問，不幾於忘父乎！李選侍一宫人，更非貴妃比，如聖諭阻陛下於煖閣，挾陛下以垂簾，及凌虐聖母狀，有臣子所不忍言者。今卽爲選侍乞憐，第可求曲宥前辜，量從優典，而移宫始末不可得而抹摋也，盜寶諸奄不可得而寬宥也。若竟置諸奄弗問，不幾於忘母乎！」疏上，舉朝寒懼。

天啓二年憂歸。服闋還朝，出按眞定諸府，例轉鳳陽兵備副使。時崔文昇出鎭兩淮，欲甘心源溥，遂移疾歸。

崇禎二年起故官，分巡河東道，遷寧武參政，有平寇功，就遷山西按察使。七年擢右僉都御史，巡撫大同。時邊事日棘，兵缺伍，餉又久乏。歲洊饑，民淘馬糞以食。源溥請蠲振增餉，當事不能應。踰年，自劾求去，遂罷歸。十六年冬，李自成陷關中，與從兄源淸同被執，勒令輸金。源溥瞋目大駡，賊拔其舌，支解之。

源淸，字湛一，由進士歷官宣府巡撫。七年秋坐萬全左衞失守，奪官謫戍。久之釋還，年七十。至是抗節，不食七日死。

李夢辰，字元居，睢州人。崇禎元年進士。授庶吉士，改兵科給事中。時盜起陝西，山東曹、濮間之盜，道梗三百餘里，河北有回賊。夢辰歷陳其狀，請敕將吏急防。五年上疏言：「中外交訌，秦、晉、齊、魯多亂，兩河居中尤要地。鉛硝久市直未償，漕米歲輸累無已，宗祿併徵，南陽加派，河決歲歉，郵傳催科之患百出，民室如懸罄，生計日不支，急難誰肯用命。兩河標兵、磁兵，新舊不滿七千，一有警，防御何資。今日之務急防河，繕城，備器，練鄉兵，治甲胄，尤以收拾人心爲本。」帝命所司嚴飭。六年冬，鉅盜盡萃河北。夢辰慮其南犯，請敕河南諸道監司急防渡口。而巡撫移駐衛輝，與山西、保定二撫臣掎角急擊。帝方下兵部議，賊已從澠池潛渡。自是中州郡縣無日不告警矣。

累遷本科左給事中。復言：「將驕軍悍，鄧玘、張外嘉之兵弑主而叛，曹文詔、艾萬年之兵望賊而奔，尤世威、徐來朝之兵離汛而遁，今者，張全昌、趙光遠之兵且倒戈爲亂矣。滎澤劫庫殺人，偃師列營對壘。且全昌等會剿豫賊，隨處逗遛，及中途兵變，全昌竟東行，光遠始西向。驕抗如此，安可不重治。」帝頗採其言。進吏科都給事中。都御史唐世濟薦霍維華，〔一〕福建巡按應喜臣薦周維京，冀並翻逆案。夢辰疏駁之，世濟、喜臣皆下吏謫戍。

尋擢太常少卿，累遷至通政使。坐代人削章奏，貶秩調任。未幾，有持金囑中書舍人某賄大學士，求爲副都御史者。邏卒廉得之，詞連夢辰。帝令夢辰自奏，事得白。然夢辰竟坐是削籍。

十五年春，賊攻開封，不克，遂去，陷西華，屠陳州，逼睢州。時州缺正官，夢辰歸，卽乘城主守。無何，賊從他門入，擁夢辰見羅汝才。汝才問所欲，曰：「我大臣，但欲死爾。」汝才去，遣其客說降，且進之酒。夢辰覆杯於地，太息起，扼吭而卒。妻王氏，方病，聞之，不食死。

宋師襄，耀州人。萬曆四十四年進士。歷官御史。天啓三年五月請罷內操，言：「自劉朝營脫死，與沈潅謀爲固寵計。潅以募兵爲朝外護，朝以內操爲潅內援。宮府內外，知有朝而不知天子。天牖聖聰，一旦發露，屏之南京。然朝雖去，而三千虎旅安歸？世未有蓄怨藏怒之人，潛布左右而不爲患者，今惟有散之而已。夫平日卵翼朝者，黃克纘也，亡何以戎政內宣。抄參朝者，毛士龍也，未幾以搆陷削籍。豈非握兵據要，轉相恐喝，以至是乎。」帝以內操祖宗故事，不納。又陳足財之策，請減上供，汰冗官，覈營造，省賚賞。皆宦官所不便，格不行。奉聖夫人客氏子及中宫王體乾、宋晉、魏進忠等十二人俱世襲錦衣。進忠者，魏忠賢也。師襄力諫。又言左都御史熊尚文、工部侍郎周應秋、登萊巡撫袁可立當去不去，光祿卿須之彦、太常卿呂純如不當來而來。帝皆不聽。

四年巡按河南。陛辭，言：「今之言者，皆曰治平要務，乃終日籌邊事，商國計，飭吏治，計民生，弭盜賊，而漫無實效。所以然者，臺諫以進言爲責，條奏一入，卽云盡職，言之行否，置弗問矣。六曹以題覆爲責，題覆一上，卽云畢事，事之行否，置弗問矣。內閣以票擬爲責，票擬一定，卽爲明綸，旨之行否，置弗問矣。上謾下欺，釀成大患。今人怨已極，天怒已甚，災害並至，民不聊生。相聚思亂，十而八九。臣恐今日之患，不在遼左、黔、蜀，而在數百年休養之赤子也。」明年復命薦部內人才，首及尚書盛以弘。魏忠賢責以徇私，貶一秩調任，師襄遂歸。

崇禎元年召復官，擢太僕少卿，累遷至太常卿，致仕。奸人宋夢郊假師襄手書營兵部。事覺，師襄被逮，繫獄者二年。至徐石麒爲刑部，始得雪。十六年冬，賊陷耀州，師襄死之。

麻僖，慶陽人。父永吉，由庶吉士爲御史，終湖廣按察使，以淸操聞。僖舉萬曆三十五年進士，授庶吉士，改兵科給事中。代王長子鼎渭訐父廢長立幼，僖劾代王無君，鼎渭無父。四十年疏陳納諫諍、舉枚卜、補大僚、登遺佚、速考選數事，不報。已，復請重武科，復比試，淸納級，汰家丁，恤班操，急邊餉，時亦不能用。遼東巡撫楊鎬請用舊將李如梅，以僖言，改用張承廕。〔三〕承廕未至而鎭遠堡、曹莊相繼失事，鎬皆不以實聞。僖兩疏劾之，鎬旋引去。已，與同官孫振基等劾熊廷弼殺人媚人。又言湯賓尹取韓敬，關節顯然，語具振基傳。尋乞假歸。四十五年京察，賓尹黨用事，以僖倚附東林，謫山西按察知事。天啓二年起兵部主事，歷尙寶丞、少卿，改太常。五年六月，魏忠賢黨御史陳世埈劾之，遂落職。崇禎初，復官，致仕家居。十六年冬，李自成陷慶陽，僖死之。

王道純，字懷鞠，蒲城人。天啓五年進士。授中書舍人。崇禎三年擢御史。疏陳破資格之說，言銓除、舉劾、考選，甲乙科太低昂，宜變通，則賢才日廣。帝命所司卽行，而甲科勢重，卒不能返。流賊躪關中，道純請急振饑民，毋使從賊，報可。已，劾罷光祿卿蘇晉、參政張爾基。四年劾吏部尙書王永光當去者三，不可留者四，不納。

巡按山東。其時李九成、孔有德叛於吳橋，南下。道純移書巡撫余大成，令討捕，大成不信。再促之，遂托疾請告，與登萊巡撫孫元化遣使招撫。道純以爲非，請敕二撫速剿。及賊陷登州，元化被縶，大成猶主招撫。道純憤，抗疏力爭。帝卽命道純監軍。及徐從治代大成，謝璉代元化，並入萊州，爲賊困。在外調度，止道純一人。賊遣人僞乞撫，道純焚書斬使，馳疏言：「賊日以撫愚我，一撫而六城陷，再撫而登州亡，三撫而黃縣失，今四撫而萊州被圍。我軍屢挫，安能復戰？乞速發大軍，拯此危土。」

時周延儒、熊明遇主撫議，道純反被責讓。明遇遣職方主事張國臣贊畫軍事，國臣入賊中招諭。賊佯許之，攻圍如故。及總督劉宇烈至，進兵沙河，道純與之俱。宇烈中情怯，頓兵不進，日議撫，尋棄軍奔。道純復請速討，不納。迨巡撫謝璉被執，帝震怒，逮宇烈，召道純還京，而明遇亦罷去。宇烈下吏，引道純分過。道純疏駁其所奏十餘事，命所司幷按。又劾明遇、國臣交通悞國十罪，語侵延儒。疏未下，延儒洩之國臣，國臣亦劾道純十罪，道純遂幷劾延儒。帝皆不問。已而賊平，道純竟坐監軍溺職，斥爲民。

十五年以廷臣薦，將起用，未果。及李自成陷蒲城，道純抗節死。福王時，贈卹如制。

田時震，富平人。天啓二年進士。歷知光山、靈寶。崇禎二年入爲御史，疏劾南京戶部尙書范濟世、順天巡撫單明詡、御史卓邁黨逆罪，而請免故御史夏之令誣坐贓，並從之。劾劉鴻訓納田仰金，囑吏部尙書王永光用爲四川巡撫，仰迄罷去。時震以發鴻訓私，進秩一等。未幾，又劾永光及溫體仁，忤旨切責。御史袁弘勛者，永光心腹也，被劾罷職，永光力援之。時震言：「弘勛因閣臣劉鴻訓賄敗，輒肆瀆辯。不知鴻訓之差快人意者，正以能別白徐大化、霍維華諸人之奸而斥去之，安得借此爲翻案之端耶？弘勛計行，大化、維華輩將乘間抵隙，害不可勝言。」因薦故光祿少卿史記事，蕭然四壁，講學著書，亟宜召用，帝不納。

時震既屢忤永光，遂以年例出爲江西右參議，調山西，就遷左參政，罷歸。十六年冬，流賊陷富平，授以僞職，不屈死。

同邑朱崇德，字淳菴，侍郎國棟父也。國棟中天啓二年進士，歷戶科給事中。吏部侍郎張捷薦逆案呂純如，國棟上疏力詆。已，又劾兩廣總督熊文燦，招撫海盜劉香，奏詞掩飾欺罔五罪，帝切責文燦。而國棟累遷巡撫山東右僉都御史，督治昌平。十五年卒。國棟卒之明年，富平陷於賊。賊驅崇德往長安，中道稱病。賊見其老，以爲果病也，聽之歸。崇德曰：「始吾所以隱忍者，爲九族計也，今得死所矣。」乃北面再拜，自縊死。是時關中諸死節者甫議卹，而國變至。福王立，始贈崇德右副都御史。

贊曰：流賊荼毒中原，所至糜爛。士大夫遘難者，不死則辱。然當其時，徘徊隱忍蒙垢而終以自戕者，亦不少矣。賀逢聖諸人從容就義，臨患難而不易其節，一死顧不重哉！逢聖與南居益、周士樸公方清正，呂維祺邃學純修，固中朝賢士大夫。宋師襄所謂「上諼下欺，釀成大患」，末季之習，痛哉其言之也。

校勘記

〔一〕都御史唐世濟薦霍維華　唐世濟，原作「唐濟世」，據下文及明史稿傳一四六李夢辰傳改。

〔二〕改用張承廕　張承廕，原作「張承蔭」，據本書卷二三九及明史稿傳一一六張臣傳附子承廕傳改。下同。

明史卷二百六十五

列傳第一百五十三

范景文　倪元璐　李邦華　王家彥　孟兆祥 子章明

施邦曜　凌義渠

崇禎十有七年三月，流賊李自成犯京師。十九日丁未，莊烈帝殉社稷。文臣死國者，東閣大學士范景文而下，凡二十有一人。福王立南京，並予贈謚。皇清順治九年，世祖章皇帝表章前代忠臣，所司以范景文、倪元璐、李邦華、王家彥、孟兆祥、子章明、施邦曜、凌義渠、吳麟徵、周鳳翔、馬世奇、劉理順、汪偉、吳甘來、王章、陳良謨、申佳胤、許直、成德、金鉉二十人名上。命所在有司各給地七十畝，建祠致祭，且予美謚焉。

范景文，字夢章，吳橋人。父永年，南寧知府。景文幼負器識，登萬曆四十一年進士，授東昌推官。以名節自勵，苞苴無敢及其門。歲大饑，盡心振救，闔郡賴之。用治行高等，擢吏部稽勳主事，歷文選員外郎，署選事。泰昌時，羣賢登進，景文力爲多，尋乞假去。

天啓五年二月起文選郎中。魏忠賢暨魏廣微中外用事，景文同鄉，不一詣其門，亦不附東林，孤立行意而已。嘗言：「天地人才，當爲天地惜之。朝廷名器，當爲朝廷守之。天下萬世是非公論，當與天下萬世共之。」時以爲名言。視事未彌月，謝病去。

崇禎初，用薦召爲太常少卿。二年七月擢右僉都御史，巡撫河南。京師戒嚴，率所部八千人勤王，餉皆自齎。抵涿州，四方援兵多剽掠，獨河南軍無所犯。移駐都門，再移昌平，遠近恃以無恐。明年三月擢兵部添注左侍郎，練兵通州。通鎭初設，兵皆召募，景文綜理有法，軍特精。嘗請有司實行一條鞭法，徭役歸之官，民稍助其費，供應平買，不立官價名。帝令永著爲例。居二年，以父喪去官。

七年冬，起南京右都御史。未幾，就拜兵部尙書，參贊機務。屢遣兵戍池河、浦口，援廬州，扼滁陽，有警輒發，節制精明。嘗與南京戶部尙書錢春以軍食相訐奏，坐鐫秩視事。已，敍援剿功，復故秩。十一年冬，京師戒嚴，遣兵入衞。楊嗣昌奪情輔政，廷臣力爭多被謫，景文倡同列合詞論救。帝不悅，詰首謀，則自引罪，且以衆論僉同爲言。帝益怒，削籍爲民。

十五年秋，用薦召拜刑部尚書，未上，改工部。入對，帝迎勞曰：「不見卿久，何癯也？」景文謝。十七年二月命以本官兼東閣大學士，入參機務。未幾，李自成破宣府，烽火偪京師。有請帝南幸者，命集議閣中。景文曰：「固結人心，堅守待援而已，此外非臣所知。」及都城陷，趨至宮門。宮人曰：「駕出矣。」復趨朝房，賊已塞道。從者請易服還邸，景文曰：「駕出安歸？」就道旁廟草遺疏，復大書曰：「身爲大臣，不能滅賊雪恥，死有餘恨。」遂至演象所拜辭闕墓，赴雙塔寺旁古井死。景文死時，猶謂帝南幸也。贈太傅，謚文貞。本朝賜謚文忠。

倪元璐，字玉汝，上虞人。父涷，歷知撫州、淮安、荆州、瓊州四府，有當官稱。天啓二年，元璐成進士，改庶吉士，授編修。冊封德府，移疾歸。還朝，出典江西鄉試。暨復命，則莊烈帝踐阼，魏忠賢已伏誅矣。楊維垣者，逆奄遺孽也，至是上疏並詆東林、崔、魏。元璐不能平，崇禎元年正月上疏曰：

臣頃閱章奏，見攻崔、魏者必與東林並稱邪黨。夫以東林爲邪黨，將以何者名崔、魏？崔、魏既邪黨矣，擊忠賢、呈秀者又邪黨乎哉！東林，天下才藪也，而或樹高明之幟，繩人過刻，持論太深，謂之非中行則可，謂之非狂狷不可。且天下議論，寧假借，必不可失名義；士人行己，寧矯激，必不可忘廉隅。自以假借矯激爲大咎，於是彪虎之徒公然背畔名義，決裂廉隅。頌德不已，必將勸進；建祠不已，必且呼嵩。而人猶且寬之曰「無可奈何，不得不然耳」。充此無可奈何、不得不然之心，又將何所不至哉！乃議者以忠厚之心曲原此輩，而獨持已甚之論苛責吾徒，所謂舛也。今大獄之後，湯火僅存，屢奉明綸，俾之酌用，而當事者猶以道學封疆，持爲鐵案，毋亦深防其報復乎？然臣以爲過矣。年來借東林媚崔、魏者，其人自敗，何待東林報復？若不附崔、魏，又能攻去之，其人已喬嶽矣，雖百東林烏能報復哉。

臣又伏讀聖旨，有「韓爌清忠有執，朕所鑒知」之諭。而近聞廷臣之議，殊有異同，可爲大怪。爌相業光偉，他不具論，卽如紅丸議起，舉國沸然，爌獨侃侃條揭，明其不然。夫孫愼行，君子也，爌且不附，況他人乎！而今推轂不及，點灼横加，則徒以其票擬熊廷弼一事耳。廷弼固當誅，爌不爲無說，封疆失事，纍纍有徒，乃欲獨殺一廷弼，豈平論哉。此爌所以閣筆也。然廷弼究不死於封疆而死於局面，不死於法吏而死於奸璫，則又不可謂後之人能殺廷弼，而爌獨不能殺之也。又如詞臣文震孟正學勁骨，有古大臣之品，三月居官，昌言獲罪，人以方之羅倫、舒芬。而今起用之旨再下，謬悠之譚不已，將毋門戶二字不可重提耶？用更端以相遮抑耶？書院、生祠，相勝負者也，生祠毀，書院豈不當修復！

時柄國者悉忠賢遺黨，疏入，以論奏不當責之。於是維垣復疏駁元璐。元璐再疏曰：

臣前疏原爲維垣發也。陛下明旨曰「分別門戶，已非治徵」，曰「化異爲同」，曰「天下爲公」。而維垣則倡爲孫黨、趙黨、熊黨、鄒黨之說。是陛下於方隅無不化，而維垣實未化；陛下於正氣無不伸，而維垣不肯伸。

維垣怪臣盛稱東林，以東林嘗推李三才而護熊廷弼也。抑知東林有力擊魏忠賢之楊漣，首劾崔呈秀之高攀龍乎！忠賢窮凶極惡，維垣猶尊稱之曰「廠臣公」、「廠臣不愛錢」、「廠臣知爲國爲民」，而何責乎三才。五彪五虎之罪，刑官僅擬削奪，維垣不駁正，又何誅乎廷弼。維垣又怪臣盛稱韓爌。夫舍爌昭然忤璫之大節，而加以罔利莫須有之事，已爲失平。至廷弼行賄之說，乃忠賢借以誣陷清流，爲楊、左諸人追贓地耳，天下誰不知，維垣猶守是說乎？維垣又怪臣盛稱文震孟。夫震孟忤璫削奪，其破帽策蹇傲蟒玉馳驛語，何可非。維垣試觀數年來破帽策蹇之輩，較超階躐級之儔，孰爲榮辱。自此義不明，畏破帽策蹇者，相率而頌德建祠，希蟒玉馳驛者呼父、呼九千歲而不怍，可勝歎哉！維垣又怪臣盛稱鄒元標。夫謂都門聚講爲非則可，謂元標講學有他腸則不可。當日忠賢驅逐諸人，毁廢書院者，正欲箝學士大夫之口，恣行不義耳。自元標以僞學見驅，而逆璫遂以眞儒自命。學宮之內，儼然揖先聖爲平交。使元標諸人在，豈遂至此。

維垣又駁臣假借矯激。夫當崔、魏之世，人皆任眞率性，頌德建祠。使有一人假借矯激，而不頌不建，豈不猶賴是人哉！維垣以爲眞小人，待其貫滿可攻去之，臣以爲非計也。必待其貫滿，其敗壞天下事已不可勝言，雖攻去之，不已晚乎！卽如崔、魏，貫滿久矣，不遇聖明，誰攻去之。維垣終以無可奈何爲頌德建祠者解，臣以爲非訓也。假令呈秀一人舞蹈稱臣於逆璫，諸臣亦以爲無可奈何而從之乎？又令逆璫以兵劫諸臣使從叛逆，諸臣亦靡然從之，以爲無可奈何而然乎？維垣又言「今日之忠直，不當以崔、魏爲對案」，臣謂正當以崔、魏爲對案也。夫人品試之崔、魏而定矣，故有東林之人，爲崔、魏所恨其牴觸，畏其才望而必欲殺之逐之者，此正人也。有攻東林之人，雖爲崔、魏所借，而勁節不阿，或遠或逐者，亦正人也。以崔、魏定邪正，猶以明鏡別妍媸。維垣不取證於此，而安取證哉！

總之東林之取憎於逆璫獨深，其得禍獨酷。在今日當曲原其被抑之苦，不當毛舉其尺寸之瑕。乃歸逆璫以首功，代逆璫而分謗，斯亦不善立論者矣。

疏入，柄國者以互相詆訾兩解之。當是時，元兇雖殛，其徒黨猶盛，無敢頌言東林者。自元璐疏出，清議漸明，而善類亦稍登進矣。

元璐尋進侍講。其年四月請燬三朝要典，言：「梃擊、紅丸、移宮三議，鬨於清流。而三朝要典一書，成於逆豎。其議可兼行，其書必當速燬。蓋當事起議興，盈廷互訟。主梃擊者力護東宮，爭梃擊者計安神祖。主紅丸者仗義之言，爭紅丸者原情之論。主移宮者弭變於幾先，爭移宮者持平於事後。數者各有其是，不可偏非。總在逆璫未用之先，雖甚水火，不害塤篪，此一局也。既而楊漣二十四罪之疏發，魏廣微此輩門戶之說興，於是逆璫殺人則借三案，羣小求富貴則借三案。經此二借，而三案全非矣。故凡推慈歸孝於先皇，正其頌德稱功於義父。又一局也。網已密而猶疑有遺鱗，勢已重而或憂其翻局。崔、魏諸奸始創立私編，標題要典，以之批根今日，則衆正之黨碑；以之免死他年，即上公之鐵券。又一局也。由此而觀，三案者，天下之公議；要典者，魏氏之私書。三案自三案，要典自要典也。今爲金石不刊之論者，誠未深思。臣謂翻卽紛囂，改亦多事，惟有燬之而已。」帝命禮部會詞臣詳議。議上，遂焚其板。侍講孫之獬，忠賢黨也，聞之，詣閣大哭，天下笑之。

元璐歷遷南京司業，右中允。四年進右諭德，充日講官，進右庶子。上制實八策：曰間插部，曰繕京邑，曰優守兵，曰靖降人，曰益寇餉，曰儲邊才，曰奠輦轂，曰嚴敎育。又上制虛八策：曰端政本，曰伸公議，曰宣義問，曰一條敎，曰慮久遠，曰昭激勸，曰勵名節，曰假體貌。其端政本，悉規切溫體仁。其伸公議，則詆張捷薦呂純如謀翻逆案事。捷大怒，上疏力攻，元璐疏辨，帝俱不問。八年遷國子祭酒。

元璐雅負時望，位漸通顯。帝意嚮之，深爲體仁所忌。一日，帝手書其名下閣，令以履歷進，體仁益恐。會誠意伯劉孔昭謀掌戎政，體仁餌孔昭使攻元璐，言其妻陳尚存，而妾王冒繼配復封，敗禮亂法。詔下吏部核奏，其同里尚書姜逢元，侍郎王業浩、劉宗周及其從兄御史元珙，咸言陳氏以過被出，繼娶王非妾，體仁意沮。會部議行撫按勘奏，即擬旨云：「登科錄二氏並列，罪跡顯然，何待行勘。」遂落職閑住。孔昭京營不可得，遂以南京操江償之。

十五年九月詔起兵部右侍郎兼侍讀學士。明年春抵都，陳制敵機宜，帝喜。五月超拜戶部尚書兼翰林院學士，仍充日講官。祖制，浙人不得官戶部。元璐辭，不許。帝眷元璐甚，五日三賜對。因奏：「陛下誠用臣，臣請得參兵部謀。」帝曰：「已諭樞臣，令與卿協計。」當是時，馮元飈爲兵部，與元璐同志，鈎考兵食，中外想望治平。惟帝亦以用兩人晚，而時事益不可爲，左支右詘，既已無可奈何。故事，諸邊餉司悉中差，元璐請改爲大差，兼兵部銜，令淸核軍伍，不稱職者卽遣人代之。先是，屢遣科臣出督四方租賦，元璐以爲擾民無益，罷之，而專責撫按。戶部侍郎莊祖誨督剿寇餉，憂爲盜劫，遠避之長沙、衡州。元璐請令督撫自催，毋煩朝使。自軍興以來，正供之外，有邊餉，有新餉，有練餉，款目多，黠吏易爲奸。元璐請合爲一。帝皆報可。時國用益詘，而災傷蠲免又多。元璐計無所出，請開贖罪例，且令到官滿歲者，得輸貲給封誥。帝亦從之。

先是，有崇明人沈廷揚者，獻海運策，元璐奏聞。命試行，乃以廟灣船六艘聽運進。月餘，廷揚見元璐。元璐驚曰：「我已奏聞上，謂公去矣，何在此？」廷揚曰：「已去復來矣，運已至。」元璐又驚喜聞上。上亦喜，命酌議。乃議歲糧艘，漕與海各相半行焉。十月命兼攝吏部事。陳演忌元璐，風魏藻德言於帝曰：「元璐書生，不習錢穀。」元璐亦數請解職。

十七年二月命以原官專直日講。踰月，李自成陷京師，元璐整衣冠拜闕，大書几上曰：「南都尚可爲。死吾分也，勿以衣衾斂。暴我屍，聊志吾痛。」遂南向坐，取帛自縊而死。贈少保，吏部尚書，謚文正。本朝賜謚文正。

李邦華，字孟闇，吉水人。受業同里鄒元標，與父廷諫同舉萬曆三十一年鄉試。父子自相鏃礪，布衣徒步赴公車。明年，邦華成進士，授涇縣知縣，有異政。行取，擬授御史。值黨論初起，朝士多詆顧憲成。邦華與相拄，遂指目邦華東林。以是，越二年而後拜命。陳法祖用人十事：曰內閣不當專用詞臣，曰詞臣不當專守館局，曰詞臣不當教習內書堂，曰六科都給事中不當內外間阻，曰御史陞遷不當概論考滿，曰吏部乞假不當積至正郎，曰關倉諸差不當專用舉貢任子，曰調簡推知不當驟遷京秩，曰進士改教不當概從內轉，曰邊方州縣不當盡用鄉貢。疏上，不報。

四十一年，福王之藩已有期，忽傳旨莊田務足四萬頃。廷臣相顧愕眙，計田數必不足，則期將復更，然無敢抗言爭之者。邦華首疏諫，廷臣乃相繼爭，期得毋易。巡視銀庫，上祛弊十事。中貴不便，格不行。巡按浙江，織造中官劉成死，命歸其事於有司，別遣中官呂貴錄成遺貲。貴嗾奸民紀光詭稱機戶，詣闕保留貴代成督造。邦華極論二人交關作奸罪。光疏不由通政，不下內閣，以中旨行之。邦華三疏爭，皆不報。是時神宗好貨，中官有所進奉，名爲孝順。疏中刺及之，並劾左右大奄之黨貴者，於是期滿，久不得代。

四十四年引疾歸。時羣小力排東林，指鄒元標爲黨魁。邦華與元標同里，相師友，又性好別黑白。或勸其委蛇，邦華曰：「寧爲偏枯之學問，不作反覆之小人。」聞者益嫉之。明年以年例出爲山東參議。其父廷諫時爲南京刑部郎中，亦罷歸。邦華乃辭疾不赴。

天啓元年起故官，飭易州兵備。明年遷光祿少卿，卽還家省父。四月擢右僉都御史，代畢自嚴巡撫天津。軍府新立，庶務草創，邦華至，極力振飭，津門軍遂爲諸鎭冠。進兵部右侍郎，復還家省父。四年夏抵京，奄黨大譁，謂樞輔孫承宗以萬壽節入覲，將清君側之惡，邦華實召之。乃立勒承宗還鎭，邦華引疾去。明年秋，奄黨劾削其官。

崇禎元年四月起工部右侍郎，總督河道。尋改兵部，協理戎政。還朝，召見，旋知武會試，事竣入營。故事，冬至郊，列隊扈蹕，用軍八萬五千人，至是增至十萬有奇。時方郊，總督勳臣缺，邦華兼攝其事。所設雲輦、龍旌、寶纛、金鼓、旗幟、甲冑、劍戟，煥然一新，帝悅。明年春幸學，亦如之。命加兵部尚書。時戎政大壞，邦華先陳更操法、愼揀選、改戰車、精火藥、專器械、責典守、節金錢、酌兌馬、練大礮九事。

京營故有占役、虛冒之弊。占役者，其人爲諸將所役，一小營至四五百人，且有賣閑、包操諸弊。虛冒者，無其人，諸將及勛戚、奄寺、豪强以蒼頭冒選鋒壯丁，月支厚餉。邦華核還占役萬，清虛冒千。三大營軍十餘萬，半老弱。故事，軍缺聽告補，率由賄得。邦華必親校，非年壯力强者不錄，自是軍鮮冒濫。三營選鋒萬，壯丁七千，餉倍他軍，而疲弱不異。邦華下令，每把總兵五百，月自簡五人，年必二十五以下，力必二百五十斤以上，技必兼弓矢火礮，月一解送，補選鋒壯丁之缺，自是人人思奮。三大營領六副將，又分三十六營，官以三百六十七人計，所用掾史皆積猾。邦華按罪十餘人，又行一歲二考察之令，自是諸奸爲戢。

營馬額二萬六千，至是止萬五千。他官公事得借騎，總督、協理及巡視科道，例有坐班馬，不肖且折槖入錢，營馬大耗。邦華首減己班馬三之一，他官借馬，非公事不得騎，自是濫借爲希。

京營歲領太僕銀萬六千兩，屯田籽粒銀千六十兩，犒軍製器胥徒工食取給焉。各官取之無度，歲用不敷。邦華建議，先協理歲取千四百，總督巡視遞節減，自是營帑遂裕。

營將三百六十，聽用者稱是。一官缺，請託紛至。邦華悉杜絕，行計日省成法。每小營各置簿，月上事狀於協理，以定殿最。舊制，三大營外復設三備兵營，營三千人，餉視正軍，而不習技擊，益爲豪家隱冒。邦華核去四千餘人，又汰老弱千，疏請歸併三大營不另設，由是戎政大釐。

倉場總督南居益言：「京營歲支米百六十六萬四千餘石，視萬曆四十六年增五萬七千餘石，宜減省。」邦華因上議軍以十二萬爲額，餉以百四十四萬石爲額，歲省二十二萬有奇。帝亦報可，著爲令。帝知邦華忠，奏無不從，邦華亦感帝知，不顧後患。諸失利者銜次骨，而怨謗紛然矣。

其年十月，畿輔被兵，簡精卒三千守通州，二千援薊州，自督諸軍營城外，軍容甚壯。俄有命邦華軍撤還守陴，於是偵者不敢遠出，聲息遂斷，則請防寇賊，緝間諜，散奸宄，禁譌言。邦華自聞警，衣不解帶，捐貲造礮車及諸火器。又以外城單薄，自請出守。而諸不逞之徒，乃搆蜚語入大內。襄城伯李守錡督京營，亦銜邦華扼己，乘間詆諆。邦華自危，上疏陳情，歸命於帝。會滿桂兵拒大清兵德勝門外，城上發大礮助桂，悞傷桂兵多。都察院都事張道澤遂劾邦華，言官交章論列，遂罷邦華閒住。自是代者以爲戒，率因循姑息，戎政不可問矣。邦華前後罷免家居二十年。父廷諫無恙。

十二年四月起南京兵部尚書，定營制，汰不急之將，幷分設之營。謂守江南不若守江北，防下流不若防上流。乃由浦口歷滁、全椒、和，相形勢，繪圖以獻。於浦口置沿江敵臺，於滁設戍卒，於池河建城垣，於滁、椒咽喉則築堡於藕塘。和遭屠戮，請以隸之太平。又請開府采石之山，置哨太平之港，大墾當塗閒田數萬頃資軍儲。徐州，南北要害，水陸交會，請宿重兵，設總督，片檄徵調，奠陵京萬全之勢。皆下所司，未及行，以父憂去。

十五年冬，起故官，掌南京都察院事，俄代劉宗周爲左都御史。都城被兵，即日請督東南援兵入衞，力疾上道。明年三月抵九江。左良玉潰兵數十萬，聲言餉乏，欲寄帑於南京，艨艟蔽江東下。留都士民一夕數徙，文武大吏相顧愕貽。邦華歎曰：「中原安靜土，東南一角耳。身爲大臣，忍坐視決裂，袖手局外而去乎！」乃停舟草檄告良玉，責以大義。良玉氣沮，答書語頗恭。邦華用便宜發九江庫銀十五萬餉之，而身入其軍，開誠慰勞。良玉及其下皆感激，誓殺賊報國，一軍遂安。帝聞之，大喜，陛見嘉勞。邦華跪奏移時，數詔起立，溫語如家人，中官屛息遠伏。其後召對百官，帝輒目注邦華云。舊例，御史出巡，回道考覈。邦華謂回道而後黜，害政已多。論罷巡按、巡鹽御史各一人。奉命考試御史，黜冒濫者一人，追黜御史無顯過而先任推官著貪聲者一人。臺中始畏法。

十七年二月，李自成陷山西。邦華密疏請帝固守京師，倣永樂朝故事，太子監國南都。居數日未得命，又請定、永二王分封太平、寧國二府，拱護兩京。帝得疏意動，繞殿行，且讀且歎，將行其言。會帝召對羣臣，中允李明睿疏言南遷便，給事中光時亨以倡言洩密糾之。帝曰：「國君死社稷，正也，朕志定矣。」遂罷邦華策不議。未幾，賊逼都城，亟詣內閣言事。魏藻德漫應曰：「姑待之。」邦華太息而出。已，率諸御史登城，羣奄拒之不得上。十八日，外城陷，走宿文信國祠。明日，內城亦陷，乃三揖信國曰：「邦華死國難，請從先生於九京矣。」爲詩曰：「堂堂丈夫兮聖賢爲徒，忠孝大節兮誓死靡渝，臨危授命兮吾無愧吾。」遂投繯而絕。贈太保、吏部尙書，謚忠文。本朝賜謚忠肅。

王家彥，字開美，莆田人。天啓二年進士。授開化知縣，調蘭谿。擢刑科給事中，彈擊權貴無所避。

崇禎四年請釋大學士錢龍錫於獄，龍錫得減死。請推行按月奏報例於四方，獄囚得無久淹。閩海盜劉香擾郡邑，撫鎭追剿多失利，朝議召募，將大舉。家彥言：「舊制，衞所軍餉於官，無別兵亦無別將，統於各衞之指揮。寨設號船，聯絡呼應，又添設遊擊等官，雖文洋窮港，戈船相望。臣愚以今日策防海，莫若復舊制，勤訓練。練則衞所軍皆勁卒，不練雖添設召募兵，猶驅市人而戰之，糜餉擾民無益，賊終不能盡。」時以爲名言。奉命巡靑，所條奏多議行。

先是，隆慶間太僕種馬額存十二萬五千，邊馬至二十六萬。言者以民間最苦養馬，所納馬又不足用，議馬徵銀十兩，加草料銀二兩，歲可得銀百四十四萬兩。中樞楊博持不可，詔折其半，而馬政始變。萬曆九年議盡行改折，南寺歲徵銀二十二萬，北寺五十一萬，銀入冏寺而馬政日弛。家彥極陳其弊，請改國初種馬及西番茶馬之制。又班軍舊額十六萬，後減至七萬，至是止二萬有奇，更有建議盡徵行糧、月糧，免其番上者。家彥時巡京營，力陳不可，且請免其工役，盡歸行伍。帝皆褒納其言。遵化鐵冶久廢，奸民請開之，家彥言有害無利。復有請開開化雲霧山以興屯者，亦以家彥言而止。

屢遷戶科都給事中。軍興餉詘，總督盧象昇有因糧加餉之議，戶部尚書侯恂請於未被寇之地，士大夫家賦銀兩者，加二錢；民間五兩以上者，兩加一錢。家彥言：「民賦五兩上者，率百十家成一戶，非富民，不可以朘削。」軍食不足，畿輔、山東、河南、江北召買米豆輸天津，至九十餘萬石，吏胥侵耗率數十萬。家彥請嚴治，帝並採納焉。憂歸。

十二年起吏科都給事中。流寇日熾，緣墨吏朘民，民益走爲盜。盜日多，民生日蹙。家彥上疏曰：「臣見秦、晉之間，饑民相煽，千百爲羣。其始率自一鄉一邑，守令早爲之所，取周官荒政十二而行之，民何至接踵爲盜，盜何至潰裂以極。論者謂功令使然，催科急者書上考，督責嚴者號循良，不肖而墨者以束濕濟其饕餮，一二賢明吏束於文法，展布莫由。惟稍寬文網，壹令撫綏，盜之聚者可散，散者可不復聚。又舊制捕蝗令，吏部歲九月頒勘合於有司，請實意舉行。」帝皆納之。擢大理丞，進本寺少卿。

十五年遷太僕卿。家彥向言馬政，帝下兵部檄陝西督撫，未能行。至是四疏言馬耗之故，請行官牧及金牌差發遺制。且言：「課馬改折，舊增至二十四萬兩，已重困。楊嗣昌不恤民，復增三十七萬，致舊額反逋，不可不釐正。」帝手其疏，語執政曰：「家彥奏皆善。」敕議行。然軍興方亟，不能盡舉也。

頃之，擢戶部右侍郎。都城被兵，命協理戎政。卽日登陴，閱視內外城十六門。雪夜，攜一燈，步巡城堞，人無知者。翊日校勤惰，將士皆服，爭自勵。初，分守阜成門，後移安定門，寢處城樓者半歲。解嚴，賜宴午門，增秩一等。

十七年二月，廷推戶部尚書。帝曰：「戎政非家彥不可。」特留任。賊逼京師，襄城伯李國禎督京營，又命中官王德化盡督內外軍。國禎發三大營軍城外，守陴益少。諸軍旣出城，見賊輒降。降卒反攻城，城上人皆其儕，益無固志。廷臣分門守，家彥守安定門。號令進止由中官，沮諸臣毋得登城，又縋叛監杜勳上，與密約而去。帝手敕兵部尚書張縉彥登城察視，家彥從。中官猶固拒，示之手敕，問勳安在，曰：「去矣。」秦、晉二王欲上城，家彥曰：「二王降賊，卽賊也，賊安得上！」頓足哭。偕縉彥詣宮門請見，不得入。黎明，城陷，家彥投城下，不死，自縊於民舍。遭賊焚，殘其一臂，僕收其餘體焉。贈太子太保、兵部尚書，謚忠端。本朝賜謚忠毅。

孟兆祥，字允吉，山西澤州人也。世籍交河，舉於鄉，九赴會試。天啓二年始擢第，除大理左評事。

退。崇禎初，遷吏部稽勳主事，歷文選員外郎。門生謁選請善地，兆祥正色拒之，其人悚然旋進稽勳郎中，歷考功。忤權要，貶行人司副，稍遷光祿丞，進少卿，歷左通政、太僕卿，進通政使，拜刑部右侍郎。

賊薄都城，兆祥分守正陽門。襄城伯李國禎統京營軍，稽月餉不予，士無固志。城陷，兆祥曰：「社稷已覆，吾將安之！」自經於門下。

長子章明，字綱宜，甫成進士，兆祥揮之曰：「我死，汝可去。」對曰：「君父大節也，君亡父死，我何生爲！」乃投繯於父之側。兆祥妻呂，章明妻王相向哭，旣而曰：「彼父子死忠矣，我二人獨不能死乎！」皆自縊。兆祥贈刑部尚書，謚忠貞，章明河南道御史，謚節愍。本朝賜兆祥謚忠靖，章明貞孝。

施邦曜，字爾韜，餘姚人。萬曆四十一年進士。不樂爲吏，改順天武學教授，歷國子博士、工部營繕主事，進員外郎。魏忠賢興三殿工，諸曹郎奔走其門，邦曜不往。忠賢欲困之，使拆北堂，期五日。適大風拔屋，免譙責。又使作獸吻，倣嘉靖間製，莫考。夢神告之，發地得吻，嘉靖舊物也，忠賢不能難。

遷屯田郎中，稍遷漳州知府，盡知屬縣奸盜主名，每發輒得，闔郡驚爲神。盜劉香、李魁奇橫海上，邦曜繫香母誘之，香就擒。魁奇援鄭芝龍事，請撫，邦曜言於巡撫鄒維璉討平之。遷福建副使、左參政、四川按察使、福建左布政使，並有聲。

或餽之朱墨竹者，姊子在旁請受之。曰：「不可。我受之，即彼得以乘閒而嘗我，我則示之以可欲之門矣。」性好山水。或勸之遊峨眉，曰：「上官遊覽，動煩屬吏支應，傷小民幾許物力矣。」其潔己愛民如此。

歷兩京光祿寺卿，改通政使。黃道周旣謫官，復逮下詔獄。國子生涂仲吉上書訟之，邦曜不爲封進，而大署其副封曰：「書不必上，論不可不存。」仲吉劾邦曜，邦曜以副封上，帝見其署語，怒，下仲吉獄，而奪邦曜官。踰年起南京通政使。入都陛見，陳學術、吏治、用兵、財賦四事，帝改容納焉。出都三日，命中使召還，曰：「南京無事，留此爲朕效力。」吏部推刑部右侍郎。帝曰：「邦曜清執，可左副都御史。」時崇禎十六年十二月也。

明年，賊薄近郊。邦曜語兵部尚書張縉彥檄天下兵勤王，縉彥慢弗省，邦曜太息而去。城陷，趨長安門，聞帝崩，慟哭曰：「君殉社稷矣，臣子可偸生哉！」卽解帶自經。僕救之蘇，恨曰：「是兒誤我！」賊滿衢巷，不得還邸舍，望門求縊，輒爲居民所麾。乃命家人市信石雜燒酒，卽途中服之，血迸裂而卒。

邦曜少好王守仁之學，以理學、文章、經濟三分其書而讀之，慕義無窮。魯時生者，里同年生也，官庶吉士，歿京師。邦曜手治含歛，以女妻其子。嘗買一婢，命灑掃，至東隅，捧籌凝視而泣。怪問之，曰：「此先人御史宅也。時墮環茲地，不覺悽愴耳。」邦曜卽分嫁女資，擇士人歸之。其篤於內行如此。贈太子少保、左都御史，諡忠介。本朝賜諡忠愍。

淩義渠，字駿甫，烏程人。天啓五年進士。除行人。崇禎三年授禮科給事中，知無不言。三河知縣劉夢煒失餉銀三千，責償急，自縊死，有司責其家。義渠言：「以金錢殞命吏，恐天下議朝廷重金，意不在盜也。」帝特原之。宜興、溧陽及遂安、壽昌民亂，焚掠巨室。義渠言：「魏羽林軍焚領軍張彝第，高歡以爲天下事可知。日者告密漸啓，藩國悍宗入京越奏，里閭小故叫閽聲冤，僕豎侮家長，下吏箝上官，市儈持縉紳，此春秋所謂六逆也。天下所以治，恃上下之分。防維決裂，卽九重安所藉以提挈萬靈哉！」

義渠與溫體仁同里，無所附麗。給事中劉含輝劾體仁擬旨失當，被貶二秩。義渠言：「諫官不得規執政失，而委申飭權於部院，反得制言路。大臣以攬權爲奉旨，小臣以結舌爲盡職，將貽國家無窮憂。」兵部尚書張鳳翼敍廢將陳壯猷功，爲給事中劉昌所駁，昌反被斥。

義渠言：「今上下盡相蒙，疆埸欺蔽爲甚。官方盡濫徇，武弁倖功爲甚。中樞不職，捨其大，摘其細，已足爲言者羞。辨疏一入，調用隨之。自今奸弊叢生，功罪倒置，言者將杜口。」不納。

三遷兵科都給事中。東江自毛文龍後，叛者接踵。義渠言：「東島孤懸海外，轉餉艱，向仰給朝鮮。今路阻絕不得食，內潰可慮。」居無何，衆果潰，挾帥求撫。義渠言：「請陽撫陰勦，同惡必相戕。」及命新帥出海，義渠言：「殲渠散黨宜速，速則可圖功，遲則更生他釁。」後其語皆驗。

義渠居諫垣九年，建白多。吏科給事中劉安行惡之，以年例出義渠福建參政。尋遷按察使，轉山東右布政使，所至有清操。召拜南京光祿寺卿，署應天尹事。

十六年入爲大理卿。明年三月，賊犯都城，有旨召對。趨赴長安門，旦不啓扉。俄傳城陷，還。已，得帝崩問，負牆哀號，首觸柱，血被面。門生勸無死，義渠厲聲曰：「爾當以道義相勖，何姑息爲！」揮使去。據几端坐，取生平所好書籍盡焚之，曰：「無使賊手污也。」且日具緋衣拜闕，作書辭父。已，自繫，奮身絕吭而死，年五十二。贈刑部尚書，謚忠清。本朝賜謚忠介。

贊曰：范景文、倪元璐等皆莊烈帝腹心大臣，所共圖社稷者，國亡與亡，正也。當時靦顏屈節，僥倖以偷生者，多被刑掠以死，身名俱裂，貽詬無窮。而景文等樹義烈於千秋，荷褒揚於興代，名與日月爭光。以彼潔此，其相去得失何如也。

明史卷二百六十六

列傳第一百五十四

馬世奇　吳麟徵　周鳳翔　劉理順　汪偉
吳甘來　王章　陳良謨　陳純德　申佳胤
成德　許直　金鉉

馬世奇，字君常，無錫人。祖灝，進士，桂林知府。世奇幼穎異，嗜學，有文名。登崇禎四年進士，改庶吉士，授編修。十一年，帝遣詞臣分諭諸藩。世奇使山東、湖廣、江西諸王府，所至却饋遺。還，進左諭德。父憂歸。

久之還朝，進左庶子。帝數召廷臣問禦寇策。世奇言：「闖、獻二賊，除獻易，除闖難。人心畏獻而附闖，非附闖也，苦兵也。今欲收人心，惟敕督撫鎮將嚴束部伍，使兵不虐民，民不苦兵，則亂可弭。」帝善其言，爲下詔申飭。時寇警日亟，每召對，諸大臣無能畫一策。世奇歸邸，輒太息泣下，曰：「事不可爲矣。」

十七年三月，城陷。世奇方早食，投筯起，問帝安在，東宮二王安在。或言帝已出城，或言崩，或又言東宮二王被執。世奇曰：「嗟乎，吾不死安之！」其僕曰：「如太夫人何？」世奇曰：「正恐辱太夫人耳。」將自經，二妾朱、李盛飾前。世奇訝曰：「若以我死，將辭我去耶？」對曰：「聞主人盡節，我二人來從死耳。」世奇曰：「有是哉！」二妾並自經。世奇端坐，引帛自力縊乃死。先是，兵部主事成德將死，貽書世奇，以慷慨從容二義質焉。世奇曰：「勉哉元升。吾人見危授命，吾不爲其難，誰爲其難者！與君攜手黃泉，預訂斯盟，無忘息壤矣。」

世奇修頤廣顙，揚眉大耳，砥名行，居館閣有聲，好推獎後進。爲人廉，父死，蘇州推官倪長圩以贖鍰三千助喪。世奇辭曰：「蘇饑，留此可用振。」座主周延儒再相，世奇同郡遠嫌，除服不赴都。及還朝，延儒已賜死，親暱者率避去，世奇經紀其喪。其好義如此。贈禮部右侍郎，謚文忠。本朝賜謚文肅。

吳麟徵，字聖生，海鹽人。天啓二年進士。除建昌府推官，擒豪猾，捕劇盜，治聲日聞。

父憂歸。補興化府，廉公有威，僚屬莫敢以私進。

崇禎五年擢吏科給事中，請罷內遣，言：「古用內臣以致亂，今用內臣以求治。君之於臣，猶父之於子，未有信僕從，舍其子，求家之理者。」又言：「安民之本在守令。郡守廉，縣令不敢貪。郡守慈，縣令不敢虐。郡守精明，縣令不敢叢脞。宜倣宣宗用況鍾故事，精擇而禮遣之，重以璽書，假便宜久任。民生疾苦，吏治臧否，使得自達天子。」時不能行。麟徵在諫垣，直聲甚著。尋上疏乞假葬父。旣去，貽言路公揭，謂：「自言官積輕，廟堂之上往往反其言而用之。奸人窺見此旨，明告君父，目爲朋黨，自稱孤立，下背公論，上竊主權。諸君子宜盡化沾沾之意，毋落其彀中，使清流之禍再見明時。」

居久之，還朝。劾吏部尙書田唯嘉贓汚，唯嘉罷去。再遷刑科給事中，丁繼母憂。服闋，起吏科都給事中。時貨賂公行，銓曹資格盡廢。麟徵上言：「限年平配，固銓政之弊，然舍此無以待中才。今遷轉如流，不循資格，巧者速化，拙者積薪，開奔競之門，無益軍國之計。」帝深然之。

十七年春，推太常少卿。未幾，賊薄京師。麟徵奉命守西直門。門當賊衝，賊詐爲勤王兵求入。中官欲納之，麟徵不可。以土石堅塞其門，募死士縋城襲擊之，多所斬獲。賊攻益急，麟徵趨入朝，欲見帝白事。至午門，魏藻德引麟徵手曰：「國家如天之福，必無他虞。

旦夕兵餉集，公何恖遽爲？」引之出，遂還西直門。明日城陷。欲還邸，已爲賊所據。乃入道旁祠，作書訣家人曰：「祖宗二百七十餘年宗社，一旦至此，雖上有亢龍之悔，下有魚爛之殃，而身居諫垣，無所匡救，法當褫服。殮用角巾青衫，覆以單衾，以志吾哀。」解帶自經。家人救之甦，環泣請曰：「待祝孝廉至，一訣可乎？」許之。祝孝廉名淵，嘗救劉宗周下獄，與麟徵善者也。明日，淵至。麟徵慷慨曰：「憶登第時夢隱士劉宗周吟文信國零丁洋詩，今山河碎矣，不死何爲！」酌酒與淵別，遂自經，淵爲視含殮而去。贈兵部右侍郎，諡忠節。本朝賜諡貞肅。

方賊之陷山西也，薊遼總督王永吉請撤寧遠吳三桂兵守關門，選士卒西行遏寇，卽京師警，旦夕可援。天子下其議，麟徵深然之。輔臣陳演、魏藻德不可，謂：「無故棄地二百里，臣不敢任其咎。」引漢棄涼州爲證。麟徵復爲議數百言，六科不署名，獨疏昌言，弗省。及烽烟徹大內，帝始悔不用麟徵言，旨下永吉。永吉馳出關，徙寧遠五十萬衆，日行數十里。十六日入關，二十日抵豐潤，而京師已陷矣。城破，八門齊啓，惟西直門堅塞不能通。至五月七日，集民夫發掘乃開。

周鳳翔，字儀伯，浙江山陰人。崇禎元年進士。改庶吉士，授編修。遷南京國子司業。靈璧侯奴辱諸生，鳳翔執付法司。歷中允、諭德，爲東宮講官。嘗召對平臺，陳滅寇策。言論慷慨，帝爲悚聽。軍需急，議稅間架錢。鳳翔曰：「事至此，急宜收人心，尙可括民財搖國勢耶！」

亡何，京師陷，莊烈帝殉社稷。有譌傳駕南幸者。鳳翔不知帝所在，趨入朝。見魏藻德、陳演、侯恂、宋企郊等羣入，而賊李自成據御坐受朝賀。鳳翔至殿前大哭，急從左掖門趨出，賊亦不問。歸至邸，作書辭二親，題詩壁間自經。詩曰：「碧血九原依聖主，白頭二老哭忠魂。」天下悲之，去帝崩纔兩日也。後贈禮部右侍郎，謚文節。本朝賜謚文忠。

劉理順，字復禮，杞縣人。萬曆中舉於鄉。十赴會試，至崇禎七年始中式。及廷對，帝親擢第一，還宮喜曰：「朕今日得一耆碩矣。」拜修撰。益勤學，非其人不與交。

十二年春，畿輔告警，疏陳作士氣、矜窮民、簡良吏、定師期、信賞罰、招脅從六事。歷南京司業、左中允、右諭德，入侍經筵兼東宮講官。楊嗣昌奪情入閣，理順昌言於朝，嗣昌奪其講官。開封垂陷，理順建議河北設重臣，練敢死士爲後圖，疏格不行。嗣昌、薛國觀、周延儒造用事，理順一無所附麗。出溫體仁門，言論不少徇。賊犯京師急，守卒缺餉，陰雨饑凍。理順詣朝房語諸執政，急請帑，衆唯唯。理順太息歸，捐家貲犒守城卒。僚友問進止，正色曰：「存亡視國，尚須商酌耶！」城破，妻萬、妾李請先死。既絕，理順大書曰：「成仁取義，孔、孟所傳。文信踐之，吾何不然！」書畢投繯，年六十三。僕四人皆從死。羣盜多中州人，入唁曰：「此吾鄉杞縣劉狀元也，居鄉厚德，何遽死。」羅拜號泣而去。後贈詹事，謚文正。本朝賜謚文烈。

汪偉，字叔度，休寧人，寄籍上元。崇禎元年進士。十一年，由慈谿知縣行取。帝以國家多故，朝臣詞苑起家，儒緩不習吏事，無以理紛禦變，改舊例，擇知推治行卓絕者入翰林。偉擢檢討。給假歸。還朝，充東宮講官。

十六年，賊陷承天、荆、襄。偉以留都根本之地，上江防綢繆疏，言：「金陵城週圍百二十里，雖十萬衆不能守。議者謂無守城法，有防江法。賊自北來，淮安爲要；自上游來，九江爲要。禦淮所以禦江，守九江所以守金陵也。淮有史可法，屹然保障。九江一郡，宜設重臣鎮之。自是而上之至於武昌，下之至於太平、采石、浦口，命南京兵部大臣建牙分閫，以接聲援，而金陵之門戶固矣。南京兵部有重兵而無用，操江欲用兵而無人，宜使緩急相應。而府尹、府丞之官，重其權，久其任，聯百萬士民心，以分兵部操江之責。」帝嘉納之，乃設九江總督。又言：「兵額既虧，宜以衞所官舍餘丁補伍操練，修治兵船，以資防禦。額餉不足，暫借鹽課、漕米給之。」所條奏皆切時務。

明年三月，賊兵東犯。偉語閣臣：「事急矣，亟遣大僚守畿郡。都中城守，文自內閣，武自公侯伯以下，各率子弟畫地守。庶民統以紳士，家自爲守。而京軍分番巡徼，以待勤王之師。」魏藻德笑曰：「大僚守畿輔，誰肯者？」偉曰：「此何等時，猶較尊卑、計安危耶？請以一劇郡見委。」藻德哂其早計。未幾，眞定遊擊謝加福殺巡撫徐標迎賊。〔一〕偉泣曰：「事至此乎！」作書寄友人曰：「賊據眞定，奸人滿都城，外郡上供絲粟不至，諸臣無一可支危亡者，如聖主何！平時誤國之人，終日言門戶而不顧朝廷，今當何處伸狂喙耶！」

賊薄都城，守兵乏餉，不得食，偉市餅餌以饋。已而城陷，偉歸寓，語繼室耿善撫幼子。耿泣曰：「我獨不能從公死乎！」因以幼子屬其弟，衣新衣，上下縫，引刀自剄不殊，復投繯遂絕，時年二十三。偉欣然曰：「是成吾志。」移其屍於堂，貽子觀書，勉以忠孝，乃自經。贈少詹事，諡文烈。本朝賜諡文毅。

吳甘來，字和受，江西新昌人。父之才，西安府同知。甘來與兄泰來同舉鄉試。崇禎改元，甘來成進士，授中書舍人。後三年，泰來亦成進士，授南京太常博士。

五年，甘來擢刑科給事中。七年，西北大旱，秦、晉人相食，疏請發粟以振，而言：「山西總兵張應昌等半殺難民以冒功，中州諸郡畏曹變蛟兵甚於賊。陛下生之而不能，武臣殺之而不顧，臣實痛之。」又言：「賞罰者，將將大機權也。陛下加意邊陲，賞無延格。乃紅夷獻俘，黔、蜀爭功，昌黎死守，功猶待勘，急則用其死綏，緩則束以文法。且封疆之罰，武與文二，內與外二，士卒與將帥二。受命建牙，或逮或逐，以封疆罪罪之。而跋扈將帥，罪狀已暴，止於戴罪。偏裨不能令士卒，將帥不能令偏裨，督撫不能令將帥，將聽賊自來自去，誰爲陛下翦凶逆者？」憂歸。服闋，起吏科，進兵科右給事中，乞假歸。

十五年起歷戶科都給事中。中外多故，荊、襄數郡，賊未至而撫道諸臣率稱護藩以去。甘來曰：「若爾，則是棄地方而逃也。城社人民，誰與守者？」乃上疏曰：「天子衆建親親，將使屛藩帝室，故曰『宗子維城』。乃烽火纔傳，一朝委去以爲民望，而諸臣猶嘵嘵以擁衞自功，掩其失地之罪。是維城爲可留可去之人，名都爲可守可棄之土，撫道爲可有可無之官。功罪不明，賞罰不著，莫此爲甚！」疏入，帝大嘉歎。一日，帝詰戶部尚書倪元璐餉額，甘來曰：「臣科與戶曹表裏，餉可按籍稽。臣所慮者，兵聞賊而逃，民見賊而喜，恐非無餉之患，而無民之患。宜急輕賦稅，收人心。」帝頷之。

甘來遘疾，連請告。會帝命編修陳名夏掌戶科，甘來喜得代。不數日，賊薄都城。時泰來官禮部員外郎矣，甘來屬兄歸事母，而自誓必死。明日，城陷，有言駕南幸者，甘來曰：「主上明決，必不輕出。」乃疾走皇城，不得入。返檢几上疏草曰：「當賊寇縱橫，徒持議論，無益豪末。」盡取焚之，毋釣後世名，遂投繯死。贈太常卿，謚忠節。本朝賜謚莊介。

王章，字漢臣，武進人。崇禎元年進士。授諸暨知縣。少孤，母訓之嚴。及爲令，祖帳歸少暮，母訶跪予杖，曰：「朝廷以百里授酒人乎！」章伏地不敢仰視。親友爲力解，乃已。治諸暨有聲。甫半歲，以才調鄞縣。諸暨民與鄞民爭挽章，至相譁。治鄞益有聲，數注上考。

十一年行取入都。時有考選翰林之命，行取者爭奔競，給事中陳啓新論之。帝怒，命吏部上訪册，罪廷臣濫徇者。尚書姜逢元、王業浩，給事中傅元初，御史禹好善等六人閒住；給事中孫晉、御史李右讜等三人降調；給事中劉含輝、御史劉興秀等十一人貶二秩視事。吏部尚書田維嘉等乃請先推部曹，凡推二十二人，章與焉，授工部主事。章及任濬、涂必泓、李嗣京欲疏辨，憚爲首獲罪。李士淳者耄矣，四人不告而首其名。士淳知之，懼且怒，與章等大詬。而帝知維嘉有私，詔許與考。又以爲首者必良士也，擢士淳編修，章等皆御史。章上疏請罷內操，寬江南逋賦。

明年出按甘肅，持風紀，飭邊防。西部寇莊浪，巡撫急徵兵。章曰：「貧寇索食耳。」策馬入其帳，衆羅拜乞降，乃稍給之食。兩河旱，章檄城隍神：「御史受錢或戕害人，神殛御史，毋虐民。神血食茲土，不能請上帝蘇一方，當奏天子易爾位。」檄焚，雨大注。邊卒貸武弁金，償以賊首，武弁以冒功，坐是數召邊釁。章著令，非大舉毋得以零級冒功。劾罷巡撫劉鎬貪惰。又所部十道監司，劾罷其四。母憂歸。服闋，還朝，巡視京營，按籍額軍十一萬有奇。喜曰：「兵至十萬，猶可爲也。」及閱視，半死者。餘冒伍，憊甚，矢折刀缺，聞礮聲掩耳，馬未馳輒墮。而司農缺餉，半歲不發。章屢疏請帑，不報。

踰月，賊陷眞定，京師大震。襄城伯李國楨發營卒五萬營城外。〔三〕章與給事中光時亨守阜成門。城內外堞凡十五萬四千有奇，三堞一卒。三月初登陴，閱十日始一還邸，櫛沐易新衣冠。家人大駭，章不應。賊傅城下，章手發二礮，賊少却。頃之，各門礮聲絕。時亨攝章走，章厲聲曰：「事至此，猶惜死耶！」時亨曰：「死此與士卒何別？入朝訪上所在，不獲則死，死未晚也。」章從之，與時亨並馬行。俄賊突至，呼下馬。時亨倉皇下馬跪。章持鞭不顧，叱曰：「吾視軍御史也，誰敢犯！」賊刺章股，墮。章罵曰：「逆賊！勤王兵且至。我死，爾滅不旋踵矣。」賊怒，攢槊刺殺章而去。抵暮，家人覓屍，猶一手據地坐，張口怒目，勃勃如叱賊狀。妻姜在籍，聞之，一慟而絕。贈大理寺卿，謚忠烈。本朝賜謚節愍。次子之栻仕閩爲職方主事，亦死難。

陳良謨，字士亮，鄞人。崇禎四年進士。授大理推官。初名天工。莊烈帝虔事上帝，詔羣臣名「天」者悉改之，乃改良謨。在職六年，兩注上考。行取陛見，擢御史。十二年出按四川。期滿當代，再留任。時流寇大入蜀，詔良謨專護蜀王，巡撫邵捷春專辦賊。良謨飭守具，堅壁淸野。賊犯成都，遣將據要害爲掎角。一再戰，賊潰奔。帝聞賊擾蜀，下詔責良謨，已聞其善守禦，乃優旨賜銀幣。及還朝，賊勢益迫，所規畫率不行，而京師陷矣。

良謨嘗夢拜文文山於堂下。文山揖之上：「公與予先後一揆，何下拜爲？」覺而異之。及是城陷，良謨方移疾臥邸中，一慟幾絕，自是水漿不入口。或勸良謨無死，不答。謂邑子李天葆曰：「吾爲國死，義不顧家。惟是母老，先君莫葬，繼嗣未定，須一言耳。」因賦詩付天葆。未幾，聞帝崩煤山，大慟曰：「主上不冕服，臣子敢具冠帶乎！吾巾褻，安所得明巾。」天葆以巾進。良謨著巾，藍便服，起入戶。妾時氏隨之，遂與妾俱自縊死。時氏，京師人，年十八。良謨踰五十無子，以禮納之，侍良謨百三日耳。良謨既卒，其族人以其兄之子久樞爲之後。未幾，久樞亦卒，良謨竟無後。贈太僕卿，謚恭愍。本朝賜謚恭潔。

陳純德，字靜生，零陵人。爲諸生，以學行稱。嘗夜泊洞庭，爲盜窘，躍出墮水，再躍入洲渚。比曉，坐蘆葦中，去泊舟數十丈。

崇禎十三年成進士，年已六十矣。莊烈帝召諸進士，咨以時事。純德奏稱旨，立擢御史，巡按山西。七月，部內嚴霜，民凍餒。純德上疏請恤，因陳抽練之弊。言：「兵抽則人失故居，無父母妻子之依，田園丘壠之戀，思歸則逃，逢敵則潰。抽餘者既以餉薄而安於無用，抽去者又以遠調而不樂爲用。伍虛而餉仍在，不歸主帥，則歸偏裨，樂其逃而利其餉，凡藉以營求遷秩，皆是物也。精神不以束伍，而以侵餉；厚餉不以養士，而以求官。伍虛則無人，安望其練；餉糜則愈缺，安望其充。此今日行間大弊也。」帝不能用。

還朝，督畿輔學政。將出按部，都城陷。賊下令百官以某日入見，衆攝純德入，還邸慟哭，遂自經。京山人秦嘉系買地葬之永定門外，立石表墓焉。贈太僕卿，謚恭節。

申佳胤，字孔嘉，永年人。崇禎四年進士。授儀封知縣。縣故多盜，佳胤嚴保甲法，盜無所容。霪雨河決，艤舟怒濤中，塞其口。捕大猾置之法。以才調杞縣。八年，賊掃地王率萬人來攻，城土垣多圮。佳胤募死士擊走賊，因甓其城。唐王聿鍵勤王，將抵開封。諸大吏惴恐，集議曰：「留之，不聽。行，守土者且得罪。」佳胤曰：「惟周王可留之。」衆稱善，用其計。

治行卓異，擢吏部文選主事，上備邊五策。進考功員外郎，佐京察。大學士薛國觀傾少詹事文安之。安之，佳胤座主也，事連佳胤，左遷南京國子博士。

久之，遷大理評事，進太僕丞。閱馬近畿。聞李自成破居庸，歎曰：「京師不守矣！君父有難，焉逃死？」馳入都，遍謁大臣爲畫戰守策，皆不省。貽子涵光書曰：「行己曰義，順數曰命。義不可背也，命不可違也。天下事莫不壞於貪生而畏死。死於疾，死於利，死於刑戮，於房幃，於鬬戰，均死也。死數者不死君父，蓋亦不善用死矣。今日之事，君父之事，死義也，猶命也，我則行之。」

京師陷，冠帶辭母，策馬至王恭廠，從者請易服以避賊。佳胤曰：「吾起微賤，食祿十三年。國事至此，敢愛死乎！」兩僕環守不去，紿之曰：「吾不死也，我將擇善地焉。」下馬，旁見灌畦巨井，急躍入。僕號呼，欲出之。佳胤亦呼曰：「告太安人，有子作忠臣，勿過傷也。」遂死，年四十二。贈太僕少卿，諡節愍。本朝賜諡端愍。

成德，字元升，霍州人，依舅氏占籍懷柔。崇禎四年進士。除滋陽知縣。性剛介，清操絕俗，疾惡若讐。文震孟入都，德郊迎，執弟子禮，語刺溫體仁，體仁聞而恨之。兗州知府增餉額，德固爭，又嘗捕治其牙爪吏。知府怒，譏於御史禹好善。好善，體仁客也，誣德貪虐，逮入京。滋陽民詣闕訟冤。震孟在閣，亦爲之稱枉。德道中具疏極論體仁罪，而震孟已被體仁擠而去之。好善再劾德，言其疏出震孟手，帝不之究。德母張伺體仁長安街，繞輿大罵，拾瓦礫擲之。體仁恚，疏聞於朝。詔五城御史驅逐，移德鎭撫獄掠治，杖六十午門外，戍邊，坐贓六千有奇。而給體仁校尉五十人護出入。

德居戍所七年，用御史詹兆恒薦，起如皋知縣。尋擢武庫主事。以母老辭，不允，乃就道。至則上言：「年來中外多故，居官者爵祿迷心，廉恥道喪。陛下御極十七年，何仗節死義之寥寥也！宋臣張栻有言：『仗節死義之臣，當於犯顏諫諍中求之。』夫犯顏諫諍何難，在朝廷養之而已。表厥宅里，所以伸忠臣孝子於生前；殊厥井疆，所以誅亂臣賊子於未死。苟死敵者無功，則媚敵者且無罪；死賊者褒揚不亟，則從賊者恬而不知畏也。」

未幾，城破，不知帝所在，旁皇廳事。已，趨至午門，見兵部尚書張縉彥自賊所出。德以頭觸縉彥胸，且詈之。俄聞帝崩，痛哭。持雞酒奔東華門，奠梓宮於茶棚之下，觸地流血。賊露刃脅之，不爲動。奠畢歸家，有妹年二十餘未嫁，德顧之曰：「我死，汝何依？」妹曰：「兄死，妹請前。」德稱善，哭而視其縊。入別其母，哭盡哀，出而自縊。母見子女皆死，亦投繯死。先是，懷柔城破，德父文桂遇害，家屬盡沒。妻劉在京，以徵德贓急，憂悸死。至是，又闔門死難，惟幼子先寄友人家獲存。贈德光祿卿，諡忠毅。本朝賜諡介愍。

許直，字若魯，如皋人。崇禎七年成進士。出文震孟之門，以名節自砥，除義烏知縣。母憂歸，哀毁骨立，終喪蔬食，寢柩旁。補廣東惠來縣。用淸望，徵授吏部文選主事，進考功員外郎。

賊薄都城，約同官出貲饗士，爲死守計。城陷，賊令百官報名。直曰：「身可殺，志不可奪。」有傳帝南狩者，直將往從。見賊騎塞道，出門輒返，曰：「四方兵戈，駕焉往？國亂不匡，君危無濟，我何生爲！」已，知帝崩，一慟幾絕。客以七十老父爲解，直曰：「不死，辱及所生。」賦絕命詩六章，闔戶自經。越旦視之，神氣如生。贈太僕卿，謚忠節。本朝賜謚忠愍。

直有族子德溥者，在南。聞莊烈帝崩，大哭數日。揚州陷，又哭數日。每獨坐輒慟哭，食必以崇禎錢一枚置几上，祭而後食，食已復哭。又刺其兩臂曰：「生爲明臣，死爲明鬼。」事發，死西市。

金鉉，字伯玉，武進人，占籍順天之大興。祖汝升，南京戶部郎中。父顯名，汀州知府。鉉少有大志，以聖賢自期許。年十八舉鄉試第一。明年，崇禎改元，成進士。不習爲吏，改揚州府教授，日訓諸生闡濂、洛正學。燕居言動，俱有規格，諸生嚴憚之。歷國子博士、工部主事。

帝方銳意綜核，疑廷臣朋黨營私。度支告匱，四方亟用兵，餉不敷，遣中官張彝憲總理戶、工二部，建專署，檄諸曹謁見，禮視堂官。鉉恥之，再疏爭，不納。乃約兩部諸僚，私謁者衆唾其面，彝憲慍甚。鉉當榷稅杭州，辭疾請假。彝憲摭火器不中程，劾鉉落職。鉉杜門謝客，躬爨以養父母。

十七年春，始起兵部主事，巡視皇城。聞大同陷，疏曰：「宣、大，京師北門。大同陷則宣府危。宣府危，大事去矣。請急撤回監宣中官杜勳，專任巡撫朱之馮。勳二心僨事，之馮忠懇，可屬大事。」不報。未幾，勳以宣府下賊，賊殺之馮，烽火偪京師。鉉奔告母：「母可且逃匿。兒受國恩，義當死。」鉉母章時年八十餘矣，呵曰：「爾受國恩，我不受國恩乎！廡下井，是我死所也。」鉉哭而去。

城破，趨入朝，宮人紛紛出。知帝已崩，解牙牌拜授家人，卽投金水河。家人爭前挽之，鉉怒，口嚙其臂，得脫，遂躍入水。水淺，濡首泥中乃絕。母聞卽投井，妾王隨之，皆死。賊踞大內，踰月始去。金水河冠袍泛泛見水上，內官羣指之曰：「此金兵部也。」弟錝辨其屍，驗網巾環，得鉉首歸，合以木身，如禮而殮。事竣，錝自經。後贈鉉太僕少卿，諡忠節。本朝賜諡忠潔。

右范景文至鉉二十有一人，皆自引決。其他率委蛇見賊。賊以大僚多誤國，概囚縶之。庶官則或用或否，用者下吏政府銓除，不用者諸僞將搒掠取其貲，大氐降者十七，刑者十三。福王時，以六等罪治諸從逆者。而文武臣殉難並予贈廕祭葬，且建旌忠祠於都城焉。曰正祀文臣，祀景文以下二十人，及大同巡撫衞景瑗、宣府巡撫朱之馮、布衣湯文瓊、諸生許琰四人。曰正祀武臣，祀新樂侯劉文炳、惠安伯張慶臻、襄城伯李國楨、駙馬都尉鞏永固、左都督劉文耀、山西總兵官周遇吉、遼東總兵官吳襄七人。曰正祀內臣，祀太監王承恩一人。曰正祀婦人，祀烈婦成德母張氏，金鉉母章氏，汪偉妻耿氏，劉理順妻萬氏、妾李氏，馬世奇妾朱氏、李氏，陳良謨妾時氏，吳襄妻祖氏九人。曰附祀文臣，祀進士孟章明及郎中徐有聲，給事中顧鋐、彭琯，御史俞志虞，總督徐標，副使朱廷煥七人。曰附祀武臣，祀成國公朱純臣、鎭遠侯顧肇迹、定遠侯鄧文明、武定侯郭培民、陽武侯薛濂、永康侯徐錫登、西寧侯宋裕德、懷寧侯孫維藩、彰武伯楊崇猷、宣城伯衞時春、淸平伯吳遵周、新建伯王先通、安鄉伯張光燦、右都督方履泰、錦衣衞千戶李國祿十五人。曰附祀內臣，祀太監李鳳翔、王之心、高時明、褚憲章、方正化、張國元六人。有司春秋致祭。然顧鋐、彭琯、俞志虞輩，特爲賊拷死，諸侯伯亦大半以兵死。而郎中周之茂、員外郎甯承烈、中書宋天顯、署丞于騰雲、兵馬指揮姚成、知州馬象乾皆以不屈死，顧未邀贈恤也。

徐有聲，字聞復，金壇人。登鄉薦，崇禎十三年特擢戶部主事，歷員外郎、郎中。督餉大同。城陷，被執不屈死。福王時，贈太僕少卿。

徐標，字準明，濟寧人。天啓五年進士。崇禎時，歷官淮徐道參議。十六年二月超擢右僉都御史，巡撫保定。陛見，請重邊防，擇守令，用車戰禦敵，招流民墾荒。帝深嘉之。李自成陷山西，警日逼，加標兵部侍郎，總督畿南、山東、河北軍務，仍兼巡撫，移駐眞定以遏賊。無何，賊遣使諭降，標毁檄戮其使。賊別將掠畿輔，眞定知府丘茂華移妻孥出城，標執茂華下之獄。中軍謝加福伺標登城畫守禦策，鼓衆殺之，出茂華於獄。數日而賊至，以城降。福王時，贈標兵部尚書。

朱廷煥，單縣人。崇禎七年進士。除工部主事，歷知廬州、大名二府，卽以兵備副使分巡大名。十七年，賊逼畿輔，廷煥嚴守備。賊傳檄入城，怒而碎之。三月四日，賊來攻，軍民皆走，城遂陷。被執不屈死。福王時，贈右副都御史。

周之茂，字松如，黃麻人。崇禎七年進士。歷官工部郎中。服闋，需次都下。賊搜得之，迫使跪。不屈，折其臂而死。

甯承烈，字養純，大興人。舉於鄉，歷魏縣教諭，戶部司務，進本部員外郎，筦太倉銀庫。城陷，自經於官廨。

宋天顯，松江華亭人。由國子生官內閣中書舍人。爲賊所獲，自經。

于騰雲，順天人。爲光祿署丞。賊至，語其妻曰：「我朝臣，汝亦命婦，可污賊耶！」夫婦並服命服，從容投繯死。

姚成，字孝威，餘姚人。由禮部儒士爲北城兵馬司副指揮。城陷，自縊死。

馬象乾，京師人。舉於鄉，官濮州知州。方里居，賊入，率妻及子女五人並自縊。

至若御史馮垣登、兵部員外郎鄭逢蘭、行人謝于宣皆拷死，郎中李逢申，拷掠久之，逼令縊死。與鋐、瑄、志虞皆獲贈太僕少卿，而垣登、于宣至謚忠節。行取知縣鄒逢吉拷死，贈太僕寺丞。時南北阻絕，皆未能核實也。湯文瓊、許琰事載忠義傳。

贊曰：傳云「君子居其位，則思死其官」。夫忠貞之士，臨危授命，豈矯厲一時，邀名身後哉！分誼所在，確然有以自持而不亂也。馬世奇等皆負貞亮之操，勵志植節，不欺其素，故能從容蹈義，如出一轍，可謂得其所安者矣。

校勘記

〔一〕眞定遊擊謝加福殺巡撫徐標迎賊　謝加福，明史稿傳一四八汪偉傳，小腆紀年卷三及所附考引保定城守紀略、甲申上谷紀事都作「謝嘉福」。

〔二〕襄城伯李國楨發營卒五萬營城外　李國楨，原作「李國禎」，據下文及本書卷一〇六功臣表、懷宗實錄卷一七崇禎十七年二月丙戌、國榷卷一〇〇頁六〇三一改。

明史卷二百六十七

列傳第一百五十五

馬從聘 耿蔭樓 張伯鯨 宋玫 族叔應亨 陳顯際 趙士驥等

范淑泰 高名衡 王漢 徐汧 楊廷樞 鹿善繼 薛一鶚

馬從聘，字起莘，靈壽人。萬曆十七年進士。授青州推官，擢御史。勛衛李宗城冊封平秀吉逃歸，從聘言其父言恭不當復督戎政，不從。出理兩淮鹽課，言近日泰山崩離，坼者里餘，由開礦斷地脈所致，當速罷。不報。奸人田應璧請掣賣沒官餘鹽助大工，帝遣中官魯保督之。從聘極陳欺罔狀，不從。還朝，改按浙江，又按蘇、松，請免增蘇、松、常鎮稅課，亦不報。以久次擢太僕少卿，拜右僉都御史，巡撫延綏，失事奪俸。既而有擣巢功，未敍，引疾歸，加兵部右侍郎。家居凡二十餘年，終熹宗世不出。

崇禎十一年冬，大清破靈壽。從聘年八十有二矣，謂其三子曰：「吾得死所矣。」又曰：「吾大臣，義不可生，汝曹生無害也。」三子不從。從聘縊，三子皆縊。贈兵部尚書，謚介敏，官其一子。

耿蔭樓，從聘同邑人也，字旋極。天啓中，任臨淄知縣。久旱，囚服暴烈日中，哭於壇，雨立澍。攝壽光，禱雨如臨淄。崇禎中，入爲兵部主事，調吏部，歷員外郎，乞假歸。城破，偕子參並死之。贈光祿少卿。

張伯鯨，字繩海，江都人。萬曆四十四年進士。歷知會稽、歸安、鄞三縣。天啓中，大計，調補盧氏。

崇禎二年稍遷戶部主事，出督延、寧二鎮軍儲。自黃甫川西抵寧夏千二百里，不產五穀，芻粟資內地。賀蘭山沿黃河漢、唐二渠，東抵花馬池，素沃野，亦荒蕪甚。伯鯨疏陳其狀，爲通商惠工，轉菽麥。又倣邊商中鹽意，立官市法以招之，軍民稱便。大盜起延綏，擢伯鯨兵備僉事，轄榆林中路。擊破賀思賢，斬一座城、金翅鵬，敗套寇於長樂堡。巡撫陳奇瑜上其功，詔進三階，爲右參政，仍視兵備事。

七年春，奇瑜遷總督，遂擢伯鯨右僉都御史代之。督總兵王承恩等分道擊破插漢部長及套寇於雙山、魚河二堡，斬首三百。明年，以拾遺論罷。尋論延綏功，詔起用，廕子錦衣千戶。

十年秋，楊嗣昌議大舉討賊，遣戶部一侍郎駐池州，專理兵食。帝命傅淑訓。明年，淑訓憂去，卽家起伯鯨代之，如淑訓官。又明年，熊文燦撫事敗，嗣昌自出督師，移伯鯨襄陽。文燦之被逮也，言剿餉不至者六十餘萬，伯鯨坐貶秩。

十五年召爲兵部左侍郎。明年，尙書馮元飆在告，伯鯨攝部事。召對萬歲山，疾作，中官扶出，遂乞休。又明年，京城陷，微服遁還。福王立於南京，伯鯨家居不出。久之，揚州被圍，與當事分城守。城破，自經死。

宋玫，字文玉，萊陽人。父繼登，萬曆三十二年進士。歷官陝西右參議。天啓五年大計謫官。玫卽以是年偕族叔應亨同舉進士。玫授虞城知縣，應亨得淸豐。崇禎元年，玫兄琮亦舉進士，知祥符，而玫以才調繁杞縣。三人壤地相接，並有治聲。

應亨遷禮部主事，玫亦擢吏科給事中。嘗疏論用人，謂：「陛下求治之心愈急，則浮薄喜事之人皆飾詭而釣奇。陛下破格之意愈殷，則巧言孔壬之徒皆乘機而闘捷。」衆韙其言。時應亨已改吏部，累遷稽勳郎中，落職歸。玫方除母喪，起故官，歷刑科都給事中。請熱審概行於天下。又言獄囚稽滯瘐死，與刑死幾相半，宜有矜釋。帝採納之。遷太常少卿，歷大理卿、工部右侍郎。玫父繼登已久廢，至是爲浙江右參政。大學士周延儒客盛順者，爲浙江巡撫熊奮渭營內召，果擢南京戶部侍郎，繼登父子信之。

十五年夏，廷推閣臣，順爲玫營推甚力。會詔令再推，玫與焉。帝已中流言，疑諸臣有私。比入對，玫冀得帝意，侃侃敷奏。帝發怒，叱退之，與吏部尚書李日宣等並下獄。日宣等遣戍，玫除名，順乃驚竄。

閏十一月，臨清破，應亨與知縣陳顯際謀城守。應亨以城北庳薄，出千金建甕城，浹旬而畢。玫及邑人趙士驥亦出貲治守具。無何，大清兵薄城，城上火礮矢石並發，圍乃解。明年二月復至，城遂破，玫、應亨、顯際、士驥並死之。顯際，眞定人，士驥官中書舍人，並起家進士。玫、應亨有文名。

沈迅，亦萊陽人也。崇禎四年舉進士，歷知新城、蠡二縣，與膠州張若麒同年友善。〔一〕

十一年行取入都。帝以吏部考選行私，親策諸臣。迅、若麒並得刑部主事。兩人大恚恨，結楊嗣昌，得改兵部。其年冬，畿輔被兵。迅請於廣平、河間、定州、蠡縣各設兵備一人。又請以天下僧人配尼姑，編入里甲，三丁抽一，可得兵數十萬。他條奏甚多。章下兵部，嗣昌盛稱迅言可用，乃命爲兵科給事中。

迅欲自結於帝，數言事，皆中旨。當是時，軍興方棘，廷臣言兵者卽以爲知兵，大者推督撫，小者兵備。一當事任，罪累立至。於是上下諱言兵，章奏無敢及者。迅極言其弊，乞敕廷臣五日內陳方略。帝卽從其言。迅考選時爲掌河南道御史王萬象所抑，因事劾罷萬象，勢益張，與若麒盡把持山東事。會順天府丞戴澳誣劾平遠知縣王凝命、嘉興推官文德翼貪。迅上疏頌二人廉能，澳下吏削籍。迅累遷禮科都給事中。陳新甲主款，迅面斥其非，廷辨良久。又言：「楊嗣昌死有餘戮，借久案以邀功，陳新甲負罪不遑，移邊勞而錄廕，非論功議罪法。」帝是其言。迅本由嗣昌進，隨衆詆毀，時論嘗薄之。

尋以保舉高斗光爲鳳陽總督不當，謫國子博士，乞假歸。及新甲誅，命追論兵科不糾發罪，吏部上迅名。帝曰：「迅御前駁議，朕猶識之，可復故官。」未赴而京師陷。迅家居，與弟迓設砦自衞。迓短小精悍，馬上舞百斤鐵椎。兄弟率里中壯士，捕剿土寇略盡。大清兵至，破砦，迅闔門死之。

若麒劾黃道周以媚嗣昌。歷職方郎中，新甲遣赴寧、錦督戰，覆洪承疇等十餘萬軍，獨渡海逃還，論死繫獄。李自成陷都城，出降。

范淑泰，字通也，滋陽人。崇禎元年進士。授行人。五年冬，擢工科給事中。上疏陳刑獄繁多，乞敕刑官疏理，帝褒納之。流賊犯河南，追論先任巡撫樊尙璟罪，劾總兵鄧玘淫掠狀。時中官張彝憲言天下逋賦至一千七百餘萬，請遣科道官督徵。帝大怒，責撫按回奏。淑泰言民貧盜起，逋賦難以督追，不從。給事中莊鼇獻、章正宸建言下吏，抗疏救之。吏部張捷薦逆黨呂純如，淑泰極論其謬，幷論大學士王應熊朋比行私，劾捷徇應熊意，用其私人王維章撫蜀。言：「維章官西寧，坐加徵激變，落職閒住。捷朦朧啓事，明肆奸欺。」帝責捷自陳。捷詆淑泰黨同伐異，帝不問。時皇陵被毀，巡撫楊一鵬得罪。應熊以座主故，力庇之。淑泰發其停匿章奏狀，帝亦不究。淑泰乃摭應熊納賄數事上之，應熊捐貲助陵工，淑泰又劾其召寇庇奸。帝責以挾私求勝，終不納。

十一年冬，上疏言：「今以措餉故，至搜括借助。卽行之而得，再有兵事，能復行乎！治不規其可久，徒倉皇於補救之術，非所以爲忠也。陛下方以淸節風天下，而乃條敍百官金錢於多寡之間，是教之貪也。至借貸之說，尤不可行。京師根本重地，邇者物力困竭，富商大賈大半旋歸。內不安，何以攘外！乞立寢其說。」又言：「強兵莫如行法。今之兵，索餉則強，赴敵則弱；殺良冒功則強，除暴救民則弱。請明示法令，諸將能用命殺賊者，立擢爲大將，否則死無赦。毋以降級戴罪，徒爲不切身之痛癢。」帝是其言。

十五年遷吏科，典浙江鄉試，事竣還家。十二月，大清兵圍兗州，淑泰竭力固守。城破，死之。詔贈太僕少卿，官一子。

高名衡，字仲平，沂州人。崇禎四年進士。除如皋知縣，以才調興化，徵授御史。十二年出按河南。明年期滿，留再巡一年。

十四年正月，李自成陷洛陽，乘勝遂圍開封。巡撫李仙風時在河北，名衡集衆守。周王恭枵發庫金百萬兩，募死士殺賊。烝米屑麥，執爨以餉軍，凡七晝夜。仙風馳還開封。副將陳永福背城而戰，斬首二千。遊擊高謙夾擊，斬首七百。賊解去。仙風旣還，與名衡互訐奏。帝以陷福藩罪詔逮仙風，以襄陽兵備副使張克儉代。克儉已前死難，卽擢名衡右僉都御史代之。以永福充總兵官都督僉事，鎭守河南。

當是時，賊連陷南陽、鄧、汝十餘州縣，唐、徽二王遇害，名衡不能救。開封周邸圖書文物之盛甲他藩，士大夫亟富，蓄積充牣。自成攻之不能克，然欲得而甘心焉。十二月杪，賊再圍開封。永福射自成，中其左目，礮殪上天龍等。自成大怒，急攻之。開封故宋汴都，金帝南遷所重築也，厚數丈，內堅緻而疏外。賊用火藥放迸，火發卽外擊，甎瓴飛鳴，賊騎皆糜爛，自戍大驚。會楊文岳援兵亦至，乃解圍去。西華、郾、襄、睢、陳、太康、商丘、寧陵、考城俱陷。

十五年四月復至開封，〔三〕圍而不攻，欲坐困之。六月，帝詔釋故尙書侯恂於獄，命督保定、山東、河北、湖北諸軍務，並轄平賊等鎭援剿官兵。拔知縣蘇京、王漢、王燮爲御史。詔蘇京監延、寧、甘、固軍，趣孫傳庭出關；王漢監平賊鎭標楚、蜀軍，同侯恂等急擊；王燮監陽、懷東晉軍，刻期渡河。總兵許定國以晉軍次沁水，一夕潰去，寧武兵亦潰於懷慶，詔逮定國。七月，河上之兵潰。督師丁啓睿、保督楊文岳合左良玉、虎大威、楊德政、方國安諸軍，次於朱仙鎭。良玉走還襄陽，諸軍皆潰，啓睿、文岳奔汝寧。詔山東總兵官劉澤清援開封。城中食盡，名衡、永福偕監司梁炳、蘇壯、吳士講，同知蘇茂灼，通判彭士奇，推官黃澍等守益堅。澤清以兵來援，諸軍並集河北朱家寨不敢進。澤清曰：「朱家寨去開封八里。我以兵五千南渡，依河而營，引水環之。以次結八營，直達大堤。築甬道輸河北之粟，以餉城中。賊兵已老，可一戰走也。」諸軍皆曰：「善。」乃以兵三千人先渡立營。賊攻之，戰三晝夜，諸軍無繼者，甬道不就，澤清拔營歸。日夜望傳庭出關，不至。

賊圍開封者三，士馬損傷多，積憤，誓必拔之。圍半年，師老糧匱，欲決黃河灌之。以城中子女貨寶，猶豫不決。聞秦師已東，恐諸鎮兵夾擊，欲變計。會有獻計於巡按御史嚴雲京者，請決河以灌賊。雲京語名衡、澍，名衡、澍以爲然。周王恭枵募民築羊馬牆，堅厚如高岸。賊營直傳大堤，河決賊可盡，城中無虞。我方鑿朱家寨口，賊知，移營高阜，艨艟巨筏以待，而驅掠民夫數萬反決馬家口以灌城。九月癸未望，夜半，二口並決。天大雨連旬，黃流驟漲，聲聞百里。丁夫荷鍤者，隨堤漂沒十數萬，賊亦沉萬人。河入自北門，貫東南門以出，流入於渦水。名衡、永福乘小舟至城頭，周王率其宮眷及寧鄉諸郡王避水棲城樓，坐雨絕食者七日。王燮以舟迎王，王從城上泛舟出，名衡等皆出。茂灼、士奇久餓不能起，並溺死。賊浮艦入城，遺民俱盡，拔營而西。城初圍時百萬戶，後饑疫死者十二三。汴梁佳麗甲中州，羣盜心豔之，至是盡沒於水。帝聞，痛悼。猶念諸臣拒守勞，命敍功。加名衡兵部右侍郎，名衡辭以疾。卽擢王漢右僉都御史，代名衡巡撫河南。名衡歸未幾，大清兵破沂州，名衡夫婦殉難。

王漢，字子房，掖縣人。崇禎十年進士。除高平知縣。調河內，擒巨寇天壇山劉二。又乘雪夜破妖僧智善。夜半渡河，破賊楊六郎。李自成圍開封，漢然火金龍口柳林爲疑兵，遣死士入賊中，聲言「諸鎭兵來援，各數十萬至矣」。賊聞則驚走。

漢爲人負氣愛士。人有一長，嗟歎之不容口。僚屬紳士陳民疾苦，或言己過，則瞿然下拜。用兵士卒同甘苦，人樂爲之死。好用閒，賊中虛實莫不知。攻天壇山賊，山陡絕，登者輓以布。漢持刀直上，人服其勇。時賊氛日熾，帝每臨朝而歎漢前後破賊功，降旨優敍。十五年春，以滅俸行取入都，與蘇京、王燮同召對，稱旨。命三臣皆以試御史監軍。漢監平賊鎭標楚、蜀軍，與督臣侯恂南援汴。

時兵部奏撥剿兵十萬，十之四以屬京、燮，屬漢以其六。漢所監凡五萬九千，然大半已潰散，兵部空名使之。漢乃請自立標營兵千人，騎二百，報可。乃簡保營兵百餘人，募鄢、鉅鹿壯士三百人，又取故治河內所練義兵及修武、濟源素從征剿者五百人，及親故子弟，合千人。八月朔夜半，襲賊范家灘，斬一紅甲賊目。檄諸將合剿。自走襄陽，督左良玉兵救汴。至潼關，有詔漢巡按河南。時賊灌開封，漢聞，趣諸將自柳園夜半渡河，伏兵西岸，檄卜從善等夾攻之，斬首九十餘級，遂入汴。大張旗鼓爲疑兵，追賊至朱仙鎭，連戰皆捷。巡撫高名衡謝病，即擢漢右僉都御史代之。漢乃廣間諜，收士豪，議屯田，謀所以圖賊。

無何，劉超反永城。超，永城人，跛而狡，爲貴州總兵，坐罪免。上疏言兵計，陳新甲用爲河南總兵。以私怨殺其鄉官御史魏景琦一家三十餘人，懼罪，遂據城反。漢上疏請討，語洩，超得爲備。明年正月，漢入永城，聲言招撫，爲賊所殺。參將陳治邦、遊擊連光耀父子皆戰死。遊擊馬魁負漢屍以出，面如生。詔贈兵部尙書，廕錦衣世百戶，建祠致祭。既而超伏誅，傳首九邊。

徐汧，字九一，長洲人。生未期而孤。稍長砥行，有時名，與同里楊廷樞相友善。廷樞，復社諸生所稱維斗先生者也。天啓五年，魏大中被逮過蘇州，汧貸金資其行。周順昌被逮，緹騎橫索錢，汧與廷樞斂財經理之。當是時，汧、廷樞名聞天下。

崇禎元年，汧成進士，改庶吉士，授檢討。三年，廷樞舉應天鄉試第一。中允黃道周以救錢龍錫貶官。倪元璐，道周同年生，請以己代謫，帝不允。汧上疏頌道周、元璐賢，且自請罷黜，帝詰責汧。汧曰：「推賢讓能，蓋臣所務；難進易退，儒者之風。間者陛下委任之意希注外廷，防察之權輒逮閽寺，默窺聖意，疑貳漸萌。萬一士風日賤，宸嚮日移，明盛之時爲憂方大。」帝不聽。汧尋乞假歸。還朝，遷右庶子，充日講官。

十四年奉使益王府，便道還家。當是時，復社諸生氣甚盛，溍與廷樞、顧杲、華允誠等往復尤契。居久之，京師陷。福王召溍爲少詹事。溍以國破君亡，臣子不當叨位。且痛宗社之喪亡，由朋黨相傾，移書當事，勸以力破異同之見。既就職，陳時政七事，惓惓以化恩讐、去偏黨爲言。而安遠侯柳祚昌疏攻溍，謂：「朝服謁潞王於京口，自恃東林巨魁，與復社楊廷樞、顧杲諸奸狼狽相倚。陛下定鼎金陵，彼爲討金陵檄，所云『中原逐鹿，南國指馬』是何語？乞置溍於理，除廷樞、杲名，其餘徒黨，容臣次第糾彈。」時國事方棘，事亦竟寢。溍移疾歸。

明年，南京失守，蘇、常相繼下。溍慨然太息，作書戒二子，投虎丘新塘橋下死。郡人赴哭者數千人。時又有一人儒冠藍衫而來，躍虎丘劍池中，土人憐而葬之，卒不知何人也。於是廷樞聞變，走避之鄧尉山中。久之，四方弄兵者羣起，廷樞負重名，咸指目廷樞。當事者執廷樞，好言慰之。廷樞嫚罵不已，殺之蘆墟泗洲寺。首已墮，聲從項中出，益厲。門人迮紹原購其屍葬焉。

溍子枋，字昭法，舉十五年鄉試。枋依隱，有高行云。

鹿善繼，字伯順，定興人。祖久徵，萬曆中進士，授息縣知縣。時詔天下度田，各署上中下壤，息獨以下田報，曰：「度田以紓民，乃病民乎！」調襄垣，擢御史，以言事謫澤州判官，遷滎澤知縣，未任而卒。父正，苦節自礪。縣令某欲見之，方糞田，投鍤而往。急人之難，傾其家不惜，遠近稱鹿太公。

善繼端方謹慤。由萬曆四十一年進士，授戶部主事。內艱除，起故官。遼左餉中絕，廷臣數請發帑，不報。會廣東進金花銀，善繼稽舊制，金花貯庫，備各邊應用。乃奏記尚書李汝華曰：「與其請不發之帑，何如留未進之金。」汝華然之。帝怒，奪善繼俸一年，趣補進。善繼持不可，以死爭。乃奪汝華俸二月，降善繼一級，調外。汝華懼，卒補銀進。泰昌改元，復原官，典新餉。連疏請帑百萬，不報。

天啓元年，遼陽陷，以才改兵部職方主事。大學士孫承宗理兵部事，推心任之。及閱視關門，以善繼從。出督師，復表爲贊畫。布衣贏馬，出入亭障間，延見將卒相勞苦，拓地四百里，收復城堡數十，承宗倚之若左右手。在關四年，累進員外郎、郎中。承宗謝事，善繼亦告歸。

先是，楊、左之獄起，魏大中子學洢、左光斗弟光明，先後投鹿太公家。太公客之，與所善義士容城舉人孫奇逢謀，持書走關門，告其難於承宗。承宗、善繼謀借巡視薊門，請入覬。奄黨大譁，謂閣部將提兵淸君側，嚴旨阻之。獄益急，五日一追贓，搒掠甚酷。太公急募得數百金輸之，而兩人者則皆已斃矣。至是善繼歸，而周順昌之獄又起。順昌，善繼同年生，善繼又爲募得數百金，金入而順昌又斃。奄黨居近善繼家，難家子弟僕從相望於道。太公曰：「吾不懼也。」崇禎元年，逆璫旣誅，善繼起尚寶卿，遷太常少卿，管光祿丞事，再請歸。

九年七月，大淸兵攻定興。善繼家在江村，白太公請入扞城，太公許之，與里居知州薛一鶚等共守。守六日而城破，善繼死。家人奔告太公，太公曰：「嗟乎，吾兒素以身許國，今果死，吾復何憾！」事聞，贈善繼大理卿，謚忠節，敕有司建祠。子化麟，舉天啓元年鄉試第一，伏闕訟父忠。踰年亦卒。

薛一鶚，字百當，由貢生爲黃州通判。荆王姬誣他姬酖世子，一鶚白其誣。奄人傳太妃命，欲竟其獄，卒直之。遷蘭州知州。州北有田沒於番，吏派其賦於他戶，後田復歸，爲衞卒所據，而民出賦三十年，一鶚核除其害。至是佐善繼城守，遂同死。

贊曰：士大夫致政里居，無封疆民社之責，可遜迹自全，非以必死爲勇也。然而忼慨捐軀，冒白刃而不悔，湛宗覆族，君子哀之。豈非名義所在，有重於生者乎！氣節凜然，要於自遂其志。其英風義烈，固不可泯没於宇宙間矣。

校勘記

〔一〕與膠州張若麒同年友善　張若麒，原作「張若騏」。本傳下文「若麒」、「若騏」錯出。本書卷二一五二楊嗣昌傳、明史稿傳一四六宋玫傳、明進士題名碑録崇禎辛未科都作「若麒」，據改。下同。

〔二〕十五年四月復至開封　原脱「十五年」，據本書卷二四莊烈帝紀、懷宗實録卷一五崇禎十五年四月丙午條、國榷卷九八頁五九二三補。